2011年第4集 • 总第81集

U1017455

刑事审判参考

Reference to Criminal Trial

中华人民共和国最高人民法院
刑事审判第一、二、三、四、五庭／主办

法律出版社
LAW PRESS • CHINA

2011年第4集·总第81集

刑事审判参考

编辑委员会

主　　任： 张　军
副 主 任： 南　英　黄尔梅

委　　员：（姓氏笔画为序）
马　岩　叶晓颖　吕广伦　朱和庆　李　勇
李睿懿　沈　亮　张　明　周　峰　杨万明
苗有水　高贵君　党建军　耿景仪　韩维中
裴显鼎　颜茂昆　薛淑兰　戴长林

主　　编： 南　英
副 主 编： 周　峰　裴显鼎　戴长林　杨万明　高贵君
执行编辑： 冉　容　刘晓虎　陈　攀　陆建红　方文军

特邀编辑：
赵德云（北京）　贺平凡（上海）　李　伟（天津）
袁胜强（重庆）　史景山（黑龙江）　姜富权（吉林）
姜　阳（辽宁）　梁国裕（内蒙古）　张忻如（山西）
陈庆锐（河北）　张正智（山东）　吴远阔（安徽）
孙公幸（浙江）　楼建群（江西）　茅仲华（江苏）
王成全（福建）　程慎生（河南）　姚智明（湖北）
李宇先（湖南）　傅曜天（广东）　黄翰绅（海南）
张柚生（广西）　袁彩君（四川）　申庆国（云南）
张永成（贵州）　李勇强（陕西）　杨树宏（宁夏）
朱文忠（甘肃）　王新林（青海）　桑　布（西藏）
洪　流（新疆）　蒲硕棣（军事法院）

编辑说明

《刑事审判参考》系最高人民法院刑事审判庭主办的业务指导和研究性刊物，自 1999 年 4 月创办以来，秉承立足实践、突出实用、重在指导、体现权威的编辑宗旨，在编辑委员会成员、作者和读者的共同努力下，密切联系刑事司法实践，为刑事司法人员提供了有针对性和权威性的业务指导和参考，受到刑事司法工作人员和刑事法律教学、研究人员的广泛肯认和欢迎。

《刑事审判参考》作为最高人民法院用以指导全国各级人民法院刑事审判工作的唯一刊物，由最高人民法院刑事审判第一、二、三、四、五庭共同主办，最高人民法院张军副院长担任编辑委员会主任，南英副院长和黄尔梅副院长担任副主任。南英副院长任主编，五个刑庭庭长任副主编。

2011 年的《刑事审判参考》仍为双月刊，全年共出版六集，设有以下栏目：

【指导案例】选择在认定事实、采信证据、适用法律和裁量刑罚等方面具有研究价值的典型案例，详细阐明裁判理由，为刑事司法工作人员处理类似案件提供具体的指导和参考。

【刑事立法、司法规范】最新的刑事法律、立法解释、司法解释和其他规范性刑事司法文件，并配发起草同志撰写的理解与适用文章，为司法实践中准确适用提供指南。

【刑事政策】最新的刑事司法政策，如最高人民法院院领导在刑事审判工作会议上的讲话、刑事审判工作会议讨论的问题等。

【审判实务释疑】最高人民法院刑事审判庭解答在刑事审判工作中具有普遍指导价值的法律适用问题。

【编辑部答疑】编辑部解答读者在刑事司法工作中遇到的疑难问题。

【学术前沿】摘要刊登近期刑事法学界各种刑事实务观点，及时跟踪学术信息，为刑事司法人员提供最新理论参考。

【经验交流】地方司法机关制定的刑事司法规范性文件及其背景说明；地方各级人民法院在刑事审判工作中对于某些问题的处理政策和意见等。

【实务探讨】针对刑事司法工作中必须解决的疑难、复杂问题，刊登相关学者与司法人员的研究文章，为刑事司法工作人员提供解决相关问题的思路。

【法规和规章】刊登与刑事司法工作密切相关的法律、行政法规和部门规章。

【大案传真】刊登在社会上影响较大的案件的有关裁判文书，及时传递大要案、热点案件的审判信息。

【疑案争鸣】针对实践中发生的疑难案例，对其中争议问题进行分析，给读者提供参与交流探讨的平台，推动相关问题的深入研究。

【裁判文书评析】选择典型裁判文书进行评析，展现法官智慧，指出不足，促进裁判文书制作水平的不断提高。

最高人民法院刑事审判第一、二、三、四、五庭

目　录

【指导案例】

【刑事立法、司法规范】

【经验交流】

【裁判文书评析】

【指导案例】

［第715号］

王岳超等生产、销售有毒、有害食品案

——生产、销售有毒、有害食品罪与相关罪名的辨析及办理生产、销售有毒、有害食品犯罪案件时对行为人主观“明知”的认定

一、基本案情

公诉机关上海市奉贤区人民检察院。

上诉人（原审被告人）王岳超，男，1963年12月19日出生，原系上海熊猫乳品有限公司法定代表人兼常务副总经理。因涉嫌犯生产、销售有毒、有害食品罪于2009年6月3日被逮捕。

上诉人（原审被告人）洪旗德，男，1962年5月5日出生，原系上海熊猫乳品有限公司总经理。因涉嫌犯生产、销售有毒、有害食品罪于2009年6月3日被逮捕。

被告人陈德华，男，1951年7月25日出生，原系上海熊猫乳品有限公司副总经理。因涉嫌犯生产、销售有毒、有害食品罪于2009年6月3日被逮捕。

上海市奉贤区人民检察院指控，被告人王岳超、洪旗德、陈德华为减少公司的经济损失，明知退回的熊猫牌全脂甜炼乳中存在

三聚氰胺超标的情况,仍违反国家的相关规定,将上述退回的熊猫牌全脂甜炼乳采用按比例添加的方式重新回炉,用于生产各类规格的炼奶酱,其行为均构成生产、销售有毒、有害食品罪。并以被告人王岳超、洪旗德、陈德华犯生产、销售有毒、有害食品罪,向奉贤区人民法院提起公诉。

被告人王岳超、洪旗德辩称,其事先并不明知退回的熊猫牌全脂甜炼乳三聚氰胺含量超标。被告人王岳超、洪旗德、陈德华的辩护人均提出公诉机关指控三名被告人犯生产、销售有毒、有害食品罪的证据不充分。陈德华的辩护人另提出本案的罪名应是生产、销售不符合卫生标准的食品罪(《刑法修正案(八)》颁布前罪名,下同)。

奉贤区人民法院经公开审理查明:

2008年10月,因受“三鹿事件”影响,熊猫乳品公司的销售客户福建晋江公司将1 300余件熊猫牌特级和三级全脂甜炼乳退回熊猫乳品公司。被告人王岳超、洪旗德、陈德华为减少本公司的经济损失,在明知退回的熊猫牌全脂甜炼乳存在三聚氰胺超标的情况下,仍于2008年12月30日召开由三被告人和公司生产技术部负责人荣建琼、朱贵奏、潘兴娟参加的会议,决定将上述退回的熊猫牌全脂甜炼乳按比例添加回炉生产炼奶酱,并于2009年2月起批量生产。截至2009年4月23日案发,熊猫乳品公司采用上述方式生产的炼奶酱合计6 520余罐,价值人民币(以下币种均为人民币)36万余元,其中已销售3 280余罐,价值20余万元。

案发后,经上海出入境检验检疫局动植物与食品检验检疫技术中心、上海市质量监督检验技术研究院对福建晋江公司退回的熊猫牌全脂甜炼乳以及使用该甜炼乳回炉生产的炼奶酱进行抽样检测,所检产品三聚氰胺含量超标,其中最高值为34.1mg/kg(国家临时管理限量值为2.5mg/kg)。已销售的涉案炼奶酱召回率约94%。

奉贤区人民法院经审理认为，三名被告人明知三聚氰胺系有毒、有害的非食品原料，为减少公司的经济损失，仍将三聚氰胺含量超标的甜炼乳掺入原料用于生产炼奶酱，且部分产品已销售，其行为符合单位生产、销售有毒、有害食品犯罪的构成要件，被告人王岳超、洪旗德系单位犯罪中直接负责的主管人员，被告人陈德华系直接责任人员，依法均应追究刑事责任。公诉机关指控的罪名成立。依照刑法相关条款之规定，判决如下：

被告人王岳超犯生产、销售有毒、有害食品罪，判处有期徒刑五年，并处罚金人民币四十万元；被告人洪旗德犯生产、销售有毒、有害食品罪，判处有期徒刑四年六个月，并处罚金人民币三十万元；被告人陈德华犯生产、销售有毒、有害食品罪，判处有期徒刑三年，并处罚金人民币二十万元；查获的三聚氰胺含量超标的熊猫牌甜炼乳及炼奶酱予以没收。

一审宣判以后，被告人王岳超、洪旗德均提出上诉。二审法院认为，上诉人王岳超、洪旗德承担单位犯罪直接负责的主管人员的刑事责任准确无误；原审三被告人严重背离了从业者的职业道德与行业规则，具有明显的主观故意，且王、洪认罪的酌定量刑情节尚不足以成为二审对上诉人王岳超、洪旗德从轻处罚的理由。二审法院遂作出驳回王岳超、洪旗德的上诉，维持原判的裁定。

二、主要问题

1. 生产、销售有毒、有害食品罪与以危险方法危害公共安全罪，生产、销售不符合卫生标准的食品罪（《刑法修正案（八）》颁布前罪名），生产、销售伪劣产品罪如何区别认定？

2. 本案在公诉机关没有追诉犯罪单位的情况下，对个人如何处罚？

3. 生产、销售有毒、有害食品犯罪案件中，在被告人拒不承认“明知”的情况下如何认定“明知”？

三、裁判理由

(一)本案所涉罪名之间的辨析

1. 以危险方法危害公共安全罪与生产、销售有毒、有害食品罪(《刑法修正案(八)》颁布前罪名)的辨析

以危险方法危害公共安全罪与生产、销售有毒、有害食品罪多有交叉,难以准确认定。在司法实践中,两者的关系通常被认为是一般与特殊的关系,在具体认定时一般是根据特别法优于普通法的原则,以生产、销售有毒、有害食品罪定罪。从二罪的罪状规定分析,二罪均对不特定多数人的生命、健康造成损害,即在客体上均危及公共安全,且二罪对这一客体的危害不需要附加任何条件、不受任何具体案情的影响,因而二罪属于法条竞合而非想象竞合关系,其本质区别在于具体行为方式不同。

当一行为构成生产、销售有毒、有害食品罪时,一般亦可构成以危险方法危害公共安全罪,此时根据法条竞合时特别法优于普通法的原则,以生产、销售有毒、有害食品罪论处。生产、销售有毒、有害食品罪的行为方式是在生产、销售的食品中掺入有毒、有害的非食品原料,要求犯罪对象必须是掺入有毒、有害的非食品原料的食品。如果有毒、有害的非食品原料掺入的对象不是食品,或者销售的是有毒、有害的非食品原料本身,则应认定为以危险方法危害公共安全罪。例如,"三鹿奶粉"案件的主犯明知三聚氰胺是化工产品,不能食用,一旦食用必然会危害人体健康和生命安全,仍以三聚氰胺和麦芽糊精为原料,研制出三聚氰胺的混合物("蛋白粉")。此行为的本质是直接生产、销售有毒、有害的非食品原料,不属于《食品安全法》所规定的食品或食品原料,且没有在食品中掺入、投放的过程,因而不能认定为生产、销售有毒、有害食品罪。由于该行为完全符合以危险方法危害公共安全罪,可以适用

一般法条认定为以危险方法危害公共安全罪。[①] 由上分析可知，准确区别二罪必须把握两个方面的内容：一是添加的物质是食品或食品原料，还是有毒、有害的非食品原料；二是是否在生产、销售过程中存在掺入、添加行为。

2. 生产、销售有毒、有害食品罪与生产、销售不符合卫生标准的食品罪（《刑法修正案（八）》颁布前罪名）的辨析

有观点认为，本案应当认定为生产、销售不符合卫生标准的食品罪。但一审法院认为，生产有毒、有害食品罪与生产、销售不符合卫生标准的食品罪的区别主要有三点：一是犯罪手段不同。前者是在生产、销售的食品中掺入有毒、有害的非食品原料，后者是生产、销售的食品不符合卫生标准。如果掺入的物质有毒害性，但其本身是食品原料，其毒害性仅是由于该食品原料污染或腐败变质引起，应按照生产、销售不符合卫生标准的食品罪论处。二是对危害结果的要求不同。前者是行为犯，实施该犯罪行为即构成犯罪；后者是危险犯，只有存在足以造成严重食物中毒事故或者其他严重食源性疾病的才构成犯罪。三是犯罪对象不同。前者的犯罪对象仅限于有毒、有害食品；后者的犯罪对象范围较为广泛，包括食品卫生法禁止生产经营的一切不符合卫生标准的食品。我们认为，实践中区分两罪的关键主要在于两点：一是毒源不同。前者的"毒害"来自于食品中的非食品原料的毒性，而后者的"毒害"来源于食品原料本身。非食品原料或受到污染而有毒性，或本身含有毒性，由于毒害量大（超过国家有关标准）而对人体有害。食品原料的毒性主要是受到污染或变质腐败等造成。二是掺入的方式不同。前者的"毒害"是故意掺入，是行为人积极的作用；而后者的"毒害"是由生产、销售中受到污染或变质而引起，是行为人消极

① 张军主编：《刑法修正案（八）条文及配套司法解释的理解与适用》，人民法院出版社 2011 年版，第 205 页。

的不作为。如果没有故意掺入行为,尽管食品受到有毒、有害非食品原料的污染,也不能认定为生产、销售有毒、有害食品罪。2008年9月13日,国家食品质量监督检测中心明确,三聚氰胺属于化工原料,是不允许添加到食品中的。因此,本案应认定为生产、销售有毒、有害食品罪。

(二)在未追诉犯罪单位的情况下能否对相关责任人进行刑事处罚

有观点认为,本案应当将熊猫乳业公司作为被告一并处理,并对单位判处罚金,对于法院未处理犯罪单位的做法不能理解。本案并没有将犯罪单位列为被告并进行处罚,原因是该公司在追诉前受到工商局的行政处罚被吊销营业执照,根据2002年7月《最高人民检察院关于涉嫌犯罪单位被撤销、注销、吊销营业执照或者宣告破产的应如何进行追诉问题的批复》的规定,"涉嫌犯罪的单位被撤销、注销、吊销营业执照或者宣告破产的,应当根据刑法关于单位犯罪的相关规定,对实施犯罪行为的该单位直接负责的主管人员和其他直接责任人员追究刑事责任,对该单位不再追诉"。另外,依据2001年1月《全国法院审理金融犯罪案件工作座谈会纪要》的规定,对被起诉的自然人可以依法按单位犯罪中的直接负责的主管人员或者其他直接责任人员追究刑事责任。

上诉人王岳超上诉称,认定其为直接负责的主管人员不当。二审法院认为,"直接负责的主管人员"主要包括两种情况:一是决策者,是单位犯罪意图、犯罪计划、犯罪阴谋的创制者;二是对单位所作所为负有不可推卸的责任的领导或决策人员。根据现有证据可以证实,王岳超作为公司法定代表人及常务副总经理,决定同意收回福建晋江公司退回的熊猫牌全脂甜炼乳,在明知退回的产品中部分批次三聚氰胺含量超标的情况下,仍在公司会议上提出将回收的炼乳按比例添加回炉生产炼奶酱,并在形成决议后实施生产,因此,上诉人王岳超应当承担单位犯罪直接负责的主管人员的刑事责任。

需要提出的是,我国刑法对于单位犯罪采用了双罚制。对单位判处罚金是其承担刑事责任的形式之一,对相关责任人员判处刑罚是单位承担刑事责任的形式之二。单位本身并不具有意识和意志,单位犯罪是由具体的自然人组成的单位决策机构按照单位决策程序共同决定,或者由单位的主要负责人以单位的名义作出决定。相关责任人受到刑罚并非基于自然人犯罪或自然人与单位共同犯罪,而是自然人作为单位犯罪意志过错责任的承担者,代单位接受其本身无法承担之具有人身性质的刑事责任。因此,在目前的立法框架下,对于被吊销营业执照等的单位犯罪,可以追究直接负责的主管人员和其他直接责任人员的刑事责任。

(三)生产、销售有毒、有害食品犯罪案件中"明知"的认定

在认定生产、销售有毒、有害食品罪的主观要件时,必须把握"明知"的要件。刑法第一百四十四条规定:"在生产、销售的食品中掺入有毒、有害的非食品原料的,或者销售明知掺有有毒、有害的非食品原料的食品的,处五年以下有期徒刑,并处罚金……"刑法虽然只对销售行为规定了明知要件,但这不意味着生产行为不需要明知要件。本案被告人及其辩护人对本案犯罪故意中是否"明知"提出异议,一审认为刑法第一百四十四条规定的"明知"和刑法第十四条规定的"明知"应当有所区别。总则中的"明知"是对犯罪故意成立的总的要求,或者说是所有故意犯罪的一般构成要素,其内容是"自己的行为会发生危害社会的结果"。而分则中的"明知",其内容则较为特定。现行刑法分则中约有 27 个刑法条文含有"明知"的规定,包括第一百三十八条、第三百七十条这样的过失犯罪条文。由此而论,分则中"明知"不能局限于犯罪故意的认定,还涉及定罪量刑标准等问题。因此,本案中"明知"的认定不应当仅仅指"是否明知召回的乳制品三聚氰胺是否超标",还包括是否明知召回乳制品在未经合理处理和严密检测的情况下

就对外销售,将会导致危害他人生命健康等危害结果。

实践中,在被告人拒不如实供述的情况下,"明知"的认定较为复杂。本案一审法院对行为人主观要素的认定,注重了从以下五个方面的把握:一是买卖双方的成交价格;二是货物来源渠道是否正当;三是行为人对食品的认识程度;四是是否在有关部门禁止或发出安全预警的情况下继续生产、销售;五是根据行为人的年龄、经历、学识、职业、职务、职责、素质等方面。上述五个方面应当综合考虑。本案上诉人及其辩护人曾辩称,"事先并不明知退回的熊猫乳品中三聚氰胺含量超标,指控证据不够充分"。经过庭审查明的事实和证据,在2008年9月发生的"三鹿奶粉"案件中,熊猫乳品公司因生产的婴幼儿配方奶粉三聚氰胺含量严重超标而被全国通报,因此被停产整顿,并成立了一个由王岳超任组长、陈德华为副组长、洪旗德为成员的清理领导小组,负责召回清理工作。身为公司高层管理人员的王岳超、洪旗德对当时福建晋江公司退回的熊猫牌全脂甜炼乳中三聚氰胺含量是否超标以及如何处理主持过集体商议和决策,且是在采取回炉鉴定、抽样调查之后再决定对外销售的,因此,应当认定王岳超等人明知三聚氰胺含量超标的存在。王岳超等人的辩解不仅有悖常理,而且与查明的事实不符,故不予采信。

综上所述,一、二审法院认定本案构成生产、销售有毒、有害食品罪,定罪准确,量刑适当。

(撰稿:上海市奉贤区人民法院　钱东君　褚玉兰　李晓杰
审编:最高人民法院刑二庭　苗有水)

[第716号]

杨永承合同诈骗案

——以公司代理人的身份，通过骗取方式将收取的公司货款据为己有，是构成诈骗罪、职务侵占罪还是挪用资金罪

一、基本案情

被告人杨永承，女，1969年2月9日出生，汉族，原系上海承联商务咨询有限公司（以下简称承联公司）法定代表人。因涉嫌挪用资金犯罪于2010年1月25日被刑事拘留，2010年2月11日因涉嫌合同诈骗犯罪被逮捕。

上海市奉贤区人民检察院以被告人杨永承犯职务侵占罪，向上海市奉贤区人民法院提起公诉。

公诉机关指控，被告人杨永承以非法占有为目的，利用上海威士文通风工程设备有限公司（以下简称威士文公司）授权其为代理人的职务便利，将收取的货款据为己有，数额巨大，应当以职务侵占罪追究其刑事责任。杨永承犯罪以后自动投案，并如实供述自己的罪行，属自首，可以从轻或者减轻处罚，建议判处七年以上有期徒刑。

被告人杨永承对公诉机关指控的事实及罪名均无异议。

奉贤区人民法院经公开审理查明：

2006年4月下旬，威士文公司出具法人代表授权书，授权被

告人杨永承为该公司代理人,负责杭州市市民中心工程空调配件的跟踪及业务洽谈。后于2007年6月12日,双方签订了经销协议书。协议约定,杨永承为威士文公司的经销商,负责威士文公司的经销销售业务,对外以威士文公司的合同与客户签约,并按威士文公司指定的账户进行货款结算。后杨永承私刻威士文公司及该公司法人代表的印章,伪造了以其个人经营的承联公司为代理人的“法人代表授权书”,并以承联公司名义,分别与承接杭州市市民中心工程空调安装工程项目的杭州市设备安装有限公司、浙江开元安装集团有限公司机电工程分公司、中天建设集团浙江安装工程有限公司、江西省工业设备安装公司杭州分公司签订了合同。

2007年8月至2009年6月,威士文公司根据杨永承的要求提供了价值人民币(以下币种均为人民币)200余万元的空调设备至上述四家公司。此后,杨永承将上述四家公司在2008年8月至2009年9月间支付给承联公司的货款合计1 542 976元据为已有,用于个人还债、投资经营及开销等,后关闭手机逃匿。

2010年1月25日,杨永承主动到公安机关投案,如实供述了自己的犯罪事实。

奉贤区人民法院认为,被告人杨永承以非法占有为目的,在履行其与威士文公司的经销协议过程中,采用虚构事实、隐瞒真相的方法,骗取威士文公司财产,且数额特别巨大,其行为构成合同诈骗罪。公诉机关指控杨永承犯职务侵占罪的罪名不当,应予更正。案发后,杨永承能主动到公安机关投案,如实供述自己的犯罪事实,构成自首,依法可以从轻处罚;庭审中杨永承能自愿认罪,亦可酌情从轻处罚;但本案损失未挽回的情况在量刑时应一并酌情予以考虑。为严肃国家法纪,维护社会主义市场秩序,确保公司财产不受侵犯,依照《中华人民共和国刑法》第二百二十四条、第六十七条第一款、第五十六条第一款、第五十五条第一款、第六十四条之规定,判决如下:

被告人杨永承犯合同诈骗罪，判处有期徒刑十二年，剥夺政治权利二年，并处没收财产人民币十万元；责令杨永承退赔被害单位威士文公司一百五十四万二千九百七十六元。

一审宣判后，奉贤区人民检察院提出抗诉。在二审法院审理过程中，上海市人民检察院第一分院认为抗诉不当，向二审法院撤回抗诉。二审法院认为，原判认定原审被告人杨永承犯合同诈骗罪的事实清楚，证据确实、充分，定性准确，量刑适当，且审判程序合法；上海市人民检察院第一分院撤回抗诉的要求符合法律规定，裁定准许上海市人民检察院第一分院撤回抗诉。

二、主要问题

以公司代理人的身份，通过骗取方式将收取的公司货款据为己有，是构成诈骗罪、职务侵占罪还是挪用资金罪？

三、裁判理由

关于本案的定性，大致有四种观点：一是认为被告人杨永承以非法占有为目的，利用威士文公司授权其为代理人的职务便利，将收取的货款据为己有，数额巨大，其行为构成职务侵占罪；二是认为杨永承作为公司工作人员，利用威士文公司授权其为代理人的职务便利，挪用本单位资金归个人使用，数额巨大，其行为构成挪用资金罪；三是认为杨永承以非法占有为目的，采用虚构事实、隐瞒真相的方法，骗取威士文公司财产，数额特别巨大，其行为构成诈骗罪；四是认为杨永承在履行其与威士文公司的经销协议过程中，以非法占有为目的，采用虚构事实、隐瞒真相的方法，骗取威士文公司的财产，其行为构成合同诈骗罪。

我们倾向于同意第四种观点。主要理由如下：

（一）被告人杨永承不属于威士文公司的工作人员

诈骗犯罪的主体是一般主体，而职务侵占罪、挪用资金罪的主体是特殊主体，只限于公司、企业或其他单位中的人员。在以骗取的方式实施诈骗、职务侵占和挪用资金时，三者容易产生混淆，因此,本案准确定性的第一个关键点在于杨永承是否属于威士文公司的工作人员。

职务是一项由单位分配给行为人为单位所从事的一种持续的、反复进行的工作,担任职务应当具有相对稳定性的特点,而非单位临时一次性地委托行为人从事某项事务。本案中,杨永承仅系威士文公司临时一次性授权的、仅负责杭州市市民中心工程空调配件的跟踪及业务洽谈的代理人,故杨永承在威士文公司并无职务,不属于该公司的工作人员,其身份不符合职务侵占罪、挪用资金罪的主体特征,不能认定其行为构成职务侵占罪、挪用资金罪。

(二)被告人杨永承具有非法占有的主观故意

杨永承在威士文公司授权其为代理人,并与其签订经销协议后,因之前其投资失败、经营亏损等原因,萌生了非法占有威士文公司货款的犯罪故意。此后,杨永承在威士文公司不知情的情况下,违背威士文公司的授权,私刻印章,伪造了威士文公司委托其个人经营的承联公司为代理人的法人代表授权书,并以承联公司名义与承接杭州市市民中心工程空调安装工程项目的四家公司签订合同。后杨永承又利用威士文公司对其的信任,骗取威士文公司向该四家公司供货,并将该四家公司收货后支付给承联公司的货款据为己有,并用于还债、投资经营及个人开销等。在威士文公司多次要求其向客户催款的情况下,杨永承始终用各种理由予以搪塞。为了拖延时间,其还伪造了一份杭州市市民中心工程建设指挥部与威士文公司的"杭州市市民中心工程买卖合同"交予威士文公司。当该虚假事实被揭穿后,杨永承自知无法再隐瞒下去,便关闭手机逃匿。杨永承的上述行为充分表明,其主观上具有非法占有的故意。

(三)被告人杨永承实施诈骗的行为是在履行合同的过程中

按照相关法律规定,依法成立的合同对双方当事人均具有法律约束力，当事人应当按照合同约定履行自己的义务，不得擅自变更或解除合同。在杨永承与威士文公司签订的经销协议书中，对杨永承经销威士文公司的各类产品的基价、销售报酬等均作了约定，且明确杨永承为威士文公司的经销商，负责威士文公司的经销业务，对外应以威士文公司的合同与客户签约，并按威士文公司指定账户进行货款结算。然而，杨永承在协议明确约定对外应以威士文公司的合同与客户签约的情况下，仍以承联公司名义，分别与承接杭州市市民中心工程空调安装工程项目的四家公司签订了合同。后又在协议明确约定应按威士文公司指定账户进行货款结算的情况下，示意四家公司将货款汇到其个人经营的承联公司账上。可见，杨永承的诈骗行为始终是在履行合同的过程中实施的。

综上所述，杨永承的行为以非法占有为目的，在履行其与威士文公司的经销协议过程中，采用虚构事实、隐瞒真相的方法，骗取威士文公司的财产，数额特别巨大，其行为构成合同诈骗罪。一、二审法院对杨永承行为的定性是正确的。

（撰稿：上海市奉贤区人民法院　周　艳
审编：最高人民法院刑二庭　牛克乾）

[第 717 号]

危甫才组织、领导传销活动案

——如何认定组织、领导传销活动罪

一、基本案情

被告人危甫才,男,1962 年 5 月 7 日出生,小学文化,捕前系广东省珠海市康紫源贸易有限公司法定代表人。因涉嫌犯组织、领导传销活动罪于 2010 年 9 月 15 日被逮捕。

广东省深圳市宝安区人民检察院以被告人危甫才犯组织、领导传销活动罪,向深圳市宝安区人民法院提起公诉。

被告人危甫才及其辩护人提出,危甫才不是公司实际的法人代表,其实际营业额只有人民币(以下币种均为人民币)18 000元,没有证据证明其发展的下线有 240 人,其是被人利用而实施犯罪,并基于上述理由请求对危甫才从轻处罚。

深圳市宝安区人民法院经公开审理查明:

"珠海市林友盛贸易有限公司"是一家在珠海没有任何工商登记资料,并假借网络连锁在深圳市宝安区龙华镇大肆发展人员,积极从事非法传销活动的假公司。"珠海市林友盛贸易有限公司"衍生出"珠海市昌康盛贸易有限公司"、"珠海市合鑫盛贸易有限公司"、"珠海市康紫源贸易有限公司"、"珠海市危友军贸易有限公司"、"珠海市秦粤贸易有限公司"等传销公司,这些公司按照传销人员在公司中各自发展的人数(包括下线及下下线的人数总和)来确定这些传销人员的等级地位。具体确定等级的标准是:发展1~2人属于一级传销商;发展3~9人属于二级传销商;发展10~59人属于三级传销;发展60~240人属于四级传销商;发展240人以上属于五级传销商。而注册传销公司的传销人员(传销公司的法人代表及股东)则必须达到"五级传销商"的资格,被称为传销"总裁"。根据该传销组织的内部规定,每个被发展进传销公司的人都必须先交3 600元购买"钢煲"或"臭氧饮水机"一个(如果不要钢煲或饮水机,可以返还500元)。加入人员购买上述产品后,即取得该传销组织所谓的"营销权",即可以发展其下线人员,以此形成严密的人员网络,从中获取提成。另以"下线发展越多,提成越多"来诱骗新的人员参与传销活动。每介绍一人加入传销公司提成525元,被介绍人成为介绍人的下线;下线再介绍1人,介绍者可提成175元;下下线再发展1人,介绍者可提成350元;下线再发展1人,介绍者可获取280元。

2006年,被告人危甫才通过其直接上线张开余的发展,加入了"珠海市林友盛贸易有限公司",在宝安区龙华街道以开展推销"钢煲"、"臭氧饮水机"等经营活动为名从事传销活动。经过发展下线及下下线,危甫才已经成为传销公司珠海市康紫源贸易有限公司的法人代表,属于五级传销商,其利用传销公司名义直接发展下线及下下线241人以上,经营额至少为867 600元。2010年8月12日,公安人员将危甫才抓获归案。

深圳市宝安区人民法院认为,被告人危甫才无视国家法律,组织、领导以销售商品等经营活动为名,要求参加者以缴纳费用或者购买商品等方式获得加入资格,并按照一定顺序划分等级,直接或者间接以发展人员的数量作为计酬或返利依据,引诱参加者继续发展他人参加,骗取财物、扰乱经济社会秩序的传销活动,其行为构成组织、领导传销活动罪。鉴于危甫才走上传销犯罪道路系出于维持家庭生活的目的,可酌情从轻处罚。依照《中华人民共和

国刑法》第二百二十四条之一之规定,判决如下:

被告人危甫才犯组织、领导传销活动罪,判处有期徒刑二年,并处罚金人民币二千元。

一审宣判后,危甫才提出上诉。

深圳市中级人民法院经审理后认为,原判认定事实清楚,证据确实充分,定罪准确,量刑适当,审判程序合法。据此,裁定驳回上诉,维持原判。

二、主要问题

如何认定组织、领导传销活动罪?

三、裁判理由

近年来,传销或者变相传销活动屡禁不止,牵涉人数众多,涉案金额巨大,严重危害到社会主义市场经济秩序和社会管理秩序。为遏制传销活动迅猛、猖獗的发展态势,国务院先后发布了《关于禁止传销经营活动的通知》(以下简称《通知》)、《禁止传销条例》。2001年4月,最高人民法院发布的《关于情节严重的传销或变相传销行为如何定性问题的批复》将《通知》发布以后的传销或者变相传销行为纳入非法经营罪的范畴,在一定程度上解决了司法机关在办理传销案件过程中无法可依的问题。为了更有效地打击传销违法犯罪活动,2009年2月通过的《刑法修正案(七)》在刑法第二百二十四条后增加一条,作为第二百二十四条之一,规定了组织、领导传销活动罪。本案被告人危甫才实施的行为符合刑法第二百二十四条之一的规定,构成组织、领导传销活动罪。具体理由如下:

(一)危甫才的行为符合组织、领导传销活动罪的客观特征

组织、领导传销活动罪在犯罪的客观方面表现为,组织、领导传销活动,骗取财物,扰乱经济和社会秩序。该罪在客观方面有三个特征:(1)"经营"形式上具有欺骗性。传销组织所宣传的"经营"活动,实际上是以"经营"为幌子,有的传销组织甚至没有任何

实际经营活动,根本不可能保持传销组织的运转,其许诺或者支付给成员的回报,来自成员缴纳的入门费。由于人员不可能无限增加,资金链必然断裂,传销组织人员不断增加的过程实际上也是风险不断积累和放大的过程,因此,传销活动在本质上具有诈骗性质。(2)计酬方式上,直接或者间接以发展人员的数量作为计酬或者返利依据。传销组织的参加者通过发展人员,再要求被发展者不断发展其他人员加入,形成上下线关系,并以下线发展的人数多少为依据计算和给付上线报酬。(3)组织结构上具有等级性。在传销组织中,一般根据加入的顺序、发展人员的多少分成不同的等级。每个人都有一定的级别,只有发展一定数量的下线以后才能升级,由此呈现底大尖小的"金字塔形"结构。

本案中,危甫才系"珠海市康紫源贸易有限公司"的法定代表人,该公司系按照传销人员在公司中各自发展的人数(包括下线及下下线的人数总和)来确定传销人员的等级地位。每个被发展进传销公司的人都必须先交钱购买产品,之后即取得该传销组织所谓的"营销权",就可以发展其他人员加入,以此形成严密的人员网络,从中获取提成。以"下线发展越多,提成越多"来诱骗新的人员参与传销活动,该公司在组织结构上具有明显的层级性,并呈"金字塔形",在计酬方式上完全以下线发展的人数多少为依据计算和给付上线报酬。所"经营"的"钢煲"或"臭氧饮水机"则是传销的幌子,本质上是借虚假的经营活动骗取他人的"入门费",危甫才所实施的行为符合组织、领导传销活动罪的客观特征。

(二)危甫才符合组织、领导传销活动罪的主体特征

组织、领导传销活动罪的犯罪主体包括一般自然人和单位,危甫才属于一般自然人主体。组织、领导传销活动罪的主体必须是传销活动的组织、领导者。根据最高人民检察院、公安部于2010年5月7日发布的《关于公安机关管辖的刑事案件立案追诉标准的规定(二)》的规定,传销活动的组织者、领导者是指在传销活动

中起组织、领导作用的发起人、决策人、操纵者，以及在传销活动中担负策划、指挥、布置、协调等重要职责，或者在传销活动实施中起到关键作用的人员。本案中，危甫才虽然不是传销活动的最初发起、策划者，但他通过发展下线和下下线，已经成为“珠海市康紫源贸易有限公司”的法定代表人，属于五级传销商，其利用传销公司的名义直接发展下线及下下线241人以上，经营额至少为867 600元，[①]属于在所实施的传销活动中起骨干、领导作用的人，符合组织、领导传销活动罪的主体特征。

顺便指出，对于参与传销活动的一般人员应当如何处理，有的观点认为，应以非法经营罪定罪处罚。我们认为，这种主张不符合立法精神，容易造成打击面过大，激化矛盾。传销犯罪是一种“涉众型”的经济犯罪，在组织结构上通常呈现出“金字塔形的特点，司法实务中应当贯彻宽严相济的刑事政策精神，根据传销活动参与者的地位、作用，科学合理地划定打击对象的范围：对于在传销网络建立、扩张过程中起组织、策划、领导作用的首要分子给予刑事处罚；对于并非策划、发起人，但积极加入其中，并在由其实施的传销活动中起组织、领导、骨干作用的，也应以组织者、领导者追究刑事责任；对于参与传销活动的一般人员则可以通过行政处罚、教育遣散等方式进行处理，不宜追究刑事责任。

（三）本案的法律适用问题

本案被告人危甫才实施的犯罪行为从2006年直至2010年8月，而《刑法修正案（七）》公布实施日为2009年2月28日，在修

---

① 《刑法修正案（七）》对组织、领导传销活动罪的规定中没有“数额较大”或“情节严重”的要求，但在司法实践中要定罪仍须考虑非法获取的利益金额、参加人数、对经济秩序和社会管理秩序的影响程度等因素，对此可以参照《最高人民检察院、公安部关于公安机关管辖的刑事案件立案追诉标准的规定（二）》第七十八条“……涉嫌组织、领导的传销活动人员在三十人以上且层级在三级以上的，对组织、领导者，应予立案追诉……”的规定。

正案公布前的组织、领导传销活动行为是以非法经营罪定罪的。对于开始于刑法修正案施行日以前，连续到刑法修正案施行日以后的犯罪，该如何适用法律？《最高人民检察院关于对跨越修订刑法施行日期的继续犯罪、连续犯罪以及其他同种数罪应如何具体适用刑法问题的批复》（高检法释字〔1998〕6号）规定，对于开始于1997年9月30日以前，连续到1997年10月1日以后的连续犯罪，当罪名、构成要件、情节以及法定刑已经变化的，应当适用修订刑法，一并进行追诉，但是修订刑法比原刑法所规定的构成要件和情节较为严格，或者法定刑较重的，在提起公诉时应当提出酌情从轻处理意见。本案属于跨越刑法修正案实施日期的连续犯罪，在适用法律时可以参照该批复的精神。

首先，危甫才实施的犯罪行为属于在刑法修改前后的连续犯罪，虽然罪名、构成要件及法定刑发生了变化，但仍应当适用修订后的刑法，即认定为组织、领导传销活动罪。其次，比较刑法修正前后的两个罪名，非法经营罪“情节严重的”处五年以下有期徒刑或者拘役，并处或者单处罚金，而组织、领导传销活动罪“情节严重的”处五年以上有期徒刑并处罚金。组织、领导传销活动罪要比非法经营罪重，故在对危甫才定组织、领导传销活动罪后，量刑时应酌情从轻处罚。

综上，原审法院对危甫才以组织、领导传销活动罪判处有期徒刑二年，并处罚金人民币二千元的刑罚是适当的。

（撰稿：广东省深圳市中级人民法院　姚　辉　姜君伟
审编：最高人民法院刑四庭　陆建红）

[第 718 号]

张春亭故意杀人、盗窃案

——交代司法机关尚未掌握的案发起因构成其他犯罪的,是否属于自首

一、基本案情

被告人张春亭,男,1949 年 4 月 22 日出生,中国农业银行长岭县支行退休职工。因涉嫌犯故意杀人罪、盗窃罪于 2009 年 12 月 10 日被逮捕。

吉林省松原市人民检察院以被告人张春亭犯故意杀人罪、盗窃罪,向松原市中级人民法院提起公诉。

被告人张春亭对公诉机关指控的事实和罪名无异议,但辩称其故意杀人和盗窃事实均是其主动向公安机关交代的。其辩护人提出,张春亭在公安机关讯问故意杀人犯罪时,主动交代了伙同孙宝军盗窃中国农业银行长岭县支行(以下简称长岭农行)金库及杀害孙宝军的事实,对故意杀人罪属坦白,对盗窃罪属自首。

松原市中级人民法院经公开审理查明:2002 年年初,被告人张春亭与长岭农行守库员孙宝军密谋盗窃该行金库,并由孙事先盗得金库钥匙和密码。2002 年 5 月 23 日,长岭农行进行内部装修,监控设备均被拆除。二人见时机成熟,即约定当晚动手。当日 22 时许,张春亭潜入长岭农行办公楼院内,按事先约定在二楼窗台处拿到孙宝军所放的金库钥匙和写有密码的字条进入金库,窃

得现金人民币(以下币种均为人民币)150 万元后逃离现场。后张春亭未按约定分给孙宝军 70 万元,先后仅分给孙 30 万元赃款。孙宝军一直向张春亭索要剩余的 40 万元。因张春亭使用赃款投资建厂亏损,已无力给付孙宝军剩余的 40 万元,又恐孙将盗窃长岭农行金库之事泄露,遂产生杀人灭口之念。2009 年 10 月 22 日 14 时许,张春亭以支付余款为由,驾驶尼桑轿车搭载孙外出,伺机作案。当日 22 时许,当行至吉林省长岭县长岭镇龙凤村附近时,张春亭趁孙宝军下车小便之机,用事先备好的绳索紧勒孙的颈部,致其机械性窒息死亡。

松原市中级人民法院认为,被告人张春亭以非法占有为目的,伙同他人窃取银行金库 150 万元,数额特别巨大;事后又因分赃不均,唯恐罪行败露而杀人灭口,其行为分别构成盗窃罪、故意杀人罪。关于张春亭的辩解及其辩护人提出的辩护意见,经查,张春亭在公安机关确定其有杀人作案嫌疑,被刑事拘留并经多次讯问后,才交代其故意杀人以及伙同孙宝军盗窃长岭农行 150 万元的犯罪事实。其供认故意杀人犯罪,不符合主动坦白的条件。其交代伙同孙宝军盗窃银行 150 万元的犯罪事实,属于交代故意杀人犯罪事实的部分内容,是杀害孙宝军的起因,虽然盗窃犯罪应单独定罪,但依照《最高人民法院关于处理自首和立功具体应用法律若干问题的解释》的有关规定,该种情形不符合自首的构成条件,故张春亭及其辩护人的辩护意见不能成立,不予采纳。张春亭杀人动机卑劣,手段残忍,后果特别严重,应依法严惩。依照《中华人民共和国刑法》第二百三十二条、第二百六十四条、第五十七条第一款、第六十九条之规定,松原市中级人民法院判决如下:

被告人张春亭犯故意杀人罪,判处死刑,剥夺政治权利终身;犯盗窃罪,判处无期徒刑,并处没收个人全部财产;决定执行死刑,剥夺政治权利终身,并处没收个人全部财产。

一审宣判后,被告人张春亭以其主动交代伙同孙宝军盗窃长岭农行的事实,应认定自首等理由提出上诉。其辩护人亦提出张春亭对盗窃罪构成自首等辩护意见。

吉林省高级人民法院经二审审理认为,被告人张春亭在公安机关尚不掌握其盗窃犯罪的情况下,主动交代其伙同孙宝军盗窃银行金库的事实,对其盗窃犯罪可以认定为自首,但不足以对其从轻处罚。根据《中华人民共和国刑事诉讼法》第一百九十九条第一项及《最高人民法院关于处理自首和立功具体应用法律若干问题的解释》第二条之规定,裁定驳回上诉,维持原判,并依法报请最高人民法院核准。

最高人民法院经复核认为,被告人张春亭故意非法剥夺他人生命,其行为构成故意杀人罪;伙同他人盗窃金融机构,其行为又构成盗窃罪。张春亭伙同他人盗窃金融机构资金,数额特别巨大;又为灭口而杀害盗窃犯罪的共同作案人,犯罪情节恶劣,社会危害极大,罪行极其严重,应依法惩处并数罪并罚。第一审判决、第二审裁定认定的事实清楚,证据确实、充分,定罪准确,量刑适当,审判程序合法。依照《中华人民共和国刑事诉讼法》第一百九十九条和《最高人民法院关于复核死刑案件若干问题的规定》第二条第一款的规定,裁定核准吉林省高级人民法院(2010)吉刑一终字第157号维持第一审对被告人张春亭以故意杀人罪判处死刑,剥夺政治权利终身;以盗窃罪判处无期徒刑,剥夺政治权利终身,并处没收个人全部财产;决定执行死刑,剥夺政治权利终身,并处没收个人全部财产的刑事裁定。

二、主要问题

被告人归案后交代公安机关尚未掌握的案件起因构成其他犯罪的,是否属于自首?

三、裁判理由

本案是一起盗窃犯之间因分赃不均而引发的带有"黑吃黑"性质的故意杀人案件。被告人张春亭伙同被害人孙宝军盗窃长岭农行150万元现金后，因无力支付剩余的40万元赃款，为灭口而将同伙孙宝军杀害。张春亭在公安机关确定其有故意杀人犯罪嫌疑被刑事拘留后，供认了杀害孙宝军的犯罪事实，并交代了作案的起因，由此牵出2002年长岭农行金库被盗案。关于张春亭对盗窃犯罪是否构成自首，两级检察机关看法不同，一、二审法院亦意见不一。根据刑法第六十七条第二款和《最高人民法院关于处理自首和立功具体应用法律若干问题的解释》（以下简称《解释》）第二条的规定，被采取强制措施的犯罪嫌疑人、被告人如实供述司法机关尚未掌握的罪行，与司法机关已掌握的罪行属不同种罪行的，以自首论。据此，认定余罪自首应当具备两个条件：一是该罪行司法机关尚未掌握；二是该罪行与司法机关已经掌握的属于不同种罪行。我们认为，张春亭主动交代盗窃犯罪事实符合余罪自首的成立条件，应当认定为自首。具体分析如下：

（一）公安机关尚未掌握被告人张春亭的盗窃犯罪事实

如何判断司法机关已经掌握犯罪嫌疑人、被告人的罪行，以往司法实践中存在一定争议，但一般认为应当以司法机关是否实际掌握为准。为更加有利于打击犯罪，避免不当认定余罪自首，最高人民法院2010年制定的《关于处理自首和立功若干具体问题的意见》（以下简称《意见》）就如何认定"司法机关还未掌握的本人其他罪行"作了规定，即如果余罪已被通缉，而采取强制措施的司法机关又在通缉令发布范围之内，或者余罪已录入全国公安信息网络在逃人员信息数据库的，应视为司法机关已掌握；如果未被通缉，也未录入全国公安信息网络在逃人员信息数据库的，应以该司法机关是否实际掌握该罪行为标准。

本案被告人张春亭因涉嫌故意杀人罪被刑事拘留后，交代了杀害孙宝军的犯罪事实以及伙同孙宝军盗窃长岭农行金库的犯罪事实。在张春亭交代其杀人犯罪事实之前，公安机关根据对其故意杀人犯罪调查取证的情况，了解到张春亭与孙宝军之间有异常债务关系,但并未掌握张春亭杀害孙宝军的起因,特别是张春亭伙同孙宝军盗窃长岭农行金库的事实。而该农行金库被盗案案发后,公安机关即立案侦查,但未能获取有价值的线索,没有将张春亭锁定为犯罪嫌疑人,也谈不上通缉和上网追逃问题,案件一直悬而未破。虽然公安机关凭职业经验、直觉认为张春亭在杀人动机上有隐情,或曾怀疑张有盗窃银行金库的可能,但公安机关毕竟没有掌握任何与张春亭盗窃长岭银行具有直接或间接联系的具体证据。故张春亭主动交代的盗窃长岭银行金库的事实,属于司法机关尚未掌握的罪行,符合认定余罪自首的第一个条件。

(二)被告人张春亭主动交代的盗窃罪与故意杀人罪属不同种罪行

对于如何认定作为余罪自首第二个条件的"不同种罪行",也是长期以来实践中较为棘手的问题。《意见》对此也提出了指导意见,即一般应以罪名区分;同时,虽然如实供述的其他罪行的罪名与司法机关已掌握犯罪的罪名不同,但如实供述的其他犯罪与司法机关已掌握的犯罪属选择性罪名或者在法律、事实上密切关联,应认定为同种罪行。显然,张春亭供述的盗窃罪与司法机关已掌握的故意杀人罪罪名不同且不属选择性罪名。认定的关键是这两个罪行在法律、事实上是否具有密切关联。

我们认为,法律上密切关联是指已掌握的犯罪的构成要件中包含着易于构成其他犯罪的情形。如因受贿被采取强制措施后,又交代因受贿为他人谋取利益的行为而构成的滥用职权罪。因受贿罪的构成要件之一是行为人"为他人谋取利益",所以交代"为他人谋取利益"的行为而另构成的滥用职权罪,应当认定为与受贿罪属同种罪行。事实上密切关联,是指已掌握的犯罪与未掌握的犯罪之间存在手段与目的等关系,且易结合发生的情形。如因持枪杀人被采取强制措施后,又交代其盗窃或私自制造枪支的行为。因为有枪才能实施持枪杀人行为,且枪支本身属于违禁品,故交代枪支来源而另行构成的涉枪犯罪,应当认定与故意杀人罪属同种罪行。

本案中,被告人张春亭实施的盗窃犯罪与故意杀人犯罪客观上具有一定关联,正是因盗窃后分赃不均引发的矛盾,导致张春亭产生杀害孙宝军的动机。盗窃罪是故意杀人罪的前因,两者之间具有一定的因果联系。但是,张春亭实施的盗窃犯罪与故意杀人犯罪是相对独立的两个犯罪,盗窃犯罪并不必然导致故意杀人犯罪的发生,类似案件在司法实践中也并不多见。司法机关掌握其故意杀人犯罪并不必然能够推断或知晓其曾实施盗窃犯罪。两者不符合《意见》所规定的"在法律、事实上密切关联"的情形,应当认定为不同种罪行。张春亭在可以隐瞒或编造杀害孙宝军起因的情况下如实交代故意杀人罪的案发起因,使长岭农行被盗案在案发 7 年后才得以侦破。故对张春亭所犯盗窃罪,应当认定为自首。

需要说明的是,认定被告人是否构成自首与对其是否从宽处罚是两个不同层面的问题。对符合自首构成条件的,应当依法认定。不能为了严惩犯罪,对于本应认定为自首的不认定为自首。实际上,对于罪行极其严重、主观恶性极深、人身危险性极大的犯罪分子,即使认定自首,也不影响依法严惩。根据《意见》的规定,虽然具有自首情节,但犯罪情节特别恶劣、犯罪后果特别严重、被告人主观恶性深、人身危险性大,或者在犯罪前即为规避法律、逃避处罚而准备自首的,可以不从宽处罚。本案被告人张春亭所犯盗窃罪虽系自首,对该罪可适当从宽处罚,但其所犯故意杀人罪情节特别恶劣,后果特别严重,还曾因犯偷税罪被判刑,应依法严惩。据此,最高人民法院依法核准被告人张春亭死刑。

(撰稿:最高人民法院刑五庭　曾广东　姜远亮
审编:最高人民法院刑五庭　马　岩)

[第 719 号]

周娟等非法获取公民个人信息案

——非法获取大量公民个人信息的行为，如何定罪量刑

一、基本案情

被告人周娟，女，1975 年 11 月 22 日出生，上海泰梦信息技术有限公司法定代表人。因涉嫌犯非法获取公民个人信息罪于 2009 年 9 月 30 日被逮捕。

（被告人李之召、张宜宇、陈遵龙、余银华等 9 名被告人的基本情况略）

上海市浦东新区人民检察院以上述十名被告人犯非法获取公民个人信息罪，向上海市浦东新区人民法院提起公诉。

上海市浦东新区人民法院经审理查明：

2005 年 2 月，被告人周娟注册成立上海泰梦信息技术有限公司，在上海市上南五村 56 号 402 室、浦东南路 4950 弄 5 号 401 室设立办公地点。随后，周娟雇用被告人李之召、张伟、胡梅珍、李雪花、张修、王开生等人，通过互联网非法获取（网上交易或以信息换信息的方式）并出售公民个人信息。2009 年 3 月至 9 月，周娟将通过互联网非法获取的公民个人信息以刻制成光盘或发送电子邮件等方式出售，并指使被告人胡梅珍、李雪花、张修、王开生送信息和收取货款。周娟对非法所得予以支配，各被告人均从中牟利。

案发后，从被告人处扣缴的电脑及硬盘中的资料显示，2009年3月至案发前，周娟获取的股民资料、车主名单、银行卡会员名单等公民个人信息共计98万余条。

2008年6月，被告人李之召离开上海泰梦信息技术有限公司后，先后在上海市原南汇区瑞和路168弄42号1302室、湖北省武汉市江夏区等地设立办公地点。随后，李之召以“上海OK信息”、“上海易通信息”为名，在互联网上非法获取并出售公民个人信息。2009年6月至9月，李之召雇用并指使被告人张修送信息和收取货款；2009年8月至9月，李之召雇用并指使被告人张伟在互联网上发帖联系买家出售信息。李之召对非法所得予以支配，张修、张伟等被告人均从中牟利。案发后，从被告人处扣缴的电脑和优盘中的资料显示，2009年3月至案发前，李之召所获取的股民资料、长沙及北京车主、银行客户、保险客户、高收入人群名单等公民个人信息共计3 000余万条。

2009年5月至8月，被告人张宜宇先后多次通过互联网从“上海易通信息”、陆亚南（另行处理）等人处非法获取公民个人信息，然后在互联网发帖出售上述信息，从中牟利。案发后，从被告人处扣缴的电脑、硬盘中显示，张宜宇所获取的银行存款客户名单、车主名单、小孩出生资料、联通全库、股民名录、高收入人群、楼盘业主资料等公民个人信息共计1 000余万条（其他事实略）。

浦东新区法院认为，被告人周娟、李之召、张伟、胡梅珍、李雪花、张修、王开生、张宜宇、余银华、陈遵龙非法获取公民个人信息，数量大，情节严重，其行为已构成非法获取公民个人信息罪。在被告人周娟、胡梅珍、李雪花、王开生、张修共同犯罪中，周娟起主要作用，系主犯；胡梅珍、李雪花、王开生、张修起辅助作用，系从犯。在被告人李之召、张修、张伟共同犯罪中，李之召起主要作用，系主犯；张修起辅助作用，张伟起次要作用，均系从犯。对被告人胡梅珍、李雪花、张修、王开生、张伟均依法从轻处罚。被告人余银华到案后有检举他人犯罪的立功表现，且犯罪情节轻微，危害不大，可免予处罚。上述被告人均自愿认罪，可酌情从轻处罚。依照《中华人民共和国刑法》第二百五十三条之一第二款、第二十五条、第二十六条、第二十七条、第六十八条第一款、第三十七条、第七十二条、第七十三条、第五十三条之规定，判决如下：

被告人周娟犯非法获取公民个人信息罪，判处有期徒刑一年，罚金人民币二万元（其他被告人判决情况略）。

宣判后，被告人张宜宇向上海市第一中级人民法院提出上诉，后在二审审理期间申请撤回上诉。二审法院认为，一审法院认定的事实清楚，证据确实、充分，定罪准确，量刑适当，审判程序合法，裁定准许撤回上诉。

二、主要问题

1. 如何认定非法获取公民个人信息罪中的“非法获取”？

2. 如何把握非法获取公民个人信息罪的定罪标准和量刑情节？

三、裁判理由

（一）对于非法获取公民个人信息犯罪，未经授权的不当获取应构成“非法获取”

根据《刑法修正案（七）》第七条的规定，窃取或者以其他方法非法获取公民个人信息，情节严重的，构成非法获取公民个人信息罪。采用“窃取”手段获取公民个人信息的行为比较容易认定，关键是如何认定本条中的“以其他方法非法获取”。根据浦东新区法院审理该类案件的情况和媒体报道的其他法院审理该类案件的情况，目前在非法获取公民个人信息犯罪案件中，“以其他方法非法获取”主要包括冒充相关部门工作人员至电信部门调取通话清单，向掌握大量公民个人信息的人员如房地产公司、电讯公司工作人员购买等，获取的信息内容不仅包括公民的电话号码等联系方式，还包括职业、简历、住址等信息。总体而言，这些行为具有一个共同的特征，即被告人均是未经授权擅自获取公民个人信息。例如，房产业主购房时登记自己的电话号码，只是为了便于与开发商或卖家联系，其信息被多次转卖显然超出其同意的范围。再如，求职者向某职位发送个人简历，只是为了应聘该职位，其信息被转卖至其他公司也显然违背其意愿。

有学者提出，一些单位将本机构人员信息公布于网站上，某些经营信息的企业或个人通过网络搜索上述信息并整理出售的行为是否应该入罪，法律规定并不明确。我们认为，互联网是一个开放的平台，如果信息所有者自行或者通过单位将信息公布于网站上，应当推定其同意公开个人信息。作为一个理性的个人，应当能预见信息公开的后果，所以在选择公开的程度和方式时会有所控制，不会将私密性较强的信息公布于网站上。所以，即使这些公开的信息被他人搜索到之后再整理出售，一方面该行为的危害程度有限，另一方面该行为的后果是信息所有者应当能够预见到的，所以不宜入罪。

另有观点认为，非法获取行为的“非法性”同时还应当体现为手段行为的“非法性”，即采用的手段属于窃取以及其他与窃取行为具有相当违法性的行为。我们认为，这种观点不能很好地解释买卖和互易信息行为的违法性，目前虽然没有个人信息保护法规明确将公民个人信息规定为禁止买卖和互易的商品，很难确认买卖或者互易的手段本身是否具有违法性，但如果行为人未经授权擅自获取公民个人信息，则无疑属于非法获取公民个人信息。因此，本案中，行为人在网上购买、互易、发布虚假招聘广告骗取求职者个人信息以及利用职务便利私自复制公司客户资料等手段均可认定为“非法获取”。

（二）非法获取公民个人信息罪的定罪标准和量刑情节应结合案件具体情况予以认定

作为一个新的罪名，目前，尚无司法解释明确规定非法获取公民个人信息罪的定罪量刑标准。

在定罪方面，我们认为，不能唯数量论，即使涉案信息数量不大，但有其他严重情节的，也能够构成本罪。例如，非法获取的手段行为具有较大的破坏性（破坏他人计算机系统以获取信息）；非法获取他人隐私类信息，严重影响他人工作、学习和生活；非法获取他人信息用于违法犯罪活动；非法获取并出售他人信息，导致他人人身和财产安全遭到严重威胁或危害等，都应属于情节严重的表现。

在量刑方面，我们认为，除了将涉案个人信息的数量作为主要的量刑情节之外，还应当结合以下几个方面综合把握：

1. 犯罪动机

根据各被告人的供述，被告人周娟、李之召、张伟、胡梅珍、李雪花、张修、王开生、张宜宇、陈遵龙的犯罪动机主要是为了牟利，而被告人余银华称自己最初获取信息只是为了从事人力资源行业的工作方便。我们认为，出于牟利目的而非法获取信息的行为与因日常生活和工作需要而非法获取信息的行为相比，前者主观恶性明显要大，且信息的传播范围要更广，因此，情节更为严重。

2. 犯罪手段

从获取信息的手段分析，被告人周娟、李之召、张伟、胡梅珍、李雪花、张修、王开生和张宜宇都是通过互易、购买的方式获取公民个人信息，被告人陈遵龙是购买以及通过在网站发布虚假招聘广告的方式骗取，被告人余银华主要是利用职务便利在公司私自复制、购买以及发布虚假招聘广告骗取，其中2009年3月以后余银华主要是通过购买的方式获取。一般而言，如果手段行为本身具有违法性或者破坏性，如骗取、窃取他人信息，采取破坏性手段侵入他人计算机系统等方式获取信息，相比一般的购买、互易信息行为具有更大的危害性。同时，骗取、窃取行为一般获取的是“第一手”信息，可能导致更多本身不在信息“流通”市场的公民个人信息被转卖或传播，所以其量刑应当相对较重。

3. 信息类型

对于公民个人信息范围的界定一直存有争议，我们认为，本罪中的公民个人信息是指与公民个人密切相关的、其不愿该信息被特定人群以外的其他人群所知悉的信息。一方面，公民个人信息的保护是公民人格权的重要组成部分，对公民不愿意公开的信息进行保护是现代法治的应有之义；另一方面，公民个人信息的泄露可能为不法分子所利用，进而为公民带来负面的影响。因此，非法获取的公民个人信息如果属于公民隐私类信息或者泄露后可能会产生极其不良后果的信息，相对于非法获取公民一般信息，情节更为严重。本案中，被告人非法获取的个人信息包括两类：一类是股民资料、车主和房产业主资料、高收入人群名单、银行存款客户名单、保险客户、小孩出生资料等，主要是一些电话号码，一般是被用于商业推销等用途；另一类是求职者信息，主要是求职者的简历之类的内容，一般为“猎头”所用。以上两类信息都属于一般公民信息。

4. 犯罪后果

被告人非法获取信息后主要有三种处理结果：一是自己存留；二是转卖给他人；三是自行使用。第一，对于自己存有的情形，行为的危害性较小，量刑时可以比照其他情况适当从轻。第二，对于转卖给他人的，如果他人将信息用于实施犯罪行为，且被告人对此是明知的，则可能构成共犯。第三，被告人不知他人欲将信息用于犯罪活动，但间接地造成了严重后果，也应当认为其非法获取公民个人信息的行为危害性较大，并将之作为从重处罚的情节。第四，如果被告人利用自己获得的信息实施了犯罪行为，应当对其数罪并罚。第五，若被告人利用获得的信息实施了犯罪以外的其他行为，应当将其使用后果作为量刑情节予以考虑。本案中，被告人及其辩护人提出，被告人获取并出卖的信息可能会让信息所有者获得有用的信息或者合适的工作机会,社会危害不大。公诉人则指出,此种行为更大程度上是对信息所有者造成了骚扰。法院在量刑时应当充分考虑控辩双方的意见。

本案中,考虑到各被告人获取信息的数量、动机、手段、类型和后果,法院对被告人周娟、李之召、张伟、胡梅珍、李雪花、张修、王开生、张宜宇、陈遵龙九名被告人分别判处拘役六个月至有期徒刑二年不等的刑罚,且根据具体情况对被告人胡梅珍、李雪花、张修、王开生适用缓刑;被告人余银华在2009年3月至9月间,通过购买的方式获取公民个人信息2000余条,数量较小,且有立功表现,认罪悔罪态度较好,故免予刑事处罚。

(撰稿:上海市浦东新区人民法院刑庭　苏　琼　余　丹
审编:最高人民法院刑三庭　罗国良)

[第720号]

韩传记等抢劫案

——提供同案犯的藏匿地点,但对抓捕同案犯未起到实质作用的,是否构成立功

一、基本案情

被告人韩传记,男,1979年7月29日出生,个体经营者。因涉嫌犯抢劫罪于2007年1月13日被逮捕。

被告人王广涛,男,1980年5月4日出生,无业。因涉嫌犯抢劫罪于2007年1月13日被逮捕。

被告人王克明,男,1974年9月30日出生,农民。因涉嫌犯抢劫罪于2007年1月13日被逮捕。

被告人张立胜,男,1977年11月8日出生,工人。因涉嫌犯抢劫罪于2007年1月13日被逮捕。

河南省濮阳市人民检察院以被告人韩传记、王广涛、王克明、张立胜犯抢劫罪,向濮阳市中级人民法院提起公诉。

被告人韩传记及其辩护人提出,韩传记只参与了预谋,没有具体参与抢劫,不应对其他被告人的行为负责,在犯罪中未起主要作用。

被告人王广涛及其辩护人提出,王广涛被抓获后提供同案犯王克明和张立胜在苏州的藏匿地点,协助公安机关抓捕同案犯,属重大立功,可以从轻或减轻处罚。

被告人王克明及其辩护人提出,王克明在共同犯罪中未起主要作用,主观恶性相对较小,可从轻处罚。

被告人张立胜及其辩护人提出,张立胜属从犯,且具有酌定从轻处罚情节,请求从轻处罚。

濮阳市中级人民法院经公开审理查明:2006年12月初,被告人韩传记、王广涛、王克明、张立胜在河南省濮阳市韩传记的电脑店内预谋抢劫,韩传记提出抢劫其熟悉的被害人李玲(女,殁年20岁)。后四人准备了绳子、手套、电棍、胶带和匕首等作案工具。韩传记打探到李玲家的电话号码和详细住址,并带领王广涛、王克明指认了李玲家的具体方位。为防止被害人报案,韩传记提出作案后杀人灭口。12月11日上午,四人决定当日作案,韩传记准备了电脑网线,并提出由王广涛、王克明、张立胜三人以维修网线为借口打电话骗李玲开门。后王广涛等三人携带事先准备好的作案工具和网线来到李玲家附近,经多次电话联系,因李玲拒绝维修而未能进入李家,王广涛等三人将此情况告知韩传记。当日14时许,韩传记以借路由器为名给李玲打电话,谎称委托张立胜到李家取路由器,骗取了李玲的信任。后王广涛等三人再次携带作案工具到李玲家,骗开房门后,用绳子、胶带捆住李玲的手、脚,并用胶带缠住李玲的嘴巴、眼睛,在房间内翻得一台笔记本电脑、一个金浪牌路由器、一部摩托罗拉牌V3型手机(三者价值合计人民币4 770元)及耳环、2块手表、3枚戒指、2条项链等物品。因翻找现金未果,王广涛扼掐李玲的颈部,王克明、张立胜按住李的双腿,逼问李玲现金存放地点。后王广涛又指使王克明、张立胜先后扼掐李玲的颈部,致李窒息死亡。而后,张立胜解下李玲身上的绳子和胶带,王广涛用拖把清理房间,三人携带劫得的财物逃至韩传记的电脑店内,告知韩作案经过后潜逃。12月22日,公安人员在濮阳市将韩传记抓获。次日,公安人员在无锡开往郑州的512次列车上将王广涛抓获。12月24日,王克明、张立胜在苏州市被抓获。

濮阳市中级人民法院认为,被告人韩传记、王广涛、王克明、张立胜以非法占有为目的,采用暴力手段劫取财物,并致人死亡,其行为均构成抢劫罪。关于王广涛及其辩护人提出的王广涛有重大立功表现的意见,经查,侦查人员于12月23日下午到苏州,已经大致确定了犯罪嫌疑人的藏匿区域并进行排查,王广涛归案后供述了同案被告人王克明、张立胜藏匿的大致方位,只是加快了抓捕进度,不能认定其有重大立功表现。依照《中华人民共和国刑法》第二百六十三条第一项、第五项,第二十五条第一款,第二十六条,第四十八条第一款,第五十七条第一款,第五十九条第一款之规定,判决如下:

1. 被告人韩传记犯抢劫罪,判处死刑,剥夺政治权利终身,并处没收个人全部财产;

2. 被告人王广涛犯抢劫罪,判处死刑,剥夺政治权利终身,并处没收个人全部财产;

3. 被告人王克明犯抢劫罪,判处死刑,缓期二年执行,剥夺政治权利终身,并处没收个人全部财产;

4. 被告人张立胜犯抢劫罪,判处死刑,缓期二年执行,剥夺政治权利终身,并处没收个人全部财产。

宣判后,被告人韩传记、王广涛提出上诉。

韩传记的上诉理由是,其在预谋过程中没有提出杀人灭口,仅起到帮助作用,系从犯,原判量刑过重。其辩护人提出,韩传记在预谋过程中没有提出杀人灭口;被害人的死亡与韩的行为之间没有直接因果关系;韩主动交代犯罪事实,加快了破案进程;韩的主观恶性相对小于其他同案犯。

王广涛的上诉理由是,其在抢劫中没有让王克明和张立胜掐被害人的脖子;有重大立功表现;检举揭发张立胜、王克明盗窃犯罪线索。其辩护人提出,王广涛有重大立功表现;被害人的死亡系王广涛、王克明、张立胜三人共同所致,仅判王广涛死刑显失公平。

河南省高级人民法院经二审审理认为,上诉人韩传记、王广涛与原审被告人王克明、张立胜以非法占有为目的,采用暴力手段劫取他人财物,其行为均构成抢劫罪,且在抢劫过程中致人死亡,所犯罪行极其严重,均应依法严惩。关于韩传记及其辩护人所提韩传记在预谋过程中没有提出杀人灭口的上诉理由和辩护意见,经查,王广涛、王克明、张立胜始终供认系韩传记提出要杀人灭口,韩传记本人亦曾多次供认,故该上诉理由及辩护意见不能成立。韩传记在犯罪预谋阶段确定犯罪对象,策划犯罪方案,并提出杀人灭口,在实施犯罪过程中骗取被害人李玲打开房门,其行为对李玲的死亡起关键作用,系主犯。关于王广涛及其辩护人所提王广涛有重大立功表现的上诉理由和辩护意见,经查,王广涛归案后供述了同案犯王克明、张立胜的临时住处,但其作为主犯如实供述同案犯的基本情况,不能认定为重大立功。王广涛积极参与犯罪预谋,在抢劫过程中首先动手扼掐被害人颈部,并指使王克明、张立胜加害被害人,其作用大于王克明、张立胜。原审判决定罪准确,量刑适当,审判程序合法。依照《中华人民共和国刑事诉讼法》第一百八十九条第一项之规定,裁定驳回上诉,维持原判,并依法报请最高人民法院核准。

最高人民法院复核期间,濮阳市看守所提交了《关于王广涛等人预谋越狱情况的说明》,并附王广涛在羁押期间传递给共谋越狱的同监所犯人刘志国的信件,证实王广涛在羁押期间企图与他人暴力越狱。

最高人民法院经复核认为,被告人韩传记、王广涛以非法占有为目的,伙同他人采用杀死被害人的暴力手段劫取财物,其行为构成抢劫罪。在共同抢劫犯罪中,韩传记参与犯罪预谋,提出以被害人为作案对象及杀人灭口;准备作案工具,利用与被害人亲属熟识而获悉被害人家的住址和电话号码,并带领王广涛、王克明踩点;策划侵入被害人家的方法,在王广涛等人未能入室的情况下直接打电话骗取被害人的信任,致使王广涛等人得以顺利入室抢劫,并致被害人死亡。王广涛积极参与犯罪预谋,准备作案工具,前往被害人家踩点,往被害人家打电话;在抢劫中捂被害人的嘴,控制被害人,首先扼掐被害人颈部,时间较长,并指使同案被告人扼掐被害人颈部,共同致死被害人,所起作用大于同案被告人王克明、张立胜。在共同犯罪中,韩传记、王广涛的地位、作用相当,均起主要作用,系主犯,应按照其所参与的全部犯罪处罚。王广涛归案后提供了王克明、张立胜的藏匿地点,属于如实供述犯罪事实;而公安机关此前已经掌握王克明、张立胜在苏州的藏匿方位,并前往排查抓捕,王广涛的行为对抓捕同案被告人未起到实质作用,依法认定不具有重大立功表现。韩传记伙同他人针对熟人作案并提出杀人灭口,主观恶性深,社会影响坏;王广涛在潜逃期间仍预谋抢劫作案,在监所羁押期间不思悔改,企图暴力越狱,主观恶性极深,人身危险性极大。韩传记、王广涛犯罪手段残忍,情节恶劣,后果和罪行极其严重,均应依法惩处。第一审判决、第二审裁定认定的事实清楚,证据确实、充分,定罪准确,量刑适当,审判程序合法。依照《中华人民共和国刑事诉讼法》第一百九十九条和《最高人民法院关于复核死刑案件若干问题的规定》第二条第一款的规定,裁定如下:核准河南省高级人民法院维持第一审对被告人韩传记以抢劫罪判处死刑,剥夺政治权利终身,并处没收个人全部财产;对被告人王广涛以抢劫罪判处死刑,剥夺政治权利终身,并处没收个人全部财产的刑事附带民事裁定。

二、主要问题

被告人王广涛提供同案犯(可能判处无期徒刑)在苏州的藏匿地点,是否构成重大立功?

三、裁判理由

立功是司法实践中常见的法定从宽处罚情节。在共同犯罪案件中,先到案的犯罪分子协助公安机关抓捕在逃的同案犯,是获得立功的重要途径。《最高人民法院关于处理自首和立功具体应用法律若干问题的解释》(以下简称《解释》)对该种情形也作了规定,“犯罪分子到案后检举、揭发他人犯罪行为,包括……协助司法机关抓捕其他犯罪嫌疑人(包括同案犯)……应当认定为有立功表现”。但是,由于犯罪分子协助抓获同案犯的情形较为复杂,实践中在认定是否构成立功的问题上容易产生分歧。

最高人民法院近年来在多个规范性指导文件中对此问题作了进一步详细规定。比如,2008年印发的《全国部分法院审理毒品犯罪案件工作座谈会纪要》明确规定:“共同犯罪中同案犯的基本情况,包括同案犯姓名、住址、体貌特征、联络方式等信息,属于被告人应当供述的范围。公安机关根据被告人供述抓获同案犯的,不应认定其有立功表现。被告人在公安机关抓获同案犯过程中确实起到协助作用的,例如,经被告人现场指认、辨认抓获了同案犯;被告人带领公安人员抓获了同案犯;被告人提供了不为有关机关掌握或者有关机关按照正常工作程序无法掌握的同案犯藏匿的线索,有关机关据此抓获了同案犯;被告人交代了与同案犯的联系方式,又按要求与对方联络,积极协助公安机关抓获了同案犯等,属于协助司法机关抓获同案犯,应认定为立功。”这一意见虽然是针对毒品犯罪提出的,但其基本精神对于其他犯罪案件中认定是否属于“协助司法机关抓捕同案犯”具有参照意义。2009年出台的《最高人民法院、最高人民检察院关于办理职务犯罪案件认定自首、立功等量刑情节若干问题的意见》提出,协助行为对于抓捕犯罪嫌疑人要有实际作用,协助行为不具有实际作用的,不能认定为立功表现。最高人民法院于2010年印发的《关于处理自首和立功若干具体问题的意见》列举了四种可以认定立功的“协助司法机关抓捕其他犯罪嫌疑人”的情形:(1)按照司法机关的安排,以打电话、发信息等方式将其他犯罪嫌疑人(包括同案犯)约至指定地点的;(2)按照司法机关的安排,当场指认、辨认其他犯罪嫌疑人

（包括同案犯）的；（3）带领侦查人员抓获其他犯罪嫌疑人（包括同案犯）的；（4）提供司法机关尚未掌握的其他案件犯罪嫌疑人的联络方式、藏匿地址的。并规定："犯罪分子提供同案犯姓名、住址、体貌特征等基本情况，或者提供犯罪前、犯罪中掌握、使用的同案犯联络方式、藏匿地址，司法机关据此抓捕同案犯的，不能认定为协助司法机关抓捕同案犯。"

根据上述指导文件的规定，认定被告人提供同案犯的藏匿线索是否构成立功，可以从以下几个方面进行把握：

第一，被告人提供的同案犯的藏匿信息应当真实、具体，而不是虚假或者漫无边际的。若提供的只是一个大概的藏匿方位，如藏在某一个城市或者某个街区，仅是为抓捕提供方向，公安机关是通过具体排查、技术侦查或者其他途径才抓获同案犯的，不能认定为立功。第二，被告人提供的线索对抓获同案犯起到了实质作用。被告人提供信息的行为与抓获同案犯的结果之间有因果关系，正是借助于被告人的信息，公安机关才得以及时抓获同案犯；如果没有被告人提供的信息，则难以抓获同案犯。第三，被告人提供的信息事先不为有关机关所掌握或者有关机关按照正常工作程序无法掌握。如果有关机关事先已经掌握或者按照正常工作程序能够掌握该信息，就说明被告人未真正起到协助作用。第四，有同案犯被抓获的实际结果。被告人虽然提供了同案犯的具体藏匿线索，但司法机关按照该线索未能将同案犯抓获的，不能认定为立功。只有同案犯已经被抓捕归案，才有立功成立与否的问题。这四个方面是一个有机统一的整体，必须同时满足才能认定被告人有立功表现。

本案中，被告人王广涛之所以提出其有协助抓获同案犯的重大立功表现，主要是基于：其被抓获后供述了王克明、张立胜在苏州市的大致藏匿位置，并提供了史新胜（王广涛在苏州联系的同乡）的手机号码。由于其在苏州的时间不长，不知道王克明、张立胜在苏州的哪个区,只知是在苏州汽车南站北边一条南北向大道的东边租的房子,有一个“汽车南站北”的公交站牌。其在公安人员的要求下第一次与苏州警方通电话,对方找不到其所说的地方,又先后打来三个电话,其接电话后告知他们先过高速大桥,之后到站牌,租房处离站牌二三百米,离公厕一百多米,门朝南,门牌号为25或75。其与苏州警方联系时间是1点多,并称同案犯不会回去太早,让公安人员尽量穿便衣。

但公安人员出具情况说明证实,并非主要依靠王广涛的信息抓获另外两名同案犯。公安机关称,王广涛归案后确实提供了同案被告人王克明、张立胜在苏州的大致藏匿位置,在押解王广涛返回濮阳的途中,王也接了几个电话,说到高架桥、站牌等地点,但该地点并不明确,公安机关并未因此迅速抓获同案被告人。后在苏州抓获王克明、张立胜主要依靠的是技术手段。在韩传记供述之前,公安人员已经分赴苏州、商丘等地抓捕,之所以能在火车行经商丘车站时抓获王广涛,就是根据技侦手段获悉了王的行踪,而且在抓获王之前已经派人到苏州抓捕,并掌握了王克明、张立胜在苏州的大致藏匿方位,锁定了相关手机号码和排查区域,由此展开围堵、排查。王广涛归案后如实供述同案被告人藏匿地点的行为客观上缩小了排查范围,加快了抓捕进度,但依据现有的技侦技术,即使王广涛不供述也会抓住王克明和张立胜,只是时间早晚的问题。故王广涛提供的线索并不属于侦查机关按照正常工作程序无法掌握的线索,对于抓捕同案犯未起到必要的实质作用,不符合《解释》第七条规定的“协助司法机关抓捕其他重大犯罪嫌疑人(包括同案犯)”的情形,不构成重大立功。

(撰稿:最高人民法院刑五庭 李晓光 任能能
审编:最高人民法院刑五庭 韩维中)

[第721号]

王文勇、陈清运输毒品案

——侦查人员出庭作证的范围和程序

一、基本案情

被告人王文勇,男,1967年2月13日出生于浙江省镇海县,汉族,无业。因涉嫌犯运输毒品罪于2008年1月22日被逮捕。

被告人陈清,男,1975年5月2日出生于浙江省鄞县,汉族,无业。因涉嫌犯运输毒品罪于2008年1月22日被逮捕。

上海市人民检察院第一分院以被告人王文勇犯贩卖、运输毒品罪,被告人陈清犯运输毒品罪,向上海市第一中级人民法院提起公诉。

上海市第一中级人民法院经公开审理查明:2007年12月18日,被告人王文勇指使被告人陈清从上海乘飞机前往四川省成都市天合酒店与其会面,王将装有毒品的纸袋交给陈。次日,陈按王的要求携带毒品乘坐K292次列车回沪。12月21日上午6时许,二人在上海市中亚饭店2420房间交接毒品时被侦查人员抓获,当场查获装在纸袋内的大量白色晶体。此后,侦查人员又在王驾驶的牌号为苏ACC436汽车内查获大量灰色及红色药片,从王入住的中亚饭店1317房间内查获少量淡黄色晶体、白色晶体。经上海市毒品检验中心鉴定,纸袋中的白色晶体净重4 496.8克,甲基苯丙胺含量为78.39%;汽车内查获的灰色药片净重300.18克,二亚甲基双氧安非他明(MDMA)含量为27.90%,红色药片净重176.17克,甲基苯丙胺含量为11.07%;1317房间内查获的淡黄色晶体净重5.63克、白色晶体净重2.23克,均检出甲基苯丙胺成分。

上海市第一中级人民法院认为,被告人王文勇指使被告人陈清运输毒品甲基苯丙胺4496.8克,两人的行为均构成运输毒品罪。被告人王文勇还非法持有毒品甲基苯丙胺184.03克、二亚甲基双氧安非他明(MDMA)300.18克,其行为还构成非法持有毒品罪。公诉机关提供的证据尚不能证明王文勇有贩卖毒品甲基苯丙胺4680.83克、二亚甲基双氧安非他明(MDMA)300.18克的行为,王文勇的辩护人关于起诉指控被告人王文勇贩卖毒品证据不足的辩护意见,予以采纳。王文勇雇用他人运输毒品数量特别巨大,依法应予严惩。陈清系受他人雇用运输毒品,且到案后认罪态度较好,有悔罪表现,依法可酌情从轻处罚。依照《中华人民共和国刑法》第三百四十七条第一款、第二款第一项,第二十五条第一款,第三百四十八条,第三百五十七条,第五十七条第一款,第六十四条,第六十九条之规定,判决如下:

被告人王文勇犯运输毒品罪,判处死刑,剥夺政治权利终身,并处没收个人全部财产;犯非法持有毒品罪,判处有期徒刑十二年,剥夺政治权利三年,并处罚金人民币二万四千元;决定执行死刑,剥夺政治权利终身,并处没收个人全部财产。被告人陈清犯运输毒品罪,判处无期徒刑,剥夺政治权利终身,并处没收个人财产人民币五万元;查获的毒品、毒资等予以没收。

一审宣判后,被告人王文勇不服,向上海市高级人民法院提出上诉。二审法院经过审理后,裁定驳回上诉人王文勇的上诉,维持原判,并依法报请最高人民法院核准。最高人民法院经复核后,裁定核准上海市高级人民法院维持一审判决的刑事裁定。

二、主要问题

1. 侦查人员出庭作证是否具有法律依据?

2. 侦查人员出庭作证的范围应当如何界定?

3. 侦查人员出庭作证的程序应当如何操作?

三、裁判理由

本案系一起重大的毒品共同犯罪案件,涉毒数量高达4 000余克,且系"零口供"案件。被告人王文勇到案后始终否认实施毒品犯罪行为,辩护人亦作无罪辩护。为准确查明案件事实,依法保障被告人的诉讼权利,一审法院在庭审中依法通知负责抓捕王文勇的侦查人员出庭作证,并为保护侦查人员的安全,采用视频屏蔽方式作证。本案的审理和判决,明确了侦查人员出庭的法律依据,并对侦查人员出庭作证的范围和程序进行了有益的探索。

(一)侦查人员出庭作证的法律依据

本案一审法院应公诉机关的申请,通知负责抓捕被告人王文勇的缉毒队侦查人员出庭作证。王文勇的辩护人在庭审中对侦查人员出庭作证提出质疑。辩护人认为,侦查人员出庭作证没有法律上的依据,而且有法律上的障碍,即刑事诉讼法第二十八条第三项规定,担任过本案证人的侦查人员应当回避。对于侦查人员出庭的法律依据,在诉讼理论界也存在一定的争议。我们认为,侦查人员出庭作证符合刑事诉讼法的规定和立法精神,具有充分的法律依据:

1. 刑事诉讼法第四十八条规定,凡是知道案件情况的人,都有作证的义务。生理上、精神上有缺陷或者年幼,不能辨别是非、不能正确表达的人,不能作证人。该条虽没有从文字上直接表述侦查人员可以出庭作证,但其规定的"知道案件情况的人",无论从文义解释还是从立法精神来理解,均应当包括案发过程中和案发之后了解案件情况的人。侦查人员在执行职务过程中,无论是在案发时抓捕嫌犯,还是案发后进行勘查、检验、讯问等侦查活动,均属于“知道案件情况的人”，在必要时均可以出庭作证。《最高人民法院关于执行〈中华人民共和国刑事诉讼法〉若干问题的解释》第一百三十九条规定，公诉人可以提请勘验、检查笔录的制作人员出庭作证，而实践中勘验、检查笔录的制作人员均是侦查人员。最高人民检察院印发的《人民检察院刑事诉讼规则》第三百四十三条则更明确规定，公诉人对于搜查、勘验、检查等活动中形成的笔录在庭审中有争议，需要负责侦查的人员出庭陈述情况的，可以建议合议庭通知其出庭。由此可见，侦查人员出庭作证是符合刑事诉讼法及相关司法解释的规定的。

2. 刑事诉讼法第二十八条第三项关于担任过本案证人的侦查人员应当回避的规定，成为理论界和实践中侦查人员出庭作证没有法律依据观点的主要论据。我们认为，该回避规定针对的是非因侦查人员身份而接触到案情，需要作为证人的人，不应再担任该案的侦查人员。该条规定同样适用于检察人员和审判人员，但对于因侦查工作而接触案情的侦查人员，其出庭作证则不能适用该条回避规定，否则即会排除所有侦查人员出庭作证的情形。有论者认为，该条规定排除侦查人员作为证人，是因为侦查人员具有追查犯罪的职责，其作为证人出庭会造成诉讼角色的冲突。我们认为，该种理解有失偏颇。众所周知，证人本身就可以分为控方证人和辩方证人。证人出庭作证并非因为证人均具有中立性，而是要通过控辩双方交叉询问，质证证人证言的真实性。因为侦查人员易有倾向性而否定其出庭作证资格的观点，显然难以成立。

3. 侦查人员出庭作证符合刑事诉讼法的立法精神，具有重要的实践意义。侦查人员出庭作证，体现了审判公开原则和直接言词原则的要求，符合刑事诉讼法的立法精神。从实践来看，侦查人员出庭作证，不仅可以进一步推进以审判为中心的诉讼理念的确立，而且对于查明案件事实真相，规范侦查活动，保障被告人诉讼权利也具有重要的实践意义。从近期实践中暴露出的一些刑事冤假错案来看,相当一部分案件出现偏差的原因,与侦查人员在侦查活动中违反相关程序规定有关。如果这些案件的侦查人员能够出庭接受控辩双方的质询,使审判人员能够充分审查证据,很可能就会避免严重后果的发生。而且,侦查人员出庭作证制度本身,对于遏制侦查人员的非法取证行为,也会起到重要的警示作用。基于此,最高人民法院会同有关部门联合出台的《关于办理刑事案件排除非法证据若干问题的规定》对侦查人员出庭作证进行了明确规定,进一步表明侦查人员出庭作证具有合法性和必要性。

(二)侦查人员出庭作证范围的界定

侦查人员出庭作证具有法律依据,但并非所有案件的侦查人员均应当出庭作证。构建我国侦查人员出庭作证制度,应当充分考虑我国现行的诉讼模式和诉讼资源现状,不宜盲目照搬西方国家的警察出庭作证制度。对于侦查人员出庭作证的范围,在我国目前阶段应当有所限制。

我们认为,限定我国侦查人员出庭作证的范围应当考虑两方面的因素:一是该侦查人员出庭有利于查清案件事实;二是该侦查人员出庭为保障被告人诉讼权利所必需。这就要求侦查人员出庭作证的案件首先是被告人对公诉机关的指控有实质性异议的案件。如果被告人对指控的犯罪事实没有异议,则没必要让侦查人员出庭。其次,出庭作证的侦查人员所陈述的情况应当对证明案件事实具有重要作用。如果该侦查人员陈述的情况对案件事实的证明作用不大,或者所证明的不是案件中影响定罪量刑的主要事实,则没必要让其出庭。

侦查人员出庭作证的范围,除应当从以上两个方面进行限制外,还应当从证明对象的范围上进行规范。总体来说,侦查人员出庭,应当是就其在执行职务过程中感知和了解的案件情况进行说明。具体来说,需要侦查人员出庭说明的情况一般包括以下三方面的内容:一是侦查人员在对犯罪嫌疑人进行抓捕的过程中经历和了解的案件事实情况；二是侦查人员在实施搜查、扣押、辨认、讯问、询问等侦查活动中了解的案件事实情况和与实施侦查活动本身的合法性相关的情况；三是侦查人员在接受犯罪嫌疑人投案或者对犯罪嫌疑人提供的立功线索进行查证等活动中了解的案件事实情况。侦查人员在其执行职务过程中感知和了解的案件情况，通常以勘验、检查等笔录和破案经过、抓获说明等文字形式出现。如果对上述文字记载的内容或相关侦查活动的合法性有争议，相关侦查人员可以出庭作证。

本案在第一次庭审中，被告人王文勇坚称没有实施毒品犯罪行为，其辩护人提出本案起诉指控王犯罪的事实不清、证据不足，其理由主要是认为本案指控王文勇指使陈清运输在中亚饭店2420房间查获的4 496.8克甲基苯丙胺的证据，只有同案犯陈清的供述，没有其他证据印证。侦查机关出具的《案发经过》称，侦查人员在抓捕王文勇时，王正手提一个黑红相间的纸袋从2420房间开门出来。侦查人员在抓获王后，当场在该纸袋内发现涉案毒品。公诉人认为该份证据对认定王实施毒品犯罪行为具有重要的证明作用。而辩护人则当庭提出，该《案发经过》作为关键证据，在形式和内容上均存在瑕疵，无法确认该证据的真实性，且陈清当庭也称并没有看见王文勇手提纸袋出门。在此情况下，当时负责抓捕王文勇的侦查人员在实施抓捕行为时所目睹的情况，对于本案指控事实的认定，无疑具有至关重要的作用。因此，本案一审决定再次开庭，依公诉方申请通知该侦查人员出庭作证，并在经过控辩双方充分质证的基础上，依法采纳了该侦查人员当庭陈述的证言作为定案依据，确保了案件事实认定的准确性和程序的公开性。

（三）侦查人员出庭作证的程序和安全保护

对于出庭作证的侦查人员是否属于证人，其当庭说明的情况是否属于证人证言，在诉讼实务界一直存在争议。我们认为，从目前我国刑事诉讼法关于证据种类的规定来看，应当将出庭作证的侦查人员归入证人的范畴。但应当明确的是，侦查人员是一种特殊的证人，与普通证人有所区别，主要表现在：首先，侦查人员出庭作证的内容是其在履行职务过程中获知的案件事实，而普通证人作证的内容通常是在案件发生过程中亲身经历或感知的案件事实。如果侦查人员不是以职务身份获悉案件事实，则只能作为普通证人出庭作证。其次，侦查人员出庭作证也是其依法履行职务的过程。如果侦查人员当庭虚假陈述，导致出入人罪的，应当作为职务犯罪追究刑事责任。而普通证人如果当庭提供虚假证言，则应当追究伪证的法律责任。同时，侦查人员出庭作证，也不应当要求法庭给予经济上的补偿，其出庭的相关费用应当由其所在的侦查机关予以支付和补偿。最后，法庭传唤侦查人员出庭，其主要目的在于让侦查人员当庭说明其所了解的案件事实情况，使法庭能够通过庭审，解决因相关侦查工作笔录记载不清或理解歧义带来的争议，消除对侦查活动是否合法的疑虑，查明案件的实体和程序事实。而法庭让普通证人出庭作证的主要目的则主要在于通过控辩双方的交叉询问，查明其陈述事实的真实性。

由此可见，我国侦查人员出庭作证的程序也应当与普通证人出庭作证的程序有所区别，主要体现在：一是侦查人员出庭作证的，根据其特殊职务身份的需要，一般不必要求其签署证人保证书，但可要求其向法庭如实提供案件真实情况。二是侦查人员出庭作证的，应当首先由该侦查人员直接就需要说明的情况进行陈述，再由控方和辩方分别进行询问；审判人员认为必要时，也可以进行询问，而不是由控辩双方直接进行交叉询问。三是侦查人员出庭作证的，无须对侦查人员进行经济补偿，对于不出庭的侦查人员，也不能采取拘传及其他强制其出庭的措施，而应当由其所在侦查机关根据相关制度进行处理。

此外，对出庭作证的侦查人员也应注重保护，特别是对于从事缉毒、反恐、打黑等特殊任务的侦查人员，在必要时可以以视频屏蔽方式出庭作证。本案一审法院传唤负责缉毒的侦查人员出庭，即采用了法院自行研制开发的视频屏蔽作证系统，对出庭作证的侦查人员进行保护。在该种方式下，出庭作证的侦查人员不出现在法庭上，而是在特定的证人作证室内，通过视频方式作证。在侦查人员作证的视频和音频信号传送到法庭时，技术人员可以通过后台编辑功能，同步处理该侦查人员的头像信号，使法庭内的人员在法庭的显示屏上看到的是隐藏了侦查人员面部特征的图像。在必要的情况下，技术人员还可以对侦查人员的声音进行处理，使法庭内的人员听不到该侦查人员的真实声音。采用视频屏蔽作证方式，有利于充分保护出庭作证的侦查人员的安全，打消侦查人员出庭的顾虑，对于推动侦查人员出庭作证的实践，具有重要的探索价值。

（撰稿：上海第一中级人民法院　余　剑
审编：最高人民法院刑二庭　逄锦温）

[第722号]

王剑平等组织卖淫、耿劲松等协助组织卖淫案

——如何认定组织卖淫罪的"情节严重"、"情节特别严重"以及协助组织卖淫罪的"情节严重"

一、基本案情

被告人王剑平，男，1962年6月22日出生，原系浙江省杭州市玉皇山庄休闲中心承包人。2008年3月因犯容留他人吸毒罪被判处有期徒刑六个月，缓刑一年，并处罚金人民币五千元。2010年2月11日因涉嫌犯组织卖淫罪被逮捕。

被告人陈冲平、李艳、李宏菊、耿劲松、彭爱平、何水连等基本情况略。

浙江省杭州市人民检察院以被告人王剑平、陈冲平、李艳、李宏菊犯组织卖淫罪，被告人耿劲松、彭爱平、何水连犯协助组织卖淫罪，向杭州市中级人民法院提起公诉。

杭州市中级人民法院经审理查明：

2006年6月，被告人王剑平从王永明处承包杭州市玉皇山庄休闲娱乐中心桑拿部。为谋取非法利益，王剑平以经营桑拿、按摩等服务项目的名义，组织"按摩小姐"向客人卖淫，以此吸引客源，提高收益。为此，王剑平聘请被告人陈冲平担任该中心桑

拿部总经理,负责组织管理该桑拿部全部事务;先后聘请了“黄红”、“陈洁”、“何倩”、“青青”、“李倩”(均另案处理)及被告人李艳、李宏菊担任经理或主管,负责招募、培训及管理“按摩小姐”;还通过广告招聘了被告人何水连、耿劲松、彭爱平和张秀琼(已不起诉)等人负责为卖淫活动计时、收银、播放淫秽录像等事务。王剑平制定了“全套服务”的流程和收费标准以及一系列的规章制度:“全套服务”收费人民币(以下币种均为人民币)450元、500元,卖淫女每做一个提成230元、250元;每个卖淫女须向休闲中心交纳5 000元的押金,做满三个月才可以退还;卖淫女统一着装和食宿,外出要请假,不请假要罚款,还定期对卖淫女进行体检。此外,为了逃避公安机关检查,王剑平在桑拿部各包厢内安装了遥控报警灯,并将遥控开关交由耿劲松、彭爱平两人专门负责。

2006年9月至2010年1月4日,王剑平会同陈冲平采用在报纸等平面或者电子媒体上刊登招聘广告等方式先后招募杨某、胡某千、左某凤、王某琳、王某娜、郭某丽、隆某梅、徐某洋、刘某芳等60余名卖淫女,组织卖淫10 000余次,得款560万元以上。其中,李艳参与组织卖淫2 100余次,李宏菊参与组织卖淫890余次。

另查明,李艳于2009年1月受聘担任桑拿部经理,李宏菊于2009年8月受聘担任桑拿部主管,负责招募、管理、培训卖淫女;何水连于2008年2月受聘担任桑拿部收银员,负责收费、记录卖淫人次和制作卖淫收益日报表;耿劲松于2008年12月受聘担任桑拿部吧台服务员,彭爱平于2009年8月受聘担任桑拿部吧台服务员,为卖淫计时、开具收费凭证、播放淫秽录像及遇有执法部门检查开启遥控报警灯。

杭州市中级人民法院认为,被告人王剑平、陈冲平、李艳、李宏菊为谋牟取非法利益,招募、雇用多名妇女从事卖淫活动,其行为均已构成组织卖淫罪。其中,被告人王剑平的犯罪情节特别严重,被告人陈冲平、李艳、李宏菊的犯罪情节严重。被告人耿劲松、彭爱平、何水连在被告人王剑平、陈冲平、李艳、李宏菊组织卖淫活动中起协助作用,其行为均已构成协助组织卖淫罪。公诉机关指控各被告人所犯罪名成立。鉴于被告人何水连从事的工作系协助组织卖淫行为的外围工作,犯罪情节较轻,且何水连具有自首情节,依法可从轻处罚。依照《中华人民共和国刑法》第三百五十八条第一款第一项、第二款、第三款,第二十五条第一款,第六十七条第一款,第五十七条第一款,第五十六条第一款,第五十五条第一款之规定,判决如下:

被告人王剑平犯组织卖淫罪,判处无期徒刑,剥夺政治权利终身,并处没收个人全部财产;被告人陈冲平犯组织卖淫罪,判处有期徒刑十五年,剥夺政治权利三年,并处罚金人民币十万元(其他被告人的判决情况略)。

宣判后,被告人王剑平等均提出上诉。

浙江省高级人民法院经二审审理认为,一审判决认定的事实清楚,证据确实、充分,定罪和适用法律正确,量刑适当,审判程序合法,遂裁定驳回上诉,维持原判。

二、主要问题

1. 如何认定组织卖淫罪中的"情节严重"和"情节特别严重"?

2. 如何认定协助组织卖淫罪中的"情节严重"?

三、裁判理由

(一)关于组织卖淫罪中的"情节严重"和"情节特别严重"的认定

根据我国刑法第三百五十八条第一款、第二款的规定,组织他人卖淫的,处五年以上十年以下有期徒刑,并处罚金;情节严重的,处十年以上有期徒刑或者无期徒刑,并处罚金或者没收财产;情节特别严重的,处无期徒刑或者死刑,并处没收财产。然而,该条中

“情节严重”和“情节特别严重”的认定标准，我国尚未有法律或司法解释加以具体明确。在司法实践中，目前多半是参照1992年12月11日最高人民法院、最高人民检察院联合发布的《关于执行〈全国人民代表大会常务委员会关于严禁卖淫嫖娼的决定〉的若干问题的解答》（以下简称《解答》）的相关规定。参照《解答》相关条款，组织卖淫可以理解为“以招募、雇佣、强迫、引诱、容留等手段，控制多人从事卖淫的行为”，其中的“多人”是指“三”以上的数（含本数）。组织卖淫罪中的“情节特别严重”，主要是指组织他人卖淫的首要分子情节特别严重的、组织他人卖淫手段特别恶劣的、对被组织卖淫者造成特别严重后果的、组织多人多次卖淫具有极大的社会危害性的等。

从现有判例来看，一些法院在审理组织卖淫案件时，往往只是关注被组织卖淫者的人数和卖淫次数，将这两项指标作为评价组织卖淫罪社会危害性大小的主要标准，而忽略其他量刑情节的作用，形成“唯数量论”。按照本案所在省审判实践中掌握的标准，构成组织卖淫罪“情节严重”的一般是指组织他人卖淫10~20人次，其余情形虽然包括组织未满14周岁幼女卖淫、组织明知有性病的人卖淫、组织精神病患者卖淫等，但往往将组织卖淫的人次作为是否构成“情节严重”的主要评价标准。然而，从实践中查处的情况看，法院最后认定该类案件的组织卖淫人次，动辄成百上千次，甚至达到万次，往往大大超过10~20人次的“情节严重”的标准。虽然从刑法对数额犯设置法定刑的一般原则分析，每上升一个法定刑档次，涉案数额会上升3倍或者5倍。但如按照这一原则，现有的组织卖淫犯罪被告人多半都能认定为“情节特别严重”。如此就会带来很大的实践问题。组织卖淫罪中“情节特别严重”的起点刑为无期徒刑，在一个组织卖淫案件当中，老板、总经理、主管、领班等人实施组织行为，无疑要对全部罪行承担刑事责任，如均在无期徒刑以上刑罚量刑，显然量刑过重。而且，老板是出资者,作用一般大于总经理和主管等人。如果仅因人数、次数众多而没有造成其他严重后果,就对老板判处死刑,容易造成罪刑不相适应;如果对老板判处无期徒刑,则与其余被判处无期徒刑的经理、主管等人相比,无法体现出行为人作用、地位的不同,容易造成罪刑不均衡。

组织卖淫罪是一种侵犯社会治安管理秩序和良好社会风尚的犯罪,其重刑设置有着特殊的时代背景。随着社会形势的发展变化,在立法没有变动的情况下,人民法院应当妥善把握量刑情节的适用,以适应现实情况的变化,实现裁判法律效果与社会效果的统一。我们认为,对于组织卖淫罪中"情节严重"和"情节特别严重"的认定,既要看到组织卖淫的次数、人数对社会造成的危害,又不能将规模、人次作为量刑的唯一标准,而应综合考虑各种因素,包括组织卖淫的手段、后果,行为人在共同犯罪中的地位、作用,有无组织未成年人尤其是未满十四周岁的未成年人卖淫,有无组织患有严重性病的卖淫者卖淫,有无强奸被组织的卖淫者,有无对被组织的卖淫者造成严重后果等,加以综合分析判断。其中,对犯罪"情节特别严重"的被告人适用死刑,应当特别慎重。只有罪行极其严重,如手段极其恶劣,造成被组织卖淫者伤残甚至死亡等,社会影响极坏的,才考虑适用死刑。

另外,从法律适用层面看,新修订的刑法在附则第四百五十二条规定,《全国人民代表大会常务委员会关于严禁卖淫嫖娼的决定》中有关刑事责任的规定已纳入本法,自本法施行之日起,适用本法规定。根据 1997 年 3 月 25 日最高人民法院颁布的《关于认真学习贯彻修订的〈中华人民共和国刑法〉的通知》第五条的规定,对最高人民法院原作出的,对已明令废止的全国人大常委会有关决定和补充规定的司法解释,如果修订的刑法有关条文实质内容没有变化的,人民法院在刑事审判工作中,在没有新的司法解释前,可参照执行。《解答》是在 1997 年刑法修订之前发布的,根据上述规定,在没有新的司法解释出台之前,人民法院可以参照执行。从具体的实务操作层面看,《解答》只规定了“组织多人多次卖淫具有极大的社会危害性的”属于犯罪“情节特别严重”,没有具体区分“情节严重”和“情节特别严重”的量刑标准,在司法实践中可操作性不强。从前文所提的司法实践中的情况看,对组织卖淫“情节严重”中多人多次的认定应当设置比较高的标准,对“情节特别严重”的认定应当设置更高的标准。

鉴于以上原因,我们认为,在办理组织卖淫类案件时,对《解答》内容不能机械照搬,对《解答》规定的“多人多次”情节也不能机械适用。该道理同样适用于引诱、容留、介绍卖淫罪等罪名的相关司法解释的适用。对于组织卖淫罪中的“情节严重”和“情节特别严重”的认定,应当综合考虑行为人组织卖淫的手段、后果,在共同犯罪中的地位、作用,有无强迫、强奸行为,有无对被组织卖淫者造成严重后果等情节,同时结合组织卖淫的规模、人次,对行为人作出罪责刑相适应的判决。

本案中,被告人王剑平作为杭州玉皇山庄休闲中心的承包人,首先提起犯意并聘请被告人陈冲平担任休闲中心桑拿部总经理,负责管理桑拿部的全部事项。王剑平和陈冲平之下,还设立了经理和主管,即俗称的“妈咪”,由被告人李艳、李宏菊等人担任,负责招募、培训及管理“按摩小姐”。2006年9月至2010年1月间,王剑平、陈冲平通过广告等形式共招聘了60余名卖淫女,组织卖淫10 000余次,得款560万元以上。李艳和李宏菊根据参与犯罪的时间,分别组织卖淫2 100余次和890余次。从各被告人的地位、作用看,王剑平是起组织、领导作用的出资人,其制定了卖淫活动流程、收费标准及一系列规章制度,由陈冲平、李艳、李宏菊等负责实施。陈冲平虽然是总经理,负责管理桑拿部的全部事项,但不具体负责管理该部的“按摩小姐”,因此,其作用和李艳、李宏菊相当。陈冲平、李艳、李宏菊均是组织卖淫活动的积极参与者,在组织卖淫活动中的作用相对小于王剑平。因此，综合本案组织卖淫的持续时间、危害后果、组织卖淫的次数和“按摩小姐”的人数以及各被告人在共同犯罪中的地位、作用等因素，一、二审法院依法认定王剑平、陈冲平、李艳、李宏菊犯组织卖淫罪，并认定王剑平的犯罪情节特别严重，陈冲平、李艳、李宏菊的犯罪情节严重是适当的。

（二）关于协助组织卖淫罪中的“情节严重”及主从犯的认定

协助组织卖淫罪，一般是指在组织他人卖淫的共同犯罪中实施协助活动的行为，如帮助招募、运送人员、充当保镖、打手、管账人等。《刑法修正案（八）》第四十八条规定：“将刑法第三百五十八条第三款修改为：‘为组织卖淫的人招募、运送人员或者有其他协助组织卖淫行为的，处五年以下有期徒刑，并处罚金；情节严重的，处五年以上十年以下有期徒刑，并处罚金。’”

协助组织卖淫罪中也有“情节严重”的法定刑设置，对于该情节的把握，目前也没有相关的法律和司法解释予以明确。司法实践中，各地法院掌握的标准不一。例如，有的法院在制定的司法性文件中将协助组织他人卖淫三人次的情形作为“情节严重”的一个标准。该标准容易导致在办理此类案件过程中多数被告人的犯罪行为被认定为“情节严重”，从而实质上不适当地提高被告人的刑罚，造成罪责刑不相适应或不均衡，损害司法公信力。鉴于本文第一部分已探讨过该问题，在此不再赘述。

我们认为，在认定协助组织卖淫罪中的“情节严重”时，也不能仅强调协助组织卖淫的次数和人数，要综合考虑各种因素，包括协助组织卖淫的作用大小，有无协助组织未成年人尤其是未满十四周岁的未成年人卖淫，有无协助组织患有严重性病的卖淫者卖淫，是否兼有多种协助组织行为，是否曾因协助组织卖淫受过行政处罚等。

要准确认定协助组织卖淫行为的刑事责任，还涉及协助组织卖淫罪主从犯的认定问题。协助组织卖淫，顾名思义，是组织卖淫行为的帮助犯。协助组织卖淫者,在有组织的卖淫活动中,依附并受命于组织者,不具有组织卖淫活动的主导权、决策权。在主观上具有协助的明知和故意,在客观上所发挥的只是一种辅助性作用,抑或为组织卖淫的外围行为。协助组织卖淫罪作为一种故意犯罪,从理论上讲,具有与一般犯罪相同的特征,应当可以区分主从犯。如同实行犯有主要实行犯和次要实行犯一样,帮助犯也应有主要帮助犯和次要帮助犯的区别。因此,从理论上讲,协助组织卖淫罪及组织卖淫罪中都是可以区分主从犯的。我们认为,对协助组织卖淫罪中"情节严重"的认定,也应当以被告人在协助行为中所起作用的大小作为落脚点,必要时应当区分主从犯,对具有"情节严重"情形的一般认定为主犯。

本案中,被告人何水连于2008年2月受聘担任杭州玉皇山庄休闲中心桑拿部的收银员,负责收费、记录卖淫人次和制作卖淫收益日报表等;被告人耿劲松于2008年12月受聘担任该桑拿部的吧台服务员,被告人彭爱平于2009年8月受聘担任该桑拿部的吧台服务员,负责为卖淫计时、开具收费凭证、播放淫秽录像及遇有执法部门检查开启遥控报警灯等。何水连、彭爱平、耿劲松的行为均是为被告人王剑平、陈冲平、李艳、李宏菊等人的组织卖淫活动提供外围帮助的协助性行为,因此,三被告人依法均构成协助组织卖淫罪。鉴于三被告人参与犯罪的时间不长,作用一般,均为受聘打工的行为,依法不应认定为"情节严重"。且何水连具有自首情节,依法可从轻处罚。本案一审法院对何水连、彭爱平、耿劲松的定罪准确,量刑适当。二审法院依法裁定驳回上诉、维持原判是正确的。

(撰稿:最高人民法院刑三庭　管延青
浙江省杭州市中级人民法院　聂　庆
审编:最高人民法院刑三庭　罗国良)

[第723号]

杨勇传播淫秽物品牟利案

——淫秽电子信息实际被点击数和注册会员数如何认定

一、基本案情

被告人杨勇,男,1983年8月16日出生,教师。因涉嫌传播淫秽物品罪于2009年7月8日被逮捕。

四川省泸县人民检察院以被告人杨勇犯传播淫秽物品牟利罪,向泸县人民法院提起公诉。

被告人杨勇对公诉机关指控其传播淫秽物品无异议,但作出如下辩解:第一,其并未从淫秽物品中谋取利益,其获取的广告收入是为广告商推销广告获取的正当收入;第二,实际的会员数量低于指控的数量。其辩护人提出如下辩护意见:第一,被告人杨勇不具有牟利目的,应按传播淫秽物品罪定罪量刑;第二,公诉机关指控的淫秽电子信息点击数、会员数远多于实际数量。

泸县人民法院经公开审理查明:被告人杨勇从2008年7月开始在网上推销广告,获取广告收入。2008年11月30日,杨勇利用互联网架设IP地址为216.245.106的手机WAP,建立黄色网站,注册两个域名yay066.cn和yay088.cn,租用美国的两个服务器空间,每年250元的租金,将其以前上过的黄色WAP网站上的源代码复制,修改成自己的网站,再传到租用的空间。2009年2

月，杨勇在前述网站上设立中文域名为“社区”、“图片导航”、“视频导航”、“帝国合作站点”、“小说导航”五个版块，发布大量淫秽色情图片、视频。会员注册和点击黄色网站不收取费用，但杨勇利用互联网传播淫秽电子信息时加入了广告联盟，将广告信息链接到自己所建的淫秽网站，获取广告点击的经济收入，广告营运商将广告费用汇入杨勇的银行卡内。杨勇共获利人民币（以下币种均为人民币）2 000余元。经远程勘验，截至2009年6月3日18时15分，yay066.cn网站的淫秽黄色电影链接数为275条，淫秽黄色图片为2 619张，实际被点击数1 421 532次，注册会员6 348名。经鉴定，该网站发布的大量淫秽色情图片、视频系淫秽物品。

泸县人民法院认为，被告人杨勇以谋取非法利益为目的，利用互联网传播大量淫秽图片、视频，其行为构成传播淫秽物品牟利罪，公诉机关指控的罪名成立。杨勇设立淫秽网站，实际被点击次数达1 421 532次，注册会员6 348人，均超过刑法第三百六十三条规定的“情节特别严重”标准。杨勇归案后如实供述犯罪事实，认罪态度好，有悔罪表现，可酌情从宽处罚。根据《中华人民共和国刑法》第三百六十三条第一款之规定，判决如下：

被告人杨勇犯传播淫秽物品牟利罪，判处有期徒刑十年，并处罚金人民币四千元。

一审宣判后，被告人杨勇不服，以“不构成传播淫秽物品牟利罪、一审认定的注册会员数和淫秽信息实际被点击数与事实不符、涉案淫秽电子信息并非其一人提供”为由提出上诉。四川省泸州市人民检察院认为原判认定事实清楚，证据确实充分，适用法律正确，量刑适当，建议驳回上诉，维持原判。

四川省泸州市中级人民法院经审理认为，上诉人杨勇在所建网站上链接大量淫秽电子信息并在互联网和移动通信网络中传播，加入广告联盟后，其利用淫秽电子信息增加广告点击量，以实现牟利目的，应当以传播淫秽物品牟利罪追究刑事责任。一审未区分普通电子信息与淫秽电子信息的被点击数，导致淫秽电子信息实际被点击数事实不清，故不予认定。该网站虽有注册会员六千余人，但杨勇并非通过收取注册会员费谋取经济利益，且非会员也能浏览该网站的淫秽电子信息，故该注册会员数量对其利用淫秽电子信息增加广告点击量进而牟利并不产生实质影响，故不属于“以会员制方式传播淫秽电子信息”的情形，不宜按照注册会员数量确定量刑标准。一审定罪准确，审判程序合法，但量刑不当，应予改判。依照《中华人民共和国刑事诉讼法》第一百八十九条第二项，《中华人民共和国刑法》第三百六十三条第一款以及《最高人民法院、最高人民检察院关于办理利用互联网、移动通讯终端、声讯台制作、复制、出版、贩卖、传播淫秽电子信息刑事案件具体应用法律若干问题的解释》（以下简称《解释》）第一条第一款第一项、第三项，第二条之规定，判决如下：

撤销四川省泸县人民法院（2009）泸刑初字第93号刑事判决；上诉人杨勇犯传播淫秽物品牟利罪，判处有期徒刑四年，并处罚金人民币三千元。

二、主要问题

1.本案被告人杨勇为谋取广告收入传播淫秽电子信息的行为是否构成传播淫秽物品牟利罪？

2.本案中网站淫秽电子信息实际被点击数和注册会员数如何认定？

三、裁判理由

（一）本案被告人杨勇为获取广告收入传播淫秽电子信息的行为，依据《解释》第一条的规定，应当认定为传播淫秽物品牟利罪

2004年9月6日起施行的《解释》第一条规定，以牟利为目的，利用互联网、移动通讯终端制作、复制、出版、贩卖、传播淫秽电子信息，符合特定的八种情形的，依照刑法第三百六十三条第一款

的规定，以制作、复制、出版、贩卖、传播淫秽物品牟利罪定罪处罚。根据《解释》第三条的规定，不以牟利为目的，利用互联网或者移动通讯终端传播淫秽电子信息，符合特定的三种情形的，依照刑法第三百六十四条第一款的规定，以传播淫秽物品罪定罪处罚。因此，是否以牟利为目的，涉及此罪与彼罪的区分，同时由于两罪的起刑点不同。该问题还涉及罪轻与罪重的处理。为了正确理解制作、复制、出版、贩卖、传播淫秽物品牟利罪中的“以牟利为目的”，需要把握以下两个方面的问题：

1. 制作、复制、出版、贩卖、传播淫秽物品牟利罪中的“以牟利为目的”涉及被告人主观犯罪目的的认定。被告人的主观犯罪目的反映其在犯罪之前以及犯罪当时的主观心理状态，除被告人本人之外，其他人无法明确深入被告人的内心世界予以查知，但由于犯罪活动总要外化为客观的行为并产生特定的结果，因此，可以通过被告人的犯罪行为及其结果分析推定被告人的主观犯罪目的。对于被告人主观目的的证明，需要综合全案证据进行客观分析，不能仅仅依靠被告人的口供。在实践中，如果仅以被告人本人所供述的主观犯罪目的为标准，就会导致“唯口供论”；一旦被告人虚假供述，或者拒绝供述，就必将导致被告人主观故意难以准确认定的结果，进而影响到判决的公正，甚至可能导致错案。被告人是否具有牟利目的，需要从被告人制作、复制、出版、贩卖、传播淫秽物品的数量、涉案人员的数量、获利的数额等方面进行判断。既要分析被告人的犯罪行为及其结果，又要分析被告人在犯罪之前的准备行为和犯罪之后的后续行为；既要认真分析被告人的供述，又要全面调查其他证据材料。

2. 制作、复制、出版、贩卖、传播淫秽物品牟利罪中的“以牟利为目的”涉及“牟利”一词的界定。顾名思义，牟利就是谋取私利。刑法规定的财产型犯罪大多涉及牟利问题。根据刑法第三百六十三条第一款和《解释》第一条的规定，制作、复制、出版、贩卖、传播淫秽物品牟利罪,不仅包括通过制作、复制、出版、贩卖、传播淫秽物品本身而直接牟利,而且包括以制作、复制、出版、贩卖、传播淫秽物品为手段而间接牟利。前者如通过制作、复制、出版、贩卖、传播淫秽书刊、影片、录像带、录音带、图片及其他淫秽物品而直接获取非法利益,后者如以制作、复制、出版、贩卖、传播淫秽电影、表演、动画等视频文件、淫秽音频文件、淫秽电子刊物、图片、文章、短信息等手段收取广告费、会员注册费或者其他费用而间接获取非法利益。在网络时代,以制作、复制、出版、贩卖、传播淫秽物品为手段间接牟利的犯罪模式变得更加普遍。有鉴于此,《解释》才将利用互联网、移动通讯终端制作、复制、出版、贩卖、传播淫秽电子信息牟利的行为纳入刑法规范的范畴。

本案中,被告人杨勇最初从2008年7月开始在网上推销广告获取广告收入,2008年11月30日开始在所建网站上链接大量淫秽电子信息并在互联网和移动通信网络中传播,并在加入广告联盟后利用淫秽电子信息增加广告点击量。被告人杨勇在实施犯罪行为之前就已将网上推销广告作为牟利手段,其以建立网站传播淫秽电子信息为手段增加广告点击量,并通过银行卡转账方式获取广告运营商支付的广告费2 000余元,结合其供述因经济困难而在网上投放广告获利的情况,可以认定被告人杨勇的行为是“以牟利为目的”。同时,被告人杨勇获得的广告费收入是通过非法的途径获取的,属于实质上非法的收入;尽管杨勇并未从淫秽物品中直接谋取利益,但其获取的广告费收入主要是通过加入广告联盟后利用淫秽电子信息增加广告点击量,进而间接谋取的非法利益,并非其通过正当途径为广告商推销广告获取的合法收入。因此,依照《解释》第一条的规定,被告人杨勇的行为构成传播淫秽物品牟利罪。被告人杨勇及其辩护人所提的其不构成传播淫秽物品牟利罪的辩解理由与辩护意见并不成立。一、二审法院认定其构成传播淫秽物品牟利罪是正确的。

（二）本案中网站淫秽电子信息实际被点击数和注册会员数不能笼统认定，应结合案件情况综合评估其对案件定罪量刑的作用

淫秽电子信息实际被点击数和注册会员数反映出淫秽电子信息犯罪社会危害性的大小，是对该类犯罪定罪量刑的重要依据。通过对淫秽电子信息实际被点击数和注册会员数的标准进行量化处理，使《解释》第一条在司法实践中更具可操作性。然而，与此同时，由于网络自身的复杂性和技术手段的制约，淫秽电子信息实际被点击数和注册会员数有时难以准确计算，极易引发争议，值得深入分析。

在司法实践中，科学、合理地认定淫秽电子信息的实际被点击数，需要注意以下两个方面的问题：

1. 要区分包含淫秽信息的普通网站与淫秽网站。包含淫秽信息的普通网站与淫秽网站提供的内容存在本质差异。淫秽网站的内容全部或者主要是淫秽信息，其比包含少数淫秽信息的普通网站危害更大。2010年2月4日出台的《最高人民法院、最高人民检察院关于办理利用互联网、移动通讯终端、声讯台制作、复制、出版、贩卖、传播淫秽电子信息刑事案件具体应用法律若干问题的解释（二）》（以下简称《解释（二）》）进一步对普通网站和淫秽网站作了界分。根据《解释（二）》的界定，淫秽网站是指以制作、复制、出版、贩卖、传播淫秽电子信息为目的建立或者建立后主要从事制作、复制、出版、贩卖、传播淫秽电子信息活动的网站。

如果认定某个网站为淫秽网站，且该网站内的电子信息均为淫秽信息，那么，淫秽电子信息的实际被点击数就等同于截至案发当日该网站的实际被点击数。如果淫秽网站内的电子信息主要是淫秽信息，同时存在少量普通信息，那么淫秽电子信息的实际被点击数就可能略低于截至案发当日该网站的实际被点击数。相比之下，如果普通网站的某些版块存在淫秽电子信息，由于该网站同时

存在普通信息与淫秽信息，在认定淫秽电子信息的实际被点击数时，就应当区分普通电子信息与淫秽电子信息的被点击数，不能笼统地将整个网站的实际被点击数认定为淫秽电子信息的实际被点击数。

2. 要区分“点击数”与“实际被点击数”。网站经营者出于牟利目的，通常会想方设法提高网站点击率，从而扩大网站影响，获取更多的广告费收入。因此，淫秽网站的点击数能够反映其社会危害性的大小。但在实践中，一些淫秽网站为了营造声势或者获取更多的非法利益，故意将点击率计数器的初始值设为10万次甚至更多，或者将点击率计数器计数办法设置为点击一次计数10次甚至更多，还有些网站管理者亲自或者指使、雇用少数人持续点击淫秽电子信息，从而导致网站的点击数呈现虚增状态，不能真实反映淫秽网站的实际危害。为贯彻罪责刑相适应原则，准确认定淫秽网站的实际危害，在计算淫秽电子信息的实际被点击数时，如查明确实存在虚增点击数的情况，就应当扣除上述虚增的点击数。

在司法实践中，淫秽网站可能同时存在淫秽电影等视频文件、淫秽音频文件和淫秽电子刊物、图片、文章、短消息等，上述淫秽电子信息的数量比较容易认定，而淫秽电子信息的实际被点击数却无法准确认定，但该淫秽电子信息实际被点击数同时又成为法定刑升格的条件。对于此类案件，一般可以依照就低不就高的认定原则，以其他淫秽电子信息数量作为定罪量刑的基础，同时将淫秽电子信息实际被点击数作为量刑情节予以考虑。

本案中，被告人杨勇最初在网上推销广告，后建立网站并在所建网站上链接大量淫秽电子信息，将广告信息以淫秽诱导性词语为标识的方式链接在同一网站上，进而增加广告点击量。但其所建网站并非专门从事制作、复制、出版、贩卖、传播淫秽电子信息活动，故该网站虽包含大量的淫秽电子信息，但有别于纯粹的淫秽网站，该网站淫秽电子信息的实际被点击数应当低于截至案发当日该网站的实际被点击数。一审法院将被告人杨勇建立的网站认定为黄色网站,进而将该网站的实际被点击数认定为淫秽电子信息的实际被点击数,这种认定是不准确的。二审以一审并未区分普通电子信息与淫秽电子信息的被点击数,导致淫秽电子信息实际被点击数事实不清为由不予认定,这种做法是正确的。

在司法实践中,淫秽网站注册会员数的认定是另一个容易引发争议的问题。为准确认定淫秽网站的注册会员数,需要区分收费注册网站和免费注册网站。收费注册网站的注册会员一般为固定会员,会员所交的费用是网站收入的重要来源;因为会员每次登录网站都需要付费,因此,会员每次都会通过相同的注册号登录网站,通常不会出现重复注册的情况。而免费注册网站的注册会员一般并非固定会员,通常存在多次注册和重复注册的情况,且非会员也能免费浏览网站信息。因免费注册网站的会员对网站的收入没有实质性影响,故从本质上讲,此类网站的会员制度对于网站的管理以及网站信息浏览者的范围控制并无实际意义,不能作为该类网站社会危害性的参考因素。

本案中,被告人杨勇所建网站虽有注册会员六千余人,但注册会员和点击网站均不收取费用,杨勇并非通过收取注册会员费谋取经济利益,且非会员也能浏览该网站的淫秽电子信息,该注册会员数量对其利用淫秽电子信息增加广告点击量进而牟利并不产生实质影响,故不属于“以会员制方式传播淫秽电子信息”的情形,不宜将注册会员数作为定罪量刑的标准。一审法院将被告人杨勇所建网站的注册会员数作为定罪量刑标准是不准确的。二审以该注册会员数对其牟利目的无实质影响,不宜按照注册会员数定罪量刑为由不予认定,这种做法是妥当的。

(撰稿:最高人民法院刑三庭　刘静坤

审编:最高人民法院刑三庭　朱和庆)

[第724号]

朱永林受贿案

——如何认定以“合作投资房产”名义收受贿赂

一、基本案情

被告人朱永林,男,1962年8月13日出生,原系浙江省湖州市吴兴区织里镇政府机关工作人员。自2005年3月起担任湖州市吴兴区环渚乡副乡长,分管城建、土管等工作;自2008年起担任湖州市吴兴区织里镇副镇长。因涉嫌犯受贿罪于2009年6月9日被逮捕。

浙江省湖州市吴兴区人民检察院以被告人朱永林犯受贿罪,向湖州市吴兴区人民法院提起公诉。

被告人朱永林提出其与苏四荣合作投资购买商务楼是正常的投资行为,自己有实际出资,不是受贿。其辩护人提出,认定朱永林未实际出资50万元与事实不符,朱永林所收款项属于投资收益,不属于受贿。

浙江省湖州市吴兴区人民法院经公开审理查明:

2004年10月,湖州市政府决定对位于湖州市环渚乡西白鱼潭地块进行城建项目开发,开发商为日月置业有限公司(以下简称日月公司),环渚乡政府成立拆迁小组,并由被告人朱永林负责整个拆迁工作,苏四荣实际所有的融达公司整体厂房也在拆迁范围内。后苏四荣因拆迁赔偿数额问题与日月公司发生分歧,经朱永林和朱海毛(时任环渚乡党委书记,另案处理)多次与日月公司沟通,最后确定赔偿总额为人民币(以下币种均为人民币)240万元。苏四荣为感谢朱永林和朱海毛在融达公司拆迁补偿中的帮助,提出朱永林和朱海毛日后购房时各补贴30万元,朱永林及朱海毛均未拒绝。

2006年四五月,苏四荣有意购买日月城小区22号商务楼,请时任环渚乡副乡长的朱永林出面与日月公司谈价,并最终谈定价格为1 280万元,苏四荣与日月公司口头约定预付定金100万元。为感谢朱永林在融达公司拆迁过程中的帮忙和购买商务楼过程中在谈定价钱上的帮助,苏四荣同意朱永林参与购买该房产转手获利,并约定每人出资50%。2007年4月28日,苏四荣向日月公司缴纳了第一笔定金60万元(朱永林未付,而是让苏四荣帮其垫付30万元)。5月初,苏四荣联系了买家邱小根,商定由邱小根在1 280万元的基础上加价180万元购买该商务楼。因邱小根暂时无现金支付,而苏四荣已交纳定金60万元,故由邱小根出具了60万元的借条。5月10日,朱永林向苏四荣支付了由苏四荣垫付的30万元定金。5月16日,苏四荣出面与日月公司办理了认购手续,认购人为苏四荣和朱永林,朱永林的名字由苏四荣代签。根据约定,苏四荣和朱永林尚有40万元定金没有支付。日月公司向苏四荣催款。7月18日,苏四荣又向日月公司缴纳了40万元,朱永林仍未支付其中的50%,即20万元。因朱永林不断向苏四荣、邱小根催讨本金和溢价款,10月22日、11月1日苏四荣分别支付给朱永林20万元和30万元。2007年11月起,邱小根陆续向苏四荣支付房款和溢价款。至案发时,朱永林实际收到现金共计110万元。

另外,2005年至2006年,被告人朱永林利用职务之便,分别收受苏四荣、邱新明等6人现金共计56 000元以及手机、礼卡等财物,合计价值80 580元。案发后,朱永林退出赃款10万元。

浙江省湖州市吴兴区人民法院认为，被告人朱永林身为国家工作人员，利用职务上的便利，非法收受他人钱财共计580 580元，为他人谋取利益，其行为构成受贿罪。苏四荣在融达公司拆迁赔偿中得到了朱永林的帮助，朱永林还利用职务之便，出面为苏四荣与日月公司谈定了较低的价格，朱永林是在下家邱小根决定加价180 万元购买该商务楼的情况下，才拿出 30 万元；之后，又由苏四荣一人支付了剩余的定金 40 万元，且在苏四荣未从邱小根处拿到购房款的情况下，由苏四荣向朱永林支付本金和利润，其行为符合受贿罪权钱交易的本质。受贿数额以被告人朱永林未实际出资的50 万元认定，其余款项属于犯罪所得孳息，应予没收。案发后，被告人朱永林退缴了部分赃款，酌情从轻处罚。依照《中华人民共和国刑法》第三百八十五条第一款，第三百八十六条，第三百八十三条第一款第一项、第二款，第九十三条第一款，第六十四条之规定，判决如下：

被告人朱永林犯受贿罪，判处有期徒刑十三年；暂扣于湖州市吴兴区人民检察院的赃款人民币十万元，予以追缴并上缴国库；其余违法所得人民币七十八万零五百八十元，继续予以追缴。

一审宣判后，被告人朱永林不服，提出上诉。

湖州市中级人民法院经审理后认为，朱永林身为国家工作人员，利用职务便利，为他人谋取利益，非法收受他人财物，其行为构成受贿罪。朱永林和苏四荣名义上是共同投资，实质上是权钱交易，应以受贿论处。据此裁定驳回上诉，维持原判。

二、主要问题

1. 利用职务便利为他人谋取利益后，参与“合作”投资房产，有部分出资行为但不承担投资风险，在项目获得利润后收受投资本金和收益的，是否构成受贿罪？

2. 以“合作投资”为名实际由他人出资构成受贿犯罪的，如何认定受贿数额？

三、裁判理由

(一)利用职务便利为他人谋取利益后,仅有投资之名但不承担投资风险,在项目获得利润后收受投资本金和收益的,应认定为受贿

被告人朱永林与苏四荣一起购买日月城小区22号商务楼,然后加价180万元卖给邱小根,朱永林因此共收受110万余元,其中投资50万元,其余为投资收益。关于该行为是否构成受贿罪,有两种意见:第一种意见即公诉机关的指控意见,认为朱永林的行为构成受贿罪;第二种意见即被告人和辩护人的辩护意见,认为朱永林与苏四荣合作投资商务楼,系正常的投资行为,且朱永林有实际出资,其行为不构成受贿罪。

我们同意第一种意见。具体理由如下:

1. 朱永林利用职务便利,为苏四荣谋取利益,具备了受贿罪的前提条件。受贿罪的客观方面表现为两种情况:一种是行为人利用职务上的便利,索取他人财物;另一种是行为人利用职务上的便利非法收受他人财物,为他人谋取利益。前者为索贿,后者为普通受贿。本案中,开发商日月公司对环渚乡西白鱼潭地块进行城建开发,朱永林身为湖州市吴兴区织里镇政府机关的工作人员,负责拆迁工作。朱永林为苏四荣厂房的赔偿数额问题,利用自身职务便利,与日月公司进行协商,经过多次谈判,最终确定赔偿数额。朱永林与苏四荣等人经过协商,还借用他人姓名,与苏四荣签订虚假的房屋转让协议,以达到在拆迁时享受安置房的目的,虽然未能得逞,但在最终的安置补偿中,苏四荣所在的融达公司通过签订虚假协议得到了240万元的赔偿。因此,朱永林已经实施了利用职务上的便利为他人谋取利益的行为。

2. 朱永林以"合作投资"为名,却未实际投资,在项目获得利润后收受"合作者"苏四荣的投资本金,属于非法收受他人财物。国家工作人员利用职务上的便利为他人谋取利益,以合作开办公

司或者进行合作投资的名义收受他人财物，是近几年来司法实践中出现的新情况。对此种情形能否认定为收受贿赂或索取贿赂，2007年7月8日最高人民法院、最高人民检察院联合发布的《关于办理受贿刑事案件适用法律若干问题的意见》（以下简称《意见》）明确规定：国家工作人员利用职务上的便利为请托人谋取利益，由请托人出资，“合作”开办公司或者进行其他“合作”投资的，以受贿论处；国家工作人员利用职务上的便利为请托人谋取利益，以合作开办公司或者其他合作投资的名义获取“利润”，没有实际出资和参与管理、经营的，以受贿论处。据此，以合作开办公司或者进行其他合作投资的名义收受财物，是否构成受贿，关键在于国家工作人员本人有无实际出资。

本案中，从表面来看，朱永林曾经付给苏四荣30万元，但实质上，其在合作投资房产中并未出资，也未参与管理和经营，更未承担投资风险，其行为不属于真正意义上的出资合作投资行为。

第一，朱永林未按约出资（交付定金）。日月公司与苏四荣约定，购房须付定金100万元。虽然苏四荣与朱永林就投资房产约定每人出资50%，但朱永林没有按约支付定金，第一笔定金60万元，全部由苏四荣支付，第二笔定金40万元也全部由苏四荣支付。

第二，朱永林与日月公司谈价格的行为不属于合作投资中的管理、经营行为。苏四荣有意购买日月公司的日月城小区22号商务楼，让朱永林（时任环渚乡副乡长）出面与日月公司谈价，最终确定价格为1 280万元。朱永林在与苏四荣合作投资之前，已谈定了购房价格，而且朱永林是利用自己的身份为苏四荣购买房产取得较低的价格，该行为不属于合作投资中的管理、经营行为。

第三，朱永林虽然向苏四荣支付由苏四荣垫付的30万元，但是在苏四荣已找到下家邱小根，并谈妥由邱小根加价180万元购买房产之后支付的。因此，朱永林在合作投资中的出资行为是不承担投资风险的，其在已经明确可以取得巨额利润时，才给付苏四荣“垫付款”。当邱小根因资金短缺，未能及时支付苏四荣相应的款项时，朱永林又多次向苏四荣催讨并得到“本金”和“利润”。朱永林的“出资”不符合投资的本质，其从苏四荣处要回的投资款性质上属于非法收受他人财物，而其所谓的“利润”也不是“出资”的合法收入。

3. 朱永林主观上具有受贿的故意。本案中，苏四荣在日月公司陆续支付240万元补偿款后，为感谢朱永林、朱海毛的帮助，提出对朱永林、朱海毛日后购房时各补贴30万元，朱永林未予拒绝。之后，苏四荣看到日月城商务楼比较好，认为如果买得便宜肯定有钱赚，于是想借机分给朱永林利润，以感谢朱永林的帮助。通过朱永林与日月公司谈价，苏四荣以较低的价格购得商务楼，从而转手倒卖获利。朱永林明知苏四荣与其“共同投资”、分享利润，是感谢其曾经利用职务上的便利为苏四荣谋取利益，仍多次向苏四荣催要“利润”款，符合权钱交易的本质特征。

（二）以“合作投资”为名实际由他人出资的，受贿数额应为他人给国家工作人员的出资额

本案中，对如何认定受贿数额，有三种意见：第一种意见认为，应认定为80万元。被告人一共拿到110万元，扣除事先曾拿出的30万元，所获的利润80万元应认定为受贿数额。第二种意见认为，应认定为50万元。按照约定，被告人朱永林应出资50万元，其并未按约实际出资，应以其出资额50万元认定受贿数额。第三种意见认为，应认定为20万元。第一笔定金60万元的50%（即30万元），由苏四荣垫付，朱永林事后已返还，故不能认定为受贿数额；朱永林未支付第二笔定金40万元的50%（即20万元），应认定为受贿数额。

我们认为，朱永林的受贿数额应认定为50万元。理由如下：

1.《意见》第三条第一款明确规定，国家工作人员利用职务上的便利为请托人谋取利益，由请托人出资，“合作”开办公司或者

进行其他“合作”投资的，以受贿论处。受贿数额为请托人给国家工作人员的出资额。本案中，朱永林从苏四荣处共收受110万元，其中50万元是苏四荣为朱永林支付的“合作”资金，其余60万元是“投资”所得利润，故朱永林受贿数额应为50万元。第一种意见认定受贿数额为80万元，将犯罪所得收益也作为受贿数额的一部分，与《意见》规定不符。朱永林所得的60万元利润作为犯罪所得的收益，应予追缴，并在量刑时酌情考虑，但不能认定为受贿数额。

2. 朱永林曾经付给苏四荣的30万元不应从受贿总额中扣除，因此，受贿数额不应认定为20万元。如前所述，朱永林返还给苏四荣30万元定金时，苏四荣与下家邱小根已谈妥加价转卖，邱小根还写下欠朱永林60万元的欠条，之后朱永林才拿出30万元。因此，朱永林是在毫无投资风险的情况下拿出30万元的。此时朱永林出资的30万元，不能认定为投资。之后，在苏四荣尚未实际拿到利润款时，朱永林又从苏四荣处将30万元要回，并拿到了另外实际未出资的20万元投资款。朱永林所支付的30万元，不符合投资款在投资中承担风险的本质特征，实质上是苏四荣为感谢朱永林而给予的好处费。另外，从行贿方的主观故意来看，双方行贿的数额也是以出资额即50万元为基础的。

综上，一审、二审法院以受贿罪对朱永林判处有期徒刑十三年是适当的。

（撰稿：浙江省湖州市中级人民法院　陈克娥

审编：最高人民法院刑四庭　陆建红）

【刑事立法、司法规范】

中华人民共和国主席令

（第四十一号）

《中华人民共和国刑法修正案（八）》已由中华人民共和国第十一届全国人民代表大会常务委员会第十九次会议于2011年2月25日通过，现予公布，自2011年5月1日起施行。

中华人民共和国主席　胡锦涛

2011年2月25日

中华人民共和国刑法修正案（八）

（2011年2月25日第十一届全国人民代表大会常务委员会第十九次会议通过）

一、在刑法第十七条后增加一条，作为第十七条之一："已满七十五周岁的人故意犯罪的，可以从轻或者减轻处罚；过失犯罪的，应当从轻或者减轻处罚。"

二、在刑法第三十八条中增加一款作为第二款:“判处管制,可以根据犯罪情况,同时禁止犯罪分子在执行期间从事特定活动,进入特定区域、场所,接触特定的人。”

原第二款作为第三款,修改为:“对判处管制的犯罪分子,依法实行社区矫正。”

增加一款作为第四款:“违反第二款规定的禁止令的,由公安机关依照《中华人民共和国治安管理处罚法》的规定处罚。”

三、在刑法第四十九条中增加一款作为第二款:“审判的时候已满七十五周岁的人,不适用死刑,但以特别残忍手段致人死亡的除外。”

四、将刑法第五十条修改为:“判处死刑缓期执行的,在死刑缓期执行期间,如果没有故意犯罪,二年期满以后,减为无期徒刑;如果确有重大立功表现,二年期满以后,减为二十五年有期徒刑;如果故意犯罪,查证属实的,由最高人民法院核准,执行死刑。

“对被判处死刑缓期执行的累犯以及因故意杀人、强奸、抢劫、绑架、放火、爆炸、投放危险物质或者有组织的暴力性犯罪被判处死刑缓期执行的犯罪分子,人民法院根据犯罪情节等情况可以同时决定对其限制减刑。”

五、将刑法第六十三条第一款修改为:“犯罪分子具有本法规定的减轻处罚情节的,应当在法定刑以下判处刑罚;本法规定有数个量刑幅度的,应当在法定量刑幅度的下一个量刑幅度内判处刑罚。”

六、将刑法第六十五条第一款修改为:“被判处有期徒刑以上刑罚的犯罪分子,刑罚执行完毕或者赦免以后,在五年以内再犯应当判处有期徒刑以上刑罚之罪的,是累犯,应当从重处罚,但是过失犯罪和不满十八周岁的人犯罪的除外。”

七、将刑法第六十六条修改为:“危害国家安全犯罪、恐怖活动犯罪、黑社会性质的组织犯罪的犯罪分子,在刑罚执行完毕或者赦免以后,在任何时候再犯上述任一类罪的,都以累犯论处。”

八、在刑法第六十七条中增加一款作为第三款:“犯罪嫌疑人虽不具有前两款规定的自首情节,但是如实供述自己罪行的,可以从轻处罚;因其如实供述自己罪行,避免特别严重后果发生的,可以减轻处罚。”

九、删去刑法第六十八条第二款。

十、将刑法第六十九条修改为:“判决宣告以前一人犯数罪的,除判处死刑和无期徒刑的以外,应当在总和刑期以下、数刑中最高刑期以上,酌情决定执行的刑期,但是管制最高不能超过三年,拘役最高不能超过一年,有期徒刑总和刑期不满三十五年的,最高不能超过二十年,总和刑期在三十五年以上的,最高不能超过二十五年。

“数罪中有判处附加刑的,附加刑仍须执行,其中附加刑种类相同的,合并执行,种类不同的,分别执行。”

十一、将刑法第七十二条修改为:“对于被判处拘役、三年以下有期徒刑的犯罪分子,同时符合下列条件的,可以宣告缓刑,对其中不满十八周岁的人、怀孕的妇女和已满七十五周岁的人,应当宣告缓刑:

“(一)犯罪情节较轻;

“(二)有悔罪表现;

“(三)没有再犯罪的危险;

“(四)宣告缓刑对所居住社区没有重大不良影响。

“宣告缓刑,可以根据犯罪情况,同时禁止犯罪分子在缓刑考验期限内从事特定活动,进入特定区域、场所,接触特定的人。

“被宣告缓刑的犯罪分子,如果被判处附加刑,附加刑仍须执行。”

十二、将刑法第七十四条修改为:“对于累犯和犯罪集团的首要分子,不适用缓刑。”

十三、将刑法第七十六条修改为:“对宣告缓刑的犯罪分子,在缓刑考验期限内,依法实行社区矫正,如果没有本法第七十七条规定的情形,缓刑考验期满,原判的刑罚就不再执行,并公开予以宣告。”

十四、将刑法第七十七条第二款修改为:“被宣告缓刑的犯罪分子,在缓刑考验期限内,违反法律、行政法规或者国务院有关部门关于缓刑的监督管理规定,或者违反人民法院判决中的禁止令,情节严重的,应当撤销缓刑,执行原判刑罚。”

十五、将刑法第七十八条第二款修改为:“减刑以后实际执行的刑期不能少于下列期限:

“(一)判处管制、拘役、有期徒刑的,不能少于原判刑期的二分之一;

“(二)判处无期徒刑的,不能少于十三年;

“(三)人民法院依照本法第五十条第二款规定限制减刑的死刑缓期执行的犯罪分子,缓期执行期满后依法减为无期徒刑的,不能少于二十五年,缓期执行期满后依法减为二十五年有期徒刑的,不能少于二十年。”

十六、将刑法第八十一条修改为:“被判处有期徒刑的犯罪分子,执行原判刑期二分之一以上,被判处无期徒刑的犯罪分子,实际执行十三年以上,如果认真遵守监规,接受教育改造,确有悔改表现,没有再犯罪的危险的,可以假释。如果有特殊情况,经最高人民法院核准,可以不受上述执行刑期的限制。

“对累犯以及因故意杀人、强奸、抢劫、绑架、放火、爆炸、投放危险物质或者有组织的暴力性犯罪被判处十年以上有期徒刑、无期徒刑的犯罪分子,不得假释。

“对犯罪分子决定假释时,应当考虑其假释后对所居住社区的影响。”

十七、将刑法第八十五条修改为:“对假释的犯罪分子,在假释考验期限内，依法实行社区矫正，如果没有本法第八十六条规定的情形，假释考验期满，就认为原判刑罚已经执行完毕，并公开予以宣告。”

十八、将刑法第八十六条第三款修改为：“被假释的犯罪分子，在假释考验期限内，有违反法律、行政法规或者国务院有关部门关于假释的监督管理规定的行为，尚未构成新的犯罪的，应当依照法定程序撤销假释，收监执行未执行完毕的刑罚。”

十九、在刑法第一百条中增加一款作为第二款：“犯罪的时候不满十八周岁被判处五年有期徒刑以下刑罚的人，免除前款规定的报告义务。”

二十、将刑法第一百零七条修改为：“境内外机构、组织或者个人资助实施本章第一百零二条、第一百零三条、第一百零四条、第一百零五条规定之罪的，对直接责任人员，处五年以下有期徒刑、拘役、管制或者剥夺政治权利；情节严重的，处五年以上有期徒刑。”

二十一、将刑法第一百零九条修改为：“国家机关工作人员在履行公务期间，擅离岗位，叛逃境外或者在境外叛逃的，处五年以下有期徒刑、拘役、管制或者剥夺政治权利；情节严重的，处五年以上十年以下有期徒刑。

“掌握国家秘密的国家工作人员叛逃境外或者在境外叛逃的，依照前款的规定从重处罚。”

二十二、在刑法第一百三十三条后增加一条，作为第一百三十三条之一：“在道路上驾驶机动车追逐竞驶，情节恶劣的，或者在道路上醉酒驾驶机动车的，处拘役，并处罚金。

“有前款行为，同时构成其他犯罪的，依照处罚较重的规定定罪处罚。”

二十三、将刑法第一百四十一条第一款修改为：“生产、销售假药的，处三年以下有期徒刑或者拘役，并处罚金；对人体健康造成严重危害或者有其他严重情节的，处三年以上十年以下有期徒刑，并处罚金；致人死亡或者有其他特别严重情节的，处十年以上有期徒刑、无期徒刑或者死刑，并处罚金或者没收财产。”

二十四、将刑法第一百四十三条修改为：“生产、销售不符合食品安全标准的食品，足以造成严重食物中毒事故或者其他严重食源性疾病的，处三年以下有期徒刑或者拘役，并处罚金；对人体健康造成严重危害或者有其他严重情节的，处三年以上七年以下有期徒刑，并处罚金；后果特别严重的，处七年以上有期徒刑或者无期徒刑，并处罚金或者没收财产。”

二十五、将刑法第一百四十四条修改为：“在生产、销售的食品中掺入有毒、有害的非食品原料的，或者销售明知掺有有毒、有害的非食品原料的食品的，处五年以下有期徒刑，并处罚金；对人体健康造成严重危害或者有其他严重情节的，处五年以上十年以下有期徒刑，并处罚金；致人死亡或者有其他特别严重情节的，依照本法第一百四十一条的规定处罚。”

二十六、将刑法第一百五十一条修改为：“走私武器、弹药、核材料或者伪造的货币的，处七年以上有期徒刑，并处罚金或者没收财产；情节特别严重的，处无期徒刑或者死刑，并处没收财产；情节较轻的，处三年以上七年以下有期徒刑，并处罚金。

“走私国家禁止出口的文物、黄金、白银和其他贵重金属或者国家禁止进出口的珍贵动物及其制品的，处五年以上十年以下有期徒刑，并处罚金；情节特别严重的，处十年以上有期徒刑或者无期徒刑，并处没收财产；情节较轻的，处五年以下有期徒刑，并处罚金。

“走私珍稀植物及其制品等国家禁止进出口的其他货物、物品的，处五年以下有期徒刑或者拘役，并处或者单处罚金；情节严重的，处五年以上有期徒刑，并处罚金。

“单位犯本条规定之罪的，对单位判处罚金，并对其直接负责的主管人员和其他直接责任人员,依照本条各款的规定处罚。”

二十七、将刑法第一百五十三条第一款修改为:“走私本法第一百五十一条、第一百五十二条、第三百四十七条规定以外的货物、物品的,根据情节轻重,分别依照下列规定处罚:

“(一)走私货物、物品偷逃应缴税额较大或者一年内曾因走私被给予二次行政处罚后又走私的,处三年以下有期徒刑或者拘役,并处偷逃应缴税额一倍以上五倍以下罚金。

“(二)走私货物、物品偷逃应缴税额巨大或者有其他严重情节的,处三年以上十年以下有期徒刑,并处偷逃应缴税额一倍以上五倍以下罚金。

“(三)走私货物、物品偷逃应缴税额特别巨大或者有其他特别严重情节的,处十年以上有期徒刑或者无期徒刑,并处偷逃应缴税额一倍以上五倍以下罚金或者没收财产。”

二十八、将刑法第一百五十七条第一款修改为:“武装掩护走私的,依照本法第一百五十一条第一款的规定从重处罚。”

二十九、将刑法第一百六十四条修改为:“为谋取不正当利益,给予公司、企业或者其他单位的工作人员以财物,数额较大的,处三年以下有期徒刑或者拘役;数额巨大的,处三年以上十年以下有期徒刑,并处罚金。

“为谋取不正当商业利益,给予外国公职人员或者国际公共组织官员以财物的,依照前款的规定处罚。

“单位犯前两款罪的,对单位判处罚金,并对其直接负责的主管人员和其他直接责任人员,依照第一款的规定处罚。

“行贿人在被追诉前主动交待行贿行为的,可以减轻处罚或者免除处罚。”

三十、将刑法第一百九十九条修改为:“犯本节第一百九十二条规定之罪,数额特别巨大并且给国家和人民利益造成特别重大损失的,处无期徒刑或者死刑,并处没收财产。”

三十一、将刑法第二百条修改为："单位犯本节第一百九十二条、第一百九十四条、第一百九十五条规定之罪的，对单位判处罚金，并对其直接负责的主管人员和其他直接责任人员，处五年以下有期徒刑或者拘役，可以并处罚金；数额巨大或者有其他严重情节的，处五年以上十年以下有期徒刑，并处罚金；数额特别巨大或者有其他特别严重情节的，处十年以上有期徒刑或者无期徒刑，并处罚金。"

三十二、删去刑法第二百零五条第二款。

三十三、在刑法第二百零五条后增加一条，作为第二百零五条之一："虚开本法第二百零五条规定以外的其他发票，情节严重的，处二年以下有期徒刑、拘役或者管制，并处罚金；情节特别严重的，处二年以上七年以下有期徒刑，并处罚金。

"单位犯前款罪的，对单位判处罚金，并对其直接负责的主管人员和其他直接责任人员，依照前款的规定处罚。"

三十四、删去刑法第二百零六条第二款。

三十五、在刑法第二百一十条后增加一条，作为第二百一十条之一："明知是伪造的发票而持有，数量较大的，处二年以下有期徒刑、拘役或者管制，并处罚金；数量巨大的，处二年以上七年以下有期徒刑，并处罚金。

"单位犯前款罪的，对单位判处罚金，并对其直接负责的主管人员和其他直接责任人员，依照前款的规定处罚。"

三十六、将刑法第二百二十六条修改为："以暴力、威胁手段，实施下列行为之一，情节严重的，处三年以下有期徒刑或者拘役，并处或者单处罚金；情节特别严重的，处三年以上七年以下有期徒刑，并处罚金：

"（一）强买强卖商品的；

"（二）强迫他人提供或者接受服务的；

"（三）强迫他人参与或者退出投标、拍卖的；

“（四）强迫他人转让或者收购公司、企业的股份、债券或者其他资产的；

“（五）强迫他人参与或者退出特定的经营活动的。”

三十七、在刑法第二百三十四条后增加一条，作为第二百三十四条之一：“组织他人出卖人体器官的，处五年以下有期徒刑，并处罚金；情节严重的，处五年以上有期徒刑，并处罚金或者没收财产。

“未经本人同意摘取其器官，或者摘取不满十八周岁的人的器官，或者强迫、欺骗他人捐献器官的，依照本法第二百三十四条、第二百三十二条的规定定罪处罚。

“违背本人生前意愿摘取其尸体器官，或者本人生前未表示同意，违反国家规定，违背其近亲属意愿摘取其尸体器官的，依照本法第三百零二条的规定定罪处罚。”

三十八、将刑法第二百四十四条修改为：“以暴力、威胁或者限制人身自由的方法强迫他人劳动的，处三年以下有期徒刑或者拘役，并处罚金；情节严重的，处三年以上十年以下有期徒刑，并处罚金。

“明知他人实施前款行为，为其招募、运送人员或者有其他协助强迫他人劳动行为的，依照前款的规定处罚。

“单位犯前两款罪的，对单位判处罚金，并对其直接负责的主管人员和其他直接责任人员，依照第一款的规定处罚。”

三十九、将刑法第二百六十四条修改为：“盗窃公私财物，数额较大的，或者多次盗窃、入户盗窃、携带凶器盗窃、扒窃的，处三年以下有期徒刑、拘役或者管制，并处或者单处罚金；数额巨大或者有其他严重情节的，处三年以上十年以下有期徒刑，并处罚金；数额特别巨大或者有其他特别严重情节的，处十年以上有期徒刑或者无期徒刑，并处罚金或者没收财产。”

四十、将刑法第二百七十四条修改为：“敲诈勒索公私财物，数额较大或者多次敲诈勒索的,处三年以下有期徒刑、拘役或者管制,并处或者单处罚金;数额巨大或者有其他严重情节的,处三年以上十年以下有期徒刑,并处罚金;数额特别巨大或者有其他特别严重情节的,处十年以上有期徒刑,并处罚金。”

四十一、在刑法第二百七十六条后增加一条,作为第二百七十六条之一:“以转移财产、逃匿等方法逃避支付劳动者的劳动报酬或者有能力支付而不支付劳动者的劳动报酬,数额较大,经政府有关部门责令支付仍不支付的,处三年以下有期徒刑或者拘役,并处或者单处罚金;造成严重后果的,处三年以上七年以下有期徒刑,并处罚金。

“单位犯前款罪的,对单位判处罚金,并对其直接负责的主管人员和其他直接责任人员,依照前款的规定处罚。

“有前两款行为,尚未造成严重后果,在提起公诉前支付劳动者的劳动报酬,并依法承担相应赔偿责任的,可以减轻或者免除处罚。”

四十二、将刑法第二百九十三条修改为:“有下列寻衅滋事行为之一,破坏社会秩序的,处五年以下有期徒刑、拘役或者管制:

“(一)随意殴打他人,情节恶劣的;

“(二)追逐、拦截、辱骂、恐吓他人,情节恶劣的;

“(三)强拿硬要或者任意损毁、占用公私财物,情节严重的;

“(四)在公共场所起哄闹事,造成公共场所秩序严重混乱的。

“纠集他人多次实施前款行为,严重破坏社会秩序的,处五年以上十年以下有期徒刑,可以并处罚金。”

四十三、将刑法第二百九十四条修改为:“组织、领导黑社会性质的组织的,处七年以上有期徒刑,并处没收财产;积极参加的,处三年以上七年以下有期徒刑,可以并处罚金或者没收财产;其他参加的,处三年以下有期徒刑、拘役、管制或者剥夺政治权利,可以并处罚金。

“境外的黑社会组织的人员到中华人民共和国境内发展组织成员的，处三年以上十年以下有期徒刑。

“国家机关工作人员包庇黑社会性质的组织，或者纵容黑社会性质的组织进行违法犯罪活动的，处五年以下有期徒刑；情节严重的，处五年以上有期徒刑。

“犯前三款罪又有其他犯罪行为的，依照数罪并罚的规定处罚。

“黑社会性质的组织应当同时具备以下特征：

“（一）形成较稳定的犯罪组织，人数较多，有明确的组织者、领导者，骨干成员基本固定；

“（二）有组织地通过违法犯罪活动或者其他手段获取经济利益，具有一定的经济实力，以支持该组织的活动；

“（三）以暴力、威胁或者其他手段，有组织地多次进行违法犯罪活动，为非作恶，欺压、残害群众；

“（四）通过实施违法犯罪活动，或者利用国家工作人员的包庇或者纵容，称霸一方，在一定区域或者行业内，形成非法控制或者重大影响，严重破坏经济、社会生活秩序。”

四十四、将刑法第二百九十五条修改为：“传授犯罪方法的，处五年以下有期徒刑、拘役或者管制；情节严重的，处五年以上十年以下有期徒刑；情节特别严重的，处十年以上有期徒刑或者无期徒刑。”

四十五、将刑法第三百二十八条第一款修改为：“盗掘具有历史、艺术、科学价值的古文化遗址、古墓葬的，处三年以上十年以下有期徒刑，并处罚金；情节较轻的，处三年以下有期徒刑、拘役或者管制，并处罚金；有下列情形之一的，处十年以上有期徒刑或者无期徒刑，并处罚金或者没收财产：

“（一）盗掘确定为全国重点文物保护单位和省级文物保护单位的古文化遗址、古墓葬的；

“（二）盗掘古文化遗址、古墓葬集团的首要分子；

“（三）多次盗掘古文化遗址、古墓葬的；

“（四）盗掘古文化遗址、古墓葬，并盗窃珍贵文物或者造成珍贵文物严重破坏的。”

四十六、将刑法第三百三十八条修改为：“违反国家规定，排放、倾倒或者处置有放射性的废物、含传染病病原体的废物、有毒物质或者其他有害物质，严重污染环境的，处三年以下有期徒刑或者拘役，并处或者单处罚金；后果特别严重的，处三年以上七年以下有期徒刑，并处罚金。”

四十七、将刑法第三百四十三条第一款修改为：“违反矿产资源法的规定，未取得采矿许可证擅自采矿，擅自进入国家规划矿区、对国民经济具有重要价值的矿区和他人矿区范围采矿，或者擅自开采国家规定实行保护性开采的特定矿种，情节严重的，处三年以下有期徒刑、拘役或者管制，并处或者单处罚金；情节特别严重的，处三年以上七年以下有期徒刑，并处罚金。”

四十八、将刑法第三百五十八条第三款修改为：“为组织卖淫的人招募、运送人员或者有其他协助组织他人卖淫行为的，处五年以下有期徒刑，并处罚金；情节严重的，处五年以上十年以下有期徒刑，并处罚金。”

四十九、在刑法第四百零八条后增加一条，作为第四百零八条之一：“负有食品安全监督管理职责的国家机关工作人员，滥用职权或者玩忽职守，导致发生重大食品安全事故或者造成其他严重后果的，处五年以下有期徒刑或者拘役；造成特别严重后果的，处五年以上十年以下有期徒刑。

“徇私舞弊犯前款罪的，从重处罚。”

五十、本修正案自 2011 年 5 月 1 日起施行。

《中华人民共和国刑法修正案(八)》内容解读(节选)

黄太云

2011 年 2 月 25 日,第十一届全国人大常委会第十九次会议审议通过了《中华人民共和国刑法修正案(八)》(以下简称《刑法修正案(八)》),这是 1997 年刑法修订以来对刑法典作出的最重要的一次修改。该修正案取消了 13 个罪名的死刑,第一次对刑法总则进行了修改,内容涉及调整刑罚结构,对一些严重暴力犯罪被判处死缓的罪犯的减刑、假释和延长在监狱的实际最低服刑期限作出了新的规定,延长了有期徒刑数罪并罚的刑期,完善了对老年人和未成年人从宽处理的规定,将"坦白从宽"的刑事政策法律化。刑罚分则的修改主要是进一步修改完善打击黑恶势力犯罪的相关法律规定,加强对于民生和弱势群体的刑法保护,对一些法律条文作了修改,并增加了一些新的犯罪。此次刑法修正对于进一步完善刑法典,惩治犯罪,维护社会治安和市场经济秩序,保护公民合法权益,必将会起到积极、重要的作用。

现就《刑法修正案(八)》主要条文的立法背景、条文的主要内容作简要介绍。

一、减少了13个罪名的死刑

（一）我国刑法中的死刑罪名变化过程

保留死刑、严格限制和慎重适用死刑，是我国一贯坚持的一项刑事法律政策。1979年刑法体现了这一政策，规定死刑“只适用于罪大恶极的犯罪分子”。在1979年刑法分则的103个条文规定的129个罪名中，有15个条文规定了27个死刑罪名，其中反革命罪14个，普通刑事犯罪13个。此外，《惩治军人违反职责罪暂行条例》规定了11个死刑罪名。这样，共有死刑罪名38个。

1979年刑法实施以后，针对当时出现的严重危害社会治安和严重破坏经济秩序的犯罪一度相当猖獗、社会反响强烈的实际情况，为了保障人民群众的生命财产安全，维护经济社会秩序，保障改革开放的顺利进行，中央提出了“严打”的方针，在全国范围内开展了“严打”斗争。全国人大常委会也相继作出了一系列严惩严重破坏经济和严重危害社会治安的犯罪的决定或补充规定，对刑法作出补充和修订。从1982年到1995年，全国人大常委会通过了22个修改补充刑法的决定或补充规定，新增死刑罪名33个，对当时一度十分严峻的社会治安形势和人民群众要求严厉打击犯罪的强烈要求作出了回应。到1997年修订刑法前，我国刑事法律规定的死刑罪名共有71个。

1997年修订刑法时，对是否减少死刑规定问题的意见不一致。部分意见认为，我国刑事法律规定的死刑罪名过多，应较大幅度减少。也有部分意见认为，从我国实际情况出发，对减少死刑应十分慎重。具体分析已有的71个死刑罪名，考虑到各该种犯罪可能产生的最严重后果，绝大多数死刑都不宜取消。立法机关就此问题多次召开座谈会，充分听取司法机关和有关部门及专家学者的意见，会同有关方面反复研究论证，考虑到当时社会治安形势严峻，经济犯罪情况严重，暂时还不具备减少死刑的条件，在修订刑法中本着基本不减少也不增加的原则，对死刑作了规定。修订后的刑法规定了68个死刑罪名。

近年来,随着经济社会的发展,改革开放的深化,民主法制建设的推进,以及应对国际人权斗争的需要,减少死刑的问题再度受到广泛关注。比较多的意见认为:现行刑法规定的死刑罪名偏多;死刑罪名的分布偏宽,刑法分则共10章,除第九章渎职罪中没有规定死刑外,其他各章均有死刑罪名;死刑罪名中非暴力性的经济犯罪所占比重偏大,刑法分则"破坏社会主义市场经济秩序罪"一章中,共规定有16个死刑罪名,占全部死刑罪名的24%;刑法中非暴力犯罪的死刑罪名有40多个,占死刑罪名总数的60%以上。

我国已于1998年签署了《公民权利和政治权利国际公约》,该公约第六条第二款规定了死刑适用的国际标准:在未废除死刑的国家,判处死刑只能是作为对最严重的罪行的处罚。对于何谓"最严重的罪行",《联合国经社理事会关于保障面临死刑的人的权利的措施》第一条规定:"在未废除死刑的国家,判处死刑只能是作为对最严重的罪行的惩罚,应当理解为其适用范围不应超过致命的或其他极度严重后果的故意犯罪。"联合国秘书长2010年向联合国经社理事会提交了有关全球死刑问题的五年期报告(2004—2008年)。该报告反映,截至2008年年底,全球在法律上废除死刑的国家达95个,另有8个国家废除对普通犯罪适用死刑的规定,46个国家在过去的10年中未执行过死刑而被联合国归类为"事实上废除死刑的国家",三项合计149个国家。目前还有47个国家保留和执行死刑,仅占全球196个国家的24%。

(二)对于减少死刑的不同意见和观点

在修正案起草修改过程中,普遍认为,中央在司改任务中提出"适当减少死刑罪名",体现了我国法治的进步,表明我国社会稳定、经济发展、和谐社会建设取得满意成就,依法治国方略稳步推进。有些司法机关提出,我国刑法中有68个死刑,从1997年至今司法机关的审判实践情况来看,实际判处过死刑的罪名还不到死刑罪名总数的一半。换言之,刑法中一半以上的死刑罪名从 1997 年至今没有判过一个死刑。另外,从实践来看,对于死刑震慑犯罪的作用不可高估。2007 年死刑核准权收归最高人民法院后,实际核准执行死刑的案件数量大幅下降,但严重命案非但没有上升,反而自 2006 年以来连年下降。主要原因是近些年社会管控手段和综合治理措施改进了,而非死刑威慑的结果。中央在司改任务中提出适当减少死刑,是非常及时的、正确的。从现阶段国情出发,我国尚不具备废除死刑的条件,但从立法上减少一些罪名的死刑,既有必要,又十分可行。对于危害国家安全罪、危害国防利益罪和军人违反职责罪,考虑到法益的重大和特殊性,尽管和平时期适用死刑的概率极低,仍有保留的必要。考虑到现阶段反腐倡廉工作的重要性和民众要求惩治腐败的强烈意愿,对贪污贿赂犯罪也有保留死刑的必要。除上述犯罪外,对于不危害公民生命或致人严重残疾的犯罪,原则上没有必要配置死刑,建议减少 20 种左右犯罪的死刑。

当然,对于减少死刑这一受社会各界关注和比较敏感的话题,也有一些部门对减少死刑可能产生的影响抱有疑虑,认为死刑对于惩罚和震慑严重犯罪分子、伸张社会正义、维护社会秩序具有重要意义。目前我国正处于人民内部矛盾凸显、刑事犯罪高发、对敌斗争复杂的时期,维护社会和谐稳定的任务相当繁重,应当继续坚持正确运用死刑这一刑罚手段,有效遏制犯罪活动猖獗和蔓延的势头。同时,人民群众“以命抵命”的报应观念根深蒂固。这些因素都决定了我国在相当长一段时间内还不具备大幅度减少死刑适用的条件,建议对减少死刑持慎重态度。

(三)《刑法修正案(八)》减少一些罪名的死刑所把握的原则

我国现行刑法有 68 个死刑,到底以什么标准来选择减少死刑的罪名,减多少个罪名的死刑合适,是立法需要认真考虑的问题。经过反复研究,认为减少死刑罪名应当把握的原则是:对死刑罪名的调整,既要适应我国经济、政治、社会发展形势的需要,体现我国社会主义法治的文明进步,又要考虑维护国家安全、社会治安、社会稳定和反腐败斗争的需要,考虑公众的心理感受和社会的接受程度,以采取循序渐进的方式作出调整为宜。根据经济社会发展和社会治安的实际情况,在总结司法实践情况,深入调查研究,反复听取各方面意见的基础上,经过充分论证,《刑法修正案(八)》减少了13个非暴力犯罪的死刑。主要考虑为:第一,这些犯罪的死刑是根据当时打击犯罪的需要规定或增加的。随着形势变化,已没必要对这些犯罪适用死刑。取消这些犯罪的死刑,符合我国一贯坚持的慎用死刑原则和减少死刑的国际趋势。第二,在取消这些犯罪的死刑后,仍保留了无期徒刑,不会对打击犯罪带来影响。从罪刑相适应角度来看也是适当的,可以做到罚当其罪。

《刑法修正案(八)》取消死刑的13个非暴力犯罪的罪名是:走私文物罪,走私贵重金属罪,走私珍贵动物、珍贵动物制品罪,走私普通货物、物品罪,票据诈骗罪,金融凭证诈骗罪,信用证诈骗罪,虚开增值税专用发票、用于骗取出口退税、抵扣税款发票罪,伪造、出售伪造的增值税专用发票罪,盗窃罪,传授犯罪方法罪,盗掘古文化遗址、古墓葬罪,盗掘古人类化石、古脊椎动物化石罪。取消死刑的罪名占目前死刑罪名总数的19.1%。

在草案向全国征求意见的过程中,不少部门、地方、法律专家主张减少死刑的步子可迈得再大一些。在进一步减少死刑的建议中,意见比较集中的是主张减少以下几个罪的死刑:

1. 组织卖淫罪。一种观点认为,组织卖淫罪表现为"组织他人提供有偿的性服务",它主要是将有卖淫意愿的妇女组织在一起,形成卖淫团伙,设置卖淫窝点或网络卖淫并为之提供卖淫的条件,在犯罪性质上属于妨害道德风化的犯罪,与暴力犯罪有显著不同,行为没有侵犯他人的生命、健康或者社会公众的安全等特别重大的法益,通常不会造成被害人重伤、死亡或者公私财产的重大损失。从罪刑相适应原则的角度,对组织卖淫罪无须规定死刑。几年前的珠海"9·16"特大组织卖淫案,犯罪人组织了数百人在珠海某大酒店卖淫,对卖淫组织者最高也只判到无期徒刑。如果行为人在组织他人卖淫的过程中违背被组织者的真实意愿,有强迫卖淫的情形,可以按照强迫卖淫罪追究刑事责任。如果犯罪人既以非暴力方式组织他人卖淫,又以暴力胁迫等侵犯人身权利的方式强迫他人卖淫,则可对其以组织卖淫罪和强迫卖淫罪数罪并罚。情节特别严重的,可以判处死刑,仍能给予犯罪人有效惩处。

另一种观点认为,目前我国组织卖淫犯罪活动还十分猖獗,有的甚至组织幼女卖淫、组织境内妇女到境外卖淫,危害极其严重,如取消死刑,将会削弱对犯罪分子的震慑效果,影响打击力度,不利于保护妇女尤其是幼女的合法权益,也不利于维护我国国家形象,建议继续保留此罪的死刑。

2. 运输毒品罪。一种观点认为,根据刑法第三百四十七条的规定,运输毒品罪的量刑标准与走私、贩卖、制造毒品罪相同。而运输毒品犯罪行为是走私、贩卖、制造毒品犯罪的辅助环节或者手段,在整个毒品犯罪中具有从属、辅助性特点,其社会危害性与走私、贩卖、制造毒品等源头性犯罪明显不同。司法实践中,运输毒品罪占到毒品犯罪死刑的三分之一。该罪的行为人大多是受雇、受指使的贫民、边民、孕产妇及无业人员,他们并非毒品所有者,不是最大获利者,很多是出于生活贫困或受人利诱赚取少量运费,主观恶性一般不大。从宽严相济的刑事政策出发,对运输毒品罪适用死刑的标准应当与走私、贩卖、制造毒品罪有所区别。近年来,最高人民法院在指导各地法院审理毒品犯罪案件时注意贯彻"数量加情节"的处刑原则,有关部门和社会上已经基本认可了这一司法政策。将这一成熟的司法政策上升为立法,可以为审判实践中贯彻宽严相济及严格控制和慎重适用死刑政策提供更加有力的立法支持。

另一种观点认为，目前我国毒品犯罪形势严峻，为保持对毒品犯罪的高压态势，不宜取消运输毒品罪的死刑。况且运输毒品罪只是走私、制造、贩卖、运输毒品罪一个选择性罪名，即便取消运输毒品罪的死刑也不会减少死刑罪名的总数。要控制运输毒品罪的死刑，不一定要修改刑法，通过司法控制就可实现。

3. 集资诈骗罪。一种观点认为，从犯罪性质来看，集资诈骗罪有非暴力性和经济犯罪两个显著特征，使该罪与死刑之间缺乏合理的对等关系，不应对集资诈骗罪保留死刑。从犯罪的原因来看，集资诈骗罪的被害人对于集资行为本身的违法性通常都有一定的认识，但大多出于贪利、投机的心理而将自己的财物交付集资诈骗人，其本身也具有一定过错，对集资诈骗罪不适用死刑也符合刑事司法实践中对被害人有明显过错的犯罪一般不对犯罪人适用死刑的司法惯例。从集资诈骗罪与其他同类犯罪的关系上，对集资诈骗罪保留死刑难以保持该罪与其他同类犯罪的罪刑平衡。《刑法修正案（八）》取消了票据诈骗罪、金融凭证诈骗罪和信用证诈骗罪死刑以后，单独保留集资诈骗罪的死刑，在立法上会造成金融诈骗犯罪死刑取消标准的不统一。事实上，其他诈骗犯罪的危害后果完全有可能达到甚至超过对集资诈骗罪适用死刑所要求的危害后果，在这种情况下，仅保留集资诈骗罪死刑，会更加凸显在立法上集资诈骗罪与其他诈骗类犯罪罪刑的不平衡。

另一种观点认为，集资诈骗罪属于涉众犯罪，被害人通常人数较多，案件的社会影响较大，而且目前还有高发的趋势，严重影响社会稳定。在现阶段仍然需要保持对其的高压态势，有必要保留死刑。

立法机关广泛征求各方意见经反复研究后认为，减少死刑要稳妥推进，考虑各方面因素，死刑也不宜一下减得太多。《刑法修正案（八）》减少了13个犯罪的死刑，已经宣示国家在认真考虑死刑减少问题，对司法机关在司法实践中“严格控制和慎用死刑”，将会产生重要的指导意义,应当根据死刑减少后的实际效果和对犯罪的影响,稳妥推进我国减少死刑的进程。因此,没有再增加减少死刑的罪名。

二、调整刑罚结构

《中央政法委员会关于深化司法体制和工作机制改革若干问题的意见》提出:"完善死刑法律规定。适当减少死刑罪名,调整有期徒刑、无期徒刑和死刑之间的结构关系。建立严格的死刑缓期执行、无期徒刑执行制度,明确死刑缓期执行和无期徒刑减为有期徒刑后罪犯应实际执行的刑期。"

司法机关、法律专家反映,目前被判处死刑立即执行、死刑缓期二年执行、无期徒刑和有期徒刑的罪犯在实际执行中,存在"死刑过重、生刑过轻、生死两重天"的刑罚轻重不平衡问题。主要表现在:一是死刑的严厉程度与死缓、无期徒刑实际执行刑期的严厉程度差别较大。二是判处死缓的罪犯一般都罪行极其严重,按照罪刑相适应原则,死缓犯实际执行的刑期一般不应低于无期徒刑的实际执行的刑期,但在实际执行中,死缓犯平均执行的刑期与无期徒刑犯平均执行的刑期相差无几。被判处无期徒刑的罪犯的罪行比有期徒刑罪犯所犯的罪行要更为严重,实际执行的刑期应当不低于有期徒刑犯;但实际执行中,无期徒刑犯与数罪并罚被判二十年有期徒刑犯的实际执行的刑期基本相同。由于法律规定的无期徒刑的最低服刑期限过低,导致实践中无期徒刑和死缓没有切实发挥应有的严厉性,造成刑罚结构的动态性缺陷。死缓犯、无期徒刑罪犯实际服刑时间过短就返回社会,不符合罪刑相适应的原则,还会对社会治安构成威胁,也会引起群众的不满和不安。

近年来,一些全国人大代表、执法机关和社会公众都呼吁对刑法进行修改,调整刑罚结构。立法机关在深入研究的基础上,在调整刑罚结构方面对刑法相关条文进行了以下几方面内容的修改:

（一）严格限制某些死缓罪犯的减刑

刑法第五十条规定："判处死刑缓期执行的，在死刑缓期执行期间，如果没有故意犯罪，二年期满以后，减为无期徒刑；如果确有重大立功表现，二年期满以后，减为十五年以上二十年以下有期徒刑；如果故意犯罪，查证属实的，由最高人民法院核准，执行死刑。"

在立法调研中了解到，近几年，全国监狱系统释放的原判死缓的罪犯平均服刑期限为16年2个月，被假释的原判死缓的罪犯平均服刑期限为15年9个月。全国监狱系统释放的原判无期徒刑的罪犯平均服刑14年9个月，被假释的原判无期徒刑的罪犯平均服刑期限13年10个月。从以上统计数字中可以看出，原判死缓的罪犯与原判无期的罪犯平均服刑期限相差不到2年；原判无期徒刑的罪犯服刑期限偏短，与有期徒刑罪犯服刑期没有拉开距离。据有关部门统计，2007~2009年，在各地报请核准死刑的案件中，被告人年龄在18~30周岁年龄段的约占二分之一。这意味着如果一个25岁左右的人犯罪极其严重，没有被判处死刑立即执行而被判处死刑缓期二年执行，按照目前的实际平均服刑期限，其在40岁左右尚处身强力壮之时就可重返社会。这不仅会给广大群众带来巨大的不安全感和恐惧感，对社会治安造成沉重压力，也难以安抚被害人，满足社会公众对刑罚正义的期盼。

从国外情况来看，无论是否已经废除死刑的国家，刑事立法大多均对暴力性重罪规定了终身监禁或者长期监禁刑，假释所要求的实际服刑期一般都很长。例如，意大利刑法规定，对被判处无期徒刑的人，至少服刑26年后才可以获准假释。俄罗斯刑法规定，对正在服终生剥夺自由刑的罪犯，须实际服刑不少于25年才可以获得假释。日本经2004年修订刑法后，将死刑、无期徒刑减刑后的刑罚上限，由20年提高到30年。

有的司法机关建议在刑法中确立"不得减刑"的原则。认为从国外刑法的规定来看，对被判处长期自由刑的犯罪分子，基本采取了准许假释而禁止减刑的立法模式，世界上大多数国家都没有类似我国的减刑制度。如果法院判处的刑罚体现了罪刑相适应原则，监狱又可以提出减刑，犯罪分子通过减刑提前获释，又缺少监督约束机制，这给权力“寻租”提供了方便。而假释则附有考验期，能够在考验期内对回归社会的犯罪分子起到监督约束作用，更好地防止其再犯。因此，在刑法中确立“不得减刑”的原则，既符合国外通行的立法模式，也能使刑法严惩此类犯罪分子的立法意图得以充分实现，取得比允许减刑“禁止假释”更好的实践效果。但在征求意见过程中司法行政机关提出，目前的减刑制度是监狱干警鼓励、督促监狱罪犯认真接受改造的强有力手段，已经执行了几十年，干警适应，罪犯也认可、配合。如果规定“不得减刑”，使监狱现有的一整套考核、评价、监管体系对这部分罪犯完全不适用，这样会使罪犯对前途失去希望和信心或自暴自弃，产生抗拒改造的心理，增加改造难度。一方面，罪犯很难适应改造生活，对监狱罪犯的监管、改造和监狱的安全稳定造成很大压力，带来一系列新的问题；另一方面，这类罪犯在监狱中的数量会逐年增多，监狱行刑成本也会增高。建议仍维持目前的刑法规定。

最高人民法院提出，我国刑法虽然规定了68个死刑罪名，但实践中判处和执行死刑主要集中于故意杀人、绑架、抢劫、故意伤害等几种常见暴力性犯罪，广大群众特别是被害人亲属要求判处这几类罪犯死刑的情绪也最为强烈。对严重暴力犯罪的罪犯，人民法院根据犯罪分子的犯罪情节等情况对其判处死刑立即执行偏重，但单纯判处死刑缓期执行又偏轻或者无法保证裁判效果的案件，可以同时决定对其限制减刑。考虑到监狱的监管压力，应当对死刑缓期执行二年期满减为无期徒刑或者有期徒刑后“限制其再减刑”的罪行范围进行严格限制。这样，将死刑缓期执行改造成为减少死刑适用的替代措施，能够为宽严相济刑事政策以及“严格控制和慎重适用死刑”政策的司法贯彻奠定更好的基础,创造更好的条件,社会公众的接受度也会提高,也有利于安抚受害人。

为解决死刑、死缓、无期徒刑与有期徒刑刑罚在实际执行中的不平衡问题。《刑法修正案(八)》将第五十条修改为:“判处死刑缓期执行的,在死刑缓期执行期间,如果没有故意犯罪,二年期满以后,减为无期徒刑;如果确有重大立功表现,二年期满以后,减为二十五年有期徒刑;如果故意犯罪,查证属实的,由最高人民法院核准,执行死刑。

“对被判处死刑缓期执行的累犯以及因故意杀人、强奸、抢劫、绑架、放火、爆炸、投放危险物质或者有组织的暴力性犯罪被判处死刑缓期执行的犯罪分子,人民法院根据犯罪情节等情况可以同时决定对其限制减刑。”

《刑法修正案(八)》对刑法第五十条死缓罪犯的减刑作了如下修改:

1. 将死缓罪犯在死刑缓期执行期间有重大立功表现,二年期满后,由原来规定“减为十五年以上二十年以下有期徒刑”修改为“减为二十五年有期徒刑”,提高了死缓减为有期徒刑的刑期。

2. 增加了“对被判处死刑缓期执行的累犯以及因故意杀人、强奸、抢劫、绑架、放火、爆炸、投放危险物质或者有组织的暴力性犯罪被判处死刑缓期执行的犯罪分子,人民法院根据犯罪情节等情况可以同时决定对其限制减刑”的规定,明确对9种被判处死缓的罪犯在死刑缓期二年执行期满后可以“对其限制减刑”。此款规定包含两层意思:(1)明确了“限制减刑”的对象范围。包括两类罪犯:第一类是被判处死缓的累犯,虽是累犯但被判处死缓以外其他刑罚的不在此列。根据《刑法修正案(八)》修改后的刑法第六十六条、第八十一条的规定,“累犯”除普通累犯外,还包括因“危害国家安全犯罪、恐怖活动犯罪、黑社会性质的组织犯罪的犯罪分子,在刑罚执行完毕或者赦免以后,在任何时候再犯上述任一类罪”的特殊累犯。第二类是因犯所列的几种严重犯罪而被判处死缓的罪犯，“即因故意杀人、强奸、抢劫、绑架、放火、爆炸、投放危险物质或者有组织的暴力性犯罪被判处死刑缓期执行的犯罪分子”。(2)人民法院对决定罪犯是否“限制减刑”有酌定裁量权。根据本条规定，即便属于前两类情形的被判处死缓的罪犯，也并非在死刑缓期二年执行期满减为无期徒刑或者二十五年有期徒刑后，一律限制其再减刑，是否需要对其限制减刑由法院在案件判决时根据罪犯的犯罪情节等具体情况酌情决定。

还有一个问题需要介绍一下，那就是关于是否对死缓犯在死缓期间故意犯罪执行死刑的条件作出进一步限制的问题。在《刑法修正案（八）》草案审议过程中，最高人民法院和一些法律专家提出，死缓犯在死缓期间故意犯罪的情况比较复杂，有的罪犯虽然故意犯罪，但情节轻微，如受同监舍其他罪犯的欺凌或者挑衅将对方打成轻伤，但情节轻微；有的偷拿车间的产品，数额不大；有的逃出监狱大门不远就被抓回，脱逃未遂；这些都属于故意犯罪，但罪行并不严重，如果按照刑法第五十条关于“如果故意犯罪，查证属实的，由最高人民法院核准，执行死刑”的规定，对这些故意犯罪但情节轻微的罪犯执行死刑，不合适。刑法的规定过于刚性，过于严厉，建议修改为“如果故意犯罪，情节恶劣的”，核准执行死刑。对这一问题，在立法过程中进行了认真研究。如果将执行死刑的条件修改为“故意犯罪，情节恶劣的”，又会产生以下三个问题：一是被判处死缓的本来就是罪行极其严重的犯罪分子，一般来讲，在缓刑执行期间又故意犯罪的，属于抗拒改造，情节恶劣，不执行死刑是否妥当，是否符合罪刑相适应的基本原则。二是如果以“故意犯罪，情节恶劣”作为执行死刑的条件，在实质上会形成对适用死刑的第二次考量，什么样的情节属于应当执行死刑的“恶劣情节”，难以确定，如果界定为“又犯应当判处死刑之罪的”，显然不合适。三是如果修改为“故意犯罪，情节恶劣”的，才执行死刑，则还需设计出第四种解决方案。因为根据第五十条的规定,在死刑缓期执行期间,如果没有故意犯罪,二年期满以后,减为无期徒刑;如果确有重大立功表现,二年期满以后,减为有期徒刑;对死缓期间故意犯罪,犯罪情节不恶劣的,如与死缓期间没有故意犯罪的一样也减为无期徒刑不太合适,如再宣告继续缓期二年执行缺乏国外立法例。鉴于这一问题还需要进一步研究,因而对这一规定未作修改。

(二)延长被判处死缓、无期罪犯减刑后的最低实际服刑期

刑法第七十八条第二款规定:减刑以后实际执行的刑期,判处管制、拘役、有期徒刑的,不能少于原判刑期的二分之一;判处无期徒刑的,不能少于十年。

如何将死刑缓期执行、无期徒刑、有期徒刑的结构和严厉性维持在一个比较合理的水平,是调整刑罚结构重点研究的一个问题。从目前实际执行情况来看,被判处死缓和无期徒刑的罪犯,实际执行刑期上总体较短。关于采取何种方式来延长被判处死缓、无期罪犯减刑后的最低实际服刑期有两种观点:一种观点认为,应当大幅提高有期徒刑刑期,数罪并罚后有期徒刑刑期应当大大延长,普遍延长被判处重刑罪犯的实际执行期限,拉大死缓、无期徒刑的实际执行期限的距离。这样,如果以实际执行原判刑期的二分之一以上计算,犯罪分子在减刑后实际服刑期限才可达到20~25年。另一种观点认为,大幅度提高有期徒刑的法定最高刑期,对整个刑罚结构变动较大。如果普遍延长所有被判处死缓、无期徒刑罪犯的实际执行期限,不利于贯彻宽严相济的刑事政策,易引发新的社会矛盾。从实际执行效果来看,绝大多数被判处死缓、无期徒刑的罪犯被释放后基本消除了社会危险,再犯罪的比率也比较低,没有必要普遍延长服刑期限。鉴于《刑法修正案(八)》已经将数罪并罚最高刑期提到25年,为保持有期徒刑、无期徒刑之间最低实际执行期限的平衡,对被判处无期徒刑的普通刑事罪犯实际服刑期

限可稍作延长,但不宜对有期徒刑的刑期作大的变动,有利于保持刑罚结构的基本稳定。考虑到《刑法修正案(八)》的重点之一是要解决好因累犯以及故意杀人、强奸、抢劫、绑架、放火、爆炸、投放危险物质或者有组织的暴力性犯罪被判处死缓、无期徒刑罪犯的实际执行期过短,与死刑立即执行差别悬殊的问题,以更好地体现罪刑相适应原则,有针对性地较大幅度地提高这部分死缓罪犯的实际服刑期限,是必要的。《刑法修正案(八)》采纳了后一种意见。

《刑法修正案(八)》将刑法第七十八条第二款修改为:"减刑以后实际执行的刑期不能少于下列期限:

"(一)判处管制、拘役、有期徒刑的,不能少于原判刑期的二分之一;

"(二)判处无期徒刑的,不能少于十三年;

"(三)人民法院依照本法第五十条第二款规定限制减刑的死刑缓期执行的犯罪分子,缓期执行期满后依法减为无期徒刑的,不能少于二十五年,缓期执行期满后依法减为二十五年有期徒刑的,不能少于二十年。"

《刑法修正案(八)》对被判处有期徒刑以下刑罚的罪犯减刑后的执行期限未作改变,但对于被判处死缓、无期徒刑的罪犯减刑以后实际执行的最低期限作了修改:(1)将被判处无期徒刑的罪犯减刑以后实际执行的最低期限由过去不少于10年提高到不少于13年;(2)对属于第五十条第二款规定限制减刑的9种被判处死缓的罪犯,即对被判处死缓期的累犯以及因故意杀人、强奸、抢劫、绑架、放火、爆炸、投放危险物质或者有组织的暴力性犯罪被判处死缓的,缓期执行期满后依法减为无期徒刑的,实际执行的最低期限不能少于25年;缓期执行期满后依法减为25年有期徒刑的,实际执行的最低期限不能少于20年。

应当特别指出的是,本条规定的是罪犯减刑后必须在监狱场所实际执行的最低期限，这并不意味着罪犯只要实际服刑达到了最低期限，就可以释放出狱了。如果违反监规，抗拒改造，即便实际服刑达到了最低期限，也还应当继续在监狱服刑。对犯罪分子的实际执行刑期，应在遵循本条规定的基础上，根据犯罪分子接受教育改造等具体情况确定。

（三）延长被假释罪犯的最低实际服刑期

为解决死刑、死缓、无期徒刑与有期徒刑刑罚在实际执行中的不平衡问题，《刑法修正案（八）》将刑法第八十一条修改为："被判处有期徒刑的犯罪分子，执行原判刑期二分之一以上，被判处无期徒刑的犯罪分子，实际执行十三年以上，如果认真遵守监规，接受教育改造，确有悔改表现，没有再犯罪的危险的，可以假释。如果有特殊情况，经最高人民法院核准，可以不受上述执行刑期的限制。

"对累犯以及因故意杀人、强奸、抢劫、绑架、放火、爆炸、投放危险物质或者有组织的暴力性犯罪被判处十年以上有期徒刑、无期徒刑的犯罪分子，不得假释。

"对犯罪分子决定假释时，应当考虑其假释后对所居住社区的影响。"

《刑法修正案（八）》对刑法第八十一条主要作了如下修改：

1. 扩大了"不得假释"的罪犯的范围

1997年刑法规定，对累犯以及因故意杀人、爆炸、强奸、抢劫、绑架等暴力犯罪被判处十年上有期徒刑、无期徒刑的罪犯不得假释。《刑法修正案（八）》将不得假释的范围又扩大到因放火、投放危险物质或者有组织的暴力性犯罪被判处10年以上有期徒刑、无期徒刑和原判死刑缓期执行减为无期徒刑的罪犯。这里的"有组织的暴力犯罪"，是指以犯罪组织形式实施的暴力犯罪，如黑社会性质的组织、恐怖组织、犯罪集团实施的暴力犯罪等；所谓"暴力性犯罪"不仅包括本条所列举的几种犯罪，而且还包括其他使用暴力手段，以特定的或者不特定的人为侵害对象，蓄意危害他人人身安全的犯罪。

2. 延长了被判处无期徒刑、死缓的假释罪犯的最低实际服刑期

将被判处无期徒刑的犯罪分子，最低实际执行由原来的10年提高到13年。这样规定主要考虑，一方面，为了维护法律的严肃性，保证被判刑的犯罪分子得到必要的改造，也只有在对被判刑的人实际执行一定的刑期，经过一段时间的改造，执行机关和司法机关才能判断其是否有再犯罪的危险；另一方面，也便于无期徒刑与数罪并罚刑期提高到25年后的实际最低执行期限相平衡。

应当特别指出的是，本条规定的只是罪犯在假释前必须实际服刑的最低期限，绝不是只要实际服刑时间达到了最低期限，犯罪分子就可假释了。对罪犯是否假释，要看其是否遵守监规，接受教育改造，确有悔改，有无再犯罪的危险等因素综合评估决定。

3. 增加了"人民法院对犯罪分子决定假释时，应当考虑其假释后对所居住社区的影响"的规定

假释是对于符合一定条件的犯罪分子，在执行一定的刑期后，附条件地将其提前释放的一种制度。这一制度有助于减少长期监禁对罪犯重新回归社会造成的不利影响。一般来说，被假释的犯罪分子要回到原来所居住的社区，会对原来的社区造成一定的影响，如果犯罪分子假释后对所居住社区的影响不好，势必影响其融入社会，甚至会诱发新的犯罪，不利于社会的稳定与安宁。因此，《刑法修正案(八)》增加规定对犯罪分子决定假释时，应当考虑其假释后对所居住社区的影响。

(四)适当提高数罪并罚的刑期

我国刑法第六十九条规定，有期徒刑数罪并罚不超过二十年。立法调研中，一些司法机关和法律专家提出，这一规定总体上可以适应司法实践的需要，能够达到惩罚、教育和改造犯罪分子的目

的。但该规定在司法实践中也存在一些问题,主要是:如果一个犯罪分子犯数罪,每个罪均被判处较长期限的有期徒刑,但法定最高刑不到无期,数罪并罚之后就会出现实际判处的刑期过短的问题,犯罪分子犯个罪与犯数罪最终的刑罚差别不大,难以体现罪刑相适应原则。尤其是在打黑除恶专项斗争中,一些涉黑组织和恶势力团伙的骨干分子,大多犯多个罪,个罪的总和刑期有些长达七八十年有期徒刑,但如果没有犯下可判无期徒刑的罪,数罪并罚后最高刑也就20年有期徒刑,惩处的力度远远不够。世界各国刑法中数罪并罚很少只有20年的。建议将有期徒刑数罪并罚的法定最高刑期提高到25年或者30年。

但也有的司法机关和法律专家认为,我国重罪重犯率低,没有普遍提高有期徒刑数罪并罚刑期的迫切必要。我国刑法中但凡重罪,最高刑大多都规定到10年以上有期徒刑、无期徒刑甚至死刑,要大幅度提高有期徒刑数罪并罚的刑罚,会带来刑罚不平衡的问题。

立法机关在对各方意见反复研究后,《刑法修正案(八)》将刑法第六十九条修改为:"判决宣告以前一人犯数罪的,除判处死刑和无期徒刑的以外,应当在总和刑期以下、数刑中最高刑期以上,酌情决定执行的刑期,但是管制最高不能超过三年,拘役最高不能超过一年,有期徒刑总和刑期不满三十五年的,最高不能超过二十年,总和刑期在三十五年以上的,最高不能超过二十五年。

"数罪中有判处附加刑的,附加刑仍须执行,其中附加刑种类相同的,合并执行,种类不同的,分别执行。"

《刑法修正案(八)》对第六十九条主要作了如下修改:

1. 将数罪并罚后有期徒刑的最高刑期从20年提高到25年

这样有利于严厉打击那些实施多种犯罪,有期徒刑总和刑期很高,但又判不了重刑的罪犯。在《刑法修正案(八)》面向全国征求意见过程中,有意见建议删去"有期徒刑总和刑期在三十五年以上”的限制，直接将有期徒刑数罪并罚的上限提高至30年、35年甚至更长。经研究认为，在通常情况下，数罪并罚有期徒刑的上限规定为20年，可以满足惩罚与改造犯罪分子的要求。从司法统计数据分析，执行10年以上有期徒刑的犯罪分子在刑罚执行完毕之后再犯罪的比率很低，可以认为基本上达到了适用刑罚的目的。如果统一将有期徒刑数罪并罚的期限延长至25年，涉及面会很大，将会有很大一部分罪犯被判处的期限会长达20年以上。在执行较短有期徒刑就足以实现刑罚目的的情况下，普遍延长刑罚期限将会产生适用刑罚过度的问题，不利于犯罪人回归社会，也会加大监管机构的执行压力和行刑成本。基于上述考虑，立法机关区分不同情况，对于为数不多的罪行严重、有期徒刑总和刑期在35年以上(含35年)的犯罪分子，数罪并罚的最高刑期上限延长至25年；对于总和刑期不满35年的，数罪并罚的上限维持不变。这样，既能更好地体现罪刑相适应的原则，也不会普遍延长刑期。

2. 对数罪中被判处的附加刑的执行问题作了进一步规定

1997年刑法规定，数罪中有判处附加刑的，附加刑仍须执行，但对不同种类的附加刑如何执行没作规定。《刑法修正案(八)》对本条的修改，主要是为了明确实践中判处多个附加刑如何并罚的问题。原条文只规定“如果数罪中有判处附加刑的，附加刑仍须执行”，但是对于判处多个相同种类的附加刑是否适用限制加重原则以及如何执行多个不同种类的附加刑未作规定，司法实践中执行情况也不统一。为了解决上述问题，本次修改明确规定：“数罪中有判处附加刑的，附加刑仍须执行，其中附加刑种类相同的，合并执行，种类不同的，分别执行。”

三、完善从宽处理的法律制度，规范非监禁刑的适用

(一)完善对老年人和未成年人犯罪从宽处理的规定

1. 完善对老年人犯罪从宽处理的规定

《刑法》第十七条规定，对于已满14周岁不满18周岁的人犯罪,应当从轻或者减轻处罚。对于老年人犯罪,刑法没有从宽处理的规定。近些年来,司法机关和专家学者提出,尊老爱幼是中华民族的传统美德,我国早在西周时期的法律就有关于对老年人犯罪从宽处罚的规定,历经汉、唐、明、清各朝代到民国时期形成了比较完备的制度。在民主革命时期,共产党领导的苏区和解放区所颁布的法令也有对老年人犯罪从宽处理的规定。随着社会文明进步,在法律中对老年人犯罪从宽处罚作出相应的规定,也是现今许多国家的做法,我国刑法也应有所规定。

在立法调研中,一些司法机关和法律专家建议在刑法中增加"对已满七十周岁的人犯罪的,从宽处罚"的规定,主要理由:一是就辨认和控制自己行为的能力而言,一个人到了老年阶段,责任能力有一个不断减弱乃至衰竭的过程,老年人对其犯罪行为的刑事责任承担理应与青壮年人有所不同。二是从现代刑罚的目的角度来看,老年人犯罪,除难以改造的累犯和惯犯外,一般社会危害性较小。对老年人适用过于严厉的刑罚,既不能起到吓阻社会上不稳定分子的作用,也很难获得公众的理解和支持,刑罚的一般预防效果也并不理想。三是由于犯罪的老年人年事已高,再加上其行为能力弱等因素,他们再次实施犯罪的可能性降低,其人身危险性要明显小于青少年和成年人。为了体现区别对待的原则,有必要对老年人犯罪从宽处罚,这也是"宽严相济"刑事政策的应有之义和必然要求。

立法机关广泛征求了人大代表、司法部门、社会公众和专家学者的意见,总体认为,对老年人犯罪适当从宽处理,不会影响社会治安秩序,也有利于体现宽严相济的刑事政策。在深入调研论证的基础上,增加了有关老年人犯罪从宽处罚的规定。《刑法修正案(八)》在刑法第十七条之后增加一条,作为刑法第十七条之一:"已满七十五周岁的人故意犯罪的,可以从轻或者减轻处罚;过失犯罪的,应当从轻或者减轻处罚。"

这里规定的“故意犯罪”，是指刑法第十四条规定的“明知自己的行为会发生危害社会的结果，并且希望或者放任这种结果发生，因而构成犯罪的”。“可以从轻或者减轻处罚”，是指要根据老年人故意犯罪的具体情况，酌情决定是否从轻或者减轻处罚。“过失犯罪”是指刑法第十五条规定的“应当预见自己行为可能发生危害社会的结果，因为疏忽大意而没有预见，或者已经预见而轻信能够避免，以致发生这种结果的”。“应当从轻或者减轻处罚”是指对于老年人过失犯罪的，应当一律予以从轻或者减轻处罚。

对老年人犯罪从宽处理如何规定为好，是立法过程中争论热烈的问题之一，主要集中在两个焦点上：一是老年人的年龄界限问题。有的提出，我国《老年人权益保障法》已明确规定“老年人是指六十岁以上的公民”，建议将对老年人犯罪从宽处理的年龄界限划在60岁。也有的提出，现在生活水平提高了，人均寿命已超过70岁，建议划在70岁，也有的建议划在80岁。立法机关综合了各方面意见，同时考虑到老年人的生理特点、老年人犯罪的情况以及社会公众的接受程度，明确将老年人犯罪从宽处理的年龄界限划在75周岁。二是对老年人犯罪从宽处罚的尺度问题，对老年人犯罪一律从宽处理，还是要有所区别。有的意见提出，对老年人犯罪一律从宽不会影响到社会的治安秩序。另有意见提出，老年人虽然身体衰弱了，但社会阅历多、生活经验丰富，更应遵纪守法，犯罪后一律从宽不妥。立法机关经对各方意见综合研究，对老年人犯罪从宽处罚作了区别规定：“故意犯罪的，可以从轻或者减轻处罚；过失犯罪的，应当从轻或者减轻处罚”。这样规定，体现了罪刑相适应的原则，有利于维护社会治安秩序。对于主观恶性较大的故意犯罪，从宽的尺度较严；对于主观恶性较小的过失犯罪，则规定了较宽的尺度。

2. 对老年人不适用死刑

立法调研过程中，一些司法机关和法律专家提出，应当在法律中明确规定,对70周岁以上的老年人不适用死刑,主要理由:一是对老年犯罪人不适用死刑符合限制死刑适用的刑事政策的要求。“严格控制和慎重适用死刑”是我国一贯坚持的死刑政策。在死刑的适用对象上作出严格限制也是限制死刑适用的重要内容。对70周岁以上的老年人禁用死刑,是顺应时代要求,限制死刑适用的理性选择。二是70岁以上老年人进行的多是非暴力犯罪,应处死刑的严重刑事犯罪的概率很低。因此,对70岁以上老年犯罪人不适用死刑,对我国司法实践不会造成大的影响,且会改善我国司法的国际形象。三是对70岁以上老年人禁用死刑,也是刑法伦理精神的体现。

对于《刑法修正案(八)》增加的“审判的时候已满七十五周岁的人,不适用死刑”的规定,同“老年人犯罪从轻或者减轻处罚”问题一样,在立法过程中引起了热烈的讨论,主要也集中于两个问题:一是对多大年龄的老年人不适用死刑。《刑法修正案(八)》最后规定为75周岁,主要是考虑了前面已经阐明的因素,也与刑法第十七条之一规定的对老年人从宽处罚的年龄相衔接。二是是否对年满75周岁的老年人一律不适用死刑。有些常委委员和群众提出,判处刑罚应当考虑个罪的情况。有的罪犯虽然年满75岁,其体力、智力、精神状况良好,如以特别残忍手段致人死亡,且社会影响极为恶劣,如不适用死刑,难以适应实践中出现的各种复杂情况,建议对老年人不适用死刑不要规定得过于绝对,要留有余地。

立法机关广泛征求了人大代表、司法部门、社会公众和专家学者的意见,经过反复研究,决定在刑法第四十九条中增加一款,作为第二款:“审判的时候已满七十五周岁的人,不适用死刑,但以特别残忍手段致人死亡的除外。”

本款规定的“审判的时候年满七十五周岁的人”,是指按照刑事诉讼法的规定,在案件进入法院审理程序的时候被告人已年满75周岁。“以特别残忍手段致人死亡”是指以令人发指的反人道手段,如以肢解、残酷折磨、毁人容貌、切除人体器官等惨无人道的手段致使被害人死亡的。本款规定的不适用死刑,也包括不适用死刑缓期二年执行。

在立法过程中,有的意见主张将“审判的时候年满七十五周岁的人”改为“犯罪的时候年满七十五周岁的人”,理由是,如果一个人七十二三岁犯了死罪,在侦查、起诉阶段找人托关系想方设法拖延诉讼,到了75周岁才进入审判程序,就判不了死刑,逃避一死的企图岂不就轻易得逞。考虑到对已满75周岁的人不判处死刑主要是从人道角度出发的,全国每年满75周岁以上的人犯罪少之又少,该判处死刑的就更少了。全国法院近几年只判处过一起年满70岁的老年人死刑案件,罪犯也还不到75岁。因此,将年龄限定在“审判时”是合理的。另外,对审判时满75周岁的人不判处死刑也并非不判刑,还要判处无期徒刑。从某种意义上讲,判处无期徒刑让罪犯在服刑过程中心存愧疚地慢慢死去对他来说或许更加痛苦,也并没有放纵罪犯。

在草案征求意见和审议过程中,有些人担心,如果规定对年满75周岁的人免死,一些犯罪组织可能会专门雇用75岁以上的老人去犯罪,一些老年人可能会抓住法律上的漏洞,毫无顾忌地进行各种犯罪,会产生极其严重的负面后果。但有些人不认同这个观点,认为这种说法只是基于人们的主观臆断,人要犯罪不是刑法能控制的,犯罪人也不是以刑法有无死刑的规定去选择要不要犯罪的。如果按照这种逻辑推理,我国刑法已规定对不满18周岁的人不判处死刑,一些犯罪集团也可能会专门雇用不满18周岁的人去犯罪,由此推论出对不满18周岁的人也应当判处死刑,显然是错误的。

3. 增加了未成年人犯罪不构成累犯的规定

为进一步落实宽严相济的刑事政策,按照教育为主、惩罚为辅的原则,探索处理未成年人犯罪的司法制度。考虑到未成年人身心发育尚未成熟,对犯罪的未成年人更好地体现以教育挽救为主的方针,以使他们能更好地接受教育改造,便于他们以后顺利融入社会,成为服务社会的有用之材,在刑法中增加了有关未成年人犯罪不构成累犯的规定。《刑法修正案(八)》将刑法第六十五条第一款修改为:"被判处有期徒刑以上刑罚的犯罪分子,刑罚执行完毕或者赦免以后,在五年以内再犯应当判处有期徒刑以上刑罚之罪的,是累犯,应当从重处罚,但是过失犯罪和不满十八周岁的人犯罪的除外。"也就是说,除了符合构成累犯的其他条件之外,犯罪分子在犯前罪和后罪时必须都是年满18周岁以上的人。如果犯前罪时是不满18周岁的未成年人,即使犯后罪时年满18周岁,也不构成累犯。

4. 免除犯罪时不满18周岁被判处5年有期徒刑以下刑罚的人的前科报告义务

未成年人处在体力、智力发育过程中,虽已具有一定的辨别和控制自己行为的能力,但由于其经历短,社会知识少,其成熟程度还不同于成年人。因此,对于未成年时的犯罪记录与成年后的犯罪记录应当区别对待。对于未成年时犯罪未被判处重刑的人,如果要求他们在入伍、就业时如实报告自己曾受刑事处罚的情况,可能会对他们的录取或录用造成困难,对他们人生发展道路产生不利影响。为了贯彻宽严相济刑事政策,体现对未成年犯实行教育为主,惩罚为辅,重在教育、挽救和改造的方针。立法机关根据全国人大代表的建议和有关部门意见,在刑法中增加了免除未成年人前科报告义务的特别条款。《刑法修正案(八)》在第一百条中增加一款作为第二款:"犯罪的时候不满十八周岁被判处五年有期徒刑以下刑罚的人,免除前款规定的报告义务。"

根据本款规定,免除前科报告义务必须同时符合以下条件:

(1)犯罪的时候不满18周岁。既包括入伍、就业时未满18周岁的未成年人,也包括入伍就业时已满18周岁的成年人,只要其犯罪时不满18周岁,就构成适用本条规定的条件之一;犯罪时年满18周岁的人,不能免除报告义务。

(2)犯罪被判处的刑罚为5年有期徒刑以下刑罚。包括被判处5年以下有期徒刑、拘役、管制、单处附加刑以及适用缓刑的情形。

需要注意的是,以上两个条件须同时具备才能适用本款的规定,犯罪时不满18周岁的人如果被判处5年有期徒刑以上刑罚(不包括5年有期徒刑),不能免除报告义务。之所以作这样的规定,主要是考虑判处5年有期徒刑以下刑罚属于轻刑,一般不属于危害特别严重的犯罪行为。未成年犯罪通常是由于缺乏自控能力、一时冲动或者是受其他不良因素影响,一般主观恶性不大,易于接受教育改造。免除报告义务主要是要将其在未成年时曾经误入歧途,走上犯罪道路的经历对其以后选择正确人生发展道路的负面影响降至最低,以有利于鼓励和促使其重新开始新的人生,做一个对人民、对社会有用的人。

在《刑法修正案(八)》起草和审议过程中,有意见提出,当前未成年人犯罪呈上升趋势,且犯罪低龄化的趋势突出,对未成年人犯罪一味地采取从宽处理的态度不利于发挥刑法预防犯罪的作用。立法机关认为,未成年人犯罪率高是当前社会面临的一个现实问题,造成这种现象的原因也是多方面的。预防未成年人犯罪不能只是加重惩罚,而应从教育和社会环境治理着手,消除可能对未成年人造成不良影响的因素。对于未成年时有较轻犯罪记录的人,免除其前科报告义务有利于他们摆脱犯罪记录的影响,防止被"标签"化,有利于他们重新回归社会,开始新的人生。

(二)进一步明确缓刑的适用条件

刑法第七十二条第一款规定:"对于被判处拘役、三年以下有期徒刑的犯罪分子,根据犯罪分子的犯罪情节和悔罪表现,适用缓刑确实不致再危害社会的,可以宣告缓刑。"

缓刑对于感化、挽救和改造犯罪人、化解社会矛盾等具有重要的积极意义。从这些年的实践情况来看,缓刑制度设计总体上是好的,体现了宽严相济的刑事政策,有利于化解社会矛盾,也有利于犯罪人回归社会。但是这项制度在执行中也存在一些问题,司法机关反映,缓刑制度在执行中存在以下主要问题:

1.缓刑适用的标准不明确

司法实践中由于对“犯罪情节”、“悔罪表现”、“确实不致再危害社会”的内容及其相互关系的理解存在争议,法官难以把握,导致法院在适用中的差别较大。尤其是刑法将适用缓刑的实质性条件规定为“确实不致再危害社会的”,“确实”一词对于法官判断的准确性提出了强制性标准。诱发犯罪的因素多种多样而且许多因素不确定,要确保判断万无一失的确强人所难,建议将再犯罪可能性判断作为适用缓刑的实质性条件。

2.适用缓刑的案件范围较窄

刑法只规定了对一般犯罪分子的缓刑,原建议在缓刑对象上体现对未成年犯,还包括对在校的学生犯、70周岁以上的老年犯、残疾人罪犯、孕妇或哺乳期的妇女等特定罪犯人群的特殊保护。因为这类罪犯人身危险性较小,属于所谓的弱势群体,本着人道主义精神,应给予特殊的保护。

3.建议对禁止或限制适用缓刑的罪犯作明确规定。如对于实施危害国家安全犯罪、涉恐犯罪、涉黑犯罪的罪犯,均不应适用缓刑

立法机关广泛征求各方意见,并反复进行研究后,《刑法修正案(八)》将刑法第七十二条修改为:“对于被判处拘役、三年以下有期徒刑的犯罪分子,同时符合下列条件的,可以宣告缓刑,对其中不满十八周岁的人、怀孕的妇女和已满七十五周岁的人,应当宣告缓刑:

“(一)犯罪情节较轻;

“（二）有悔罪表现；

“（三）没有再犯罪的危险；

“（四）宣告缓刑对所居住社区没有重大不良影响。

“宣告缓刑，可以根据犯罪情况，同时禁止犯罪分子在缓刑考验期限内从事特定活动，进入特定区域、场所，接触特定的人。

“被宣告缓刑的犯罪分子，如果被判处附加刑，附加刑仍须执行。”

《刑法修正案（八）》对刑法第七十二条关于缓刑的适用条件作了三处修改：

1. 对适用缓刑的条件进一步完善、具体化

将“根据犯罪分子的犯罪情节和悔罪表现，适用缓刑确实不致再危害社会的”修改为同时符合“犯罪情节较轻”、“有悔罪表现”、“没有再犯罪的危险”、“宣告缓刑对所居住社区没有重大不良影响”四项条件，将原来比较抽象的缓刑条件具体化，更便于法院在判处缓刑时具体把握。所谓“犯罪情节较轻”，是指犯罪人的罪行性质不严重、犯罪情节不恶劣；“有悔罪表现”，是指犯罪人对于其犯罪行为能够认识到错误，真诚悔悟并有悔改的意愿和行为，如积极向被害人道歉、赔偿被害人的损失、获取被害人的谅解等；“没有再犯罪的危险”，是指对犯罪人适用缓刑没有再犯罪的可能的；“宣告缓刑对所居住社区没有重大不良影响”，是指对犯罪人适用缓刑不会对其所居住社区的安全、秩序和稳定带来重大的、现实的不良影响，具体情形由法官根据个案情况来判断。适用缓刑的四项条件必须同时具备，缺一不可。如果根据案件的具体情节和罪犯的表现，不关押不足以教育改造或防止其再犯罪，就不能适用缓刑；罪犯虽然不再具有再犯罪危险，但被判处的刑罚超过3年有期徒刑的，也不能适用缓刑。

在《刑法修正案（八）》起草和审议过程中，有的意见认为本条规定的“没有再犯罪的危险”的条件主观判断的色彩太浓，容易导

致法官裁量的随意性。立法机关经研究认为,社会危险性标准是世界各国适用缓刑的基本判断标准,对于犯罪人是否具有社会危险性,并没有绝对客观的、确定性的判断标准,而只能交由法官根据个案情况判断。法官应根据案件和犯罪人的具体情况,综合考虑各方面因素,如果认为犯罪人"没有再犯罪的危险",即符合没有社会危险性判断标准。

还有意见认为,将"宣告缓刑对所居住社区没有重大不良影响"作为缓刑条件之一,可能会使法官是否作出缓刑决定很大程度上受到社区意见的影响,从而影响到缓刑的适用。立法机关研究认为,这一缓刑条件是立足于我国社会发展的现实情况,从有利于对犯罪分子的监管和改造,有利于社区广大居民能够安居乐业的角度作出的。因此,在适用缓刑制度时,既要考虑被告人的个人情况,还要考虑适用缓刑对社区的影响,否则就不能达到缓刑适用的目的和社会效果。当然,可能对社区造成的不良影响必须"重大"才能成为不适用缓刑的条件,如果只是一般的影响则不影响缓刑的适用。

2. 对符合缓刑条件的未成年人、怀孕的妇女和老年人作出特别规定

我国1997年刑法对未成年人、怀孕的妇女和犯罪的老年人的缓刑问题并未作出特别规定,不少司法机关和法律专家提出,在缓刑制度完善的基础上,可以适当放宽对未成年人、怀孕的妇女和犯罪的老年人的缓刑适用,会大大减轻监狱等刑罚执行机关的压力,既有利于节省司法资源,体现刑法对弱者的人道主义关怀,又可以使其不脱离社会,在政府有关部门、社区组织和亲人的帮助与监督下进行教育和改造,不仅可以取得好的效果,也有利于社会的和谐、稳定。

修改后的缓刑规定,对于一般主体符合缓刑条件的,规定可以适用缓刑,赋予法官一定的自由裁量权,法官依据案件和罪犯个人

的情况决定是否宣告缓刑。但是,对于符合缓刑条件的不满18周岁的人、怀孕的妇女和已满75周岁的人,法律规定应当宣告缓刑,即这些人只要符合适用缓刑条件的,就应当适用缓刑,体现了对未成年人、怀孕的妇女和老年人犯罪特殊对待的立法精神,弥补了刑法条文没有对符合缓刑条件的特殊对象作出特别规定的不足。

3. 增加了法官对宣告缓刑的犯罪分子可以附加禁止令的规定

为了维护社会稳定,保护被害人、证人人身安全,同时为了帮助适用缓刑的犯罪分子改过自新,防止其再次犯罪,本条规定法官可以用禁止令的方式,对于被宣告缓刑的犯罪分子有针对性地在缓刑考验期限内进行一定的约束。人民法院"可以根据犯罪情况,同时禁止犯罪分子在缓刑考验期限内从事特定活动,进入特定区域、场所,接触特定的人"。所谓"根据犯罪情况",主要是指根据犯罪分子的犯罪行为、犯罪情节、犯罪人主观恶性的大小等情况;所谓"特定活动",一般应当是与原犯罪行为相关联的活动,如与操纵证券、期货交易价格罪相关的炒股活动,与贪污、挪用犯罪相关的财会活动,与醉酒驾驶机动车造成交通肇事罪的驾驶机动车行为等;所谓"特定的区域、场所",一般是指原犯罪的区域、场所或者与原犯罪场所相类似的区域、场所等,如与猥亵、侮辱妇女罪有关的娱乐场所等;"特定的人",一般是指原犯罪行为相关联的被害人及其近亲属、证人等。禁制令的内容应当有正当理由或者是基于合理推断,有针对性,可以是一项或几项,在判决书中明确列出,具有法律强制性,犯罪分子必须遵守。本条款为选择性适用规定,在宣告缓刑的同时是否有必要规定禁制令,规定哪些禁止令内容,法官有自由裁量权。如果法官认为没有必要,则可以在宣告缓刑的同时不附加禁止令。

4. 增加对犯罪集团的首要分子不适用缓刑的规定

《刑法修正案(八)》将刑法第七十四条修改为:"对于累犯和犯罪集团的首要分子,不适用缓刑。"这一规定体现了对累犯和犯罪集团首要分子从严惩处的立法精神。本条规定与刑法七十二条关于缓刑适用条件的规定相衔接,明确了适用和不适用缓刑的两种情况,完善了我国刑法有关缓刑条件的法律制度。考虑到犯罪集团的首要分子在犯罪集团中起组织、领导作用,犯罪集团多次犯罪,有些犯罪行为性质恶劣,对社会危害严重,犯罪集团的首要分子主观恶性大,需要依法予以严惩,如果构成犯罪,即便被判处三年以下有期徒刑,也不能适用缓刑,应当予以实际执行。应当指出的是,由于《刑法修正案(八)》对特殊累犯的范围作了扩大,将"危害国家安全的犯罪分子"扩大到"恐怖活动犯罪、黑社会性质的组织犯罪的犯罪分子",不适用缓刑的累犯范围实际上也扩大了。

(三)完善管制刑及缓刑、假释的执行方式,为社区矫正提供法律依据

管制、缓刑、假释是对罪犯采取的非监禁的刑罚执行方式。立法调研中,各地普遍反映,公安机关作为管制、缓刑、假释的执行主体,由于其本身承担着繁重的维稳和维护社会治安的职责,又普遍存在警力不足问题,对其所承担的执行职责无暇顾及,再加上我国经济社会情况变化带来的基层管理能力弱化,管制、缓刑、假释在实际执行中面临诸多问题需要解决:一是管制刑在实际执行中难以落到实处,往往流于形式。有些地方群众称"管制"为不管不制,效果较差,导致司法机关很少适用管制刑,使我国刑法中唯一的非监禁刑种没有充分发挥应有的作用。二是对缓刑、假释罪犯的监督考察不利。有些地方缓刑、假释罪犯外出打工、经商无人过问,脱管、漏管现象严重。普遍存在"无人监督"、"无人考察"等现象,甚至于许多群众误认为被告人被判处管制、缓刑或决定假释就"没事了",使缓刑、假释制度没有发挥应有的积极作用。

2003年以来,有关部门在一些地方开展社区矫正试点工作,2009年起在全国全面试行社区矫正。它作为非监禁刑罚执行方

式，将符合法定条件的罪犯置于社区内，由专门的国家机关在相关社会团体、民间组织和社会志愿者的协助下，对被判处管制、被宣告缓刑、被暂予监外执行、被裁定假释及被剥夺政治权利并在社会上服刑的五种罪犯，进行有针对性的思想教育、心理和行为矫正，促进罪犯形成健康的社会人格，使罪犯最终能够以普通社会成员的身份顺利回归社会，从而减少监禁改造可能带来的以消极服从、自信心与进取心丧失以及狱内交叉感染等副作用，在维护社会和谐稳定、降低刑罚执行成本等方面发挥了重要作用，在完善我国非监禁刑罚执行制度方面作出了有益探索，积累了丰富经验，取得了很好效果。据有关部门统计，截至2010年年底，全国31个省(区、市)有258个地(市)、1998个县(市、区)已全面开展社区矫正工作，乡镇(街道)覆盖面达57%，北京等11个省(区、市)已经实现辖区全覆盖。全国累计接收社区服刑人员57.7万人，累计解除矫正30.7万人。据有关部门介绍，在矫正期间再犯罪率仅为0.21%，远远低于在监狱服刑罪犯8%左右的再犯罪率。

在立法调研中，各地普遍希望能将社区矫正作为非监禁刑罚的执行方式，在刑法中予以体现，以进一步推进社区矫正工作的全面推开和发展。

全国人大常委会根据有关方面的意见，在《刑法修正案(八)》中对刑法第三十八条、第七十六条、第七十七条、第八十五条和第八十六条关于管制、缓刑、假释的相关刑法规定作了修改和补充，主要增加了以下内容：

1. 明确了社区矫正作为非监禁刑罚执行方法的法律地位

在草案审议过程中，常委委员和一些地方对是否在《刑法修正案(八)》中规定“社区矫正”也提出过不同意见。有的认为，目前在全国各地开展的社区矫正工作还处于试点阶段，全国各地发展不平衡，不同地区、不同城市、城市与乡村之间存在相当大的差异，很多地方社区矫正机构还没有建立，有的虽然建立了也难以承担起罪犯改造任务，担心在尚不具备社区矫正条件的地方，可能出现对有的罪犯社区矫正落实不了，难免会出现罪犯失管、脱管等问题。建议在修正案中对社区矫正先不作规定，等条件成熟时再规定。立法机关与中央政法机关经过反复研究，考虑到社区矫正作为对部分罪犯刑罚执行方式的重要改革，通过在部分地方试点到目前已在全国全面推开，实践证明是可行的，社会效果也是好的。委员们在审议中提出的上述问题在工作中确实存在，有关司法机关可通过进一步加强工作配合与衔接，防止交付社区矫正的罪犯脱管、漏管等情况的发生。在刑法中明确社区矫正的法律地位，有助于推动社区矫正工作的发展和社区矫正立法的尽快出台。因此，仍然在法律中对社区矫正作了规定。

《刑法修正案(八)》将刑法原来规定的管制、缓刑、假释的罪犯"由公安机关执行"修改为"依法实行社区矫正"，对目前在全国推开的社区矫正工作从法律上予以肯定。在目前还没有专门社区矫正立法的情况下，《刑法修正案(八)》仍然在相关条文中规定对管制、缓刑、假释罪犯"依法实行社区矫正"，主要是考虑到有关方面正在抓紧起草社区矫正法，刑法应当为社区矫正提供法律依据，并与将要出台的社区矫正法相衔接。关于社区矫正的具体做法，可以在总结试行经验的基础上，在将来出台的社区矫正法当中作出具体规定。

在草案起草和修改过程中，有些意见提出，《刑法修正案(八)》草案应当明确"司法行政机关是社区矫正工作的主管机关"。考虑到"主管"二字在法律中有掌管某种专门事务的意思，而社区矫正是一项复杂的系统工程，它改变了我国传统的以监禁为主导的行刑模式，带来改造罪犯理念和方式的巨大变化，它将以往主要由公安机关一家承担的矫正模式，转变为各有关国家机关、社会团体、社区基层组织和志愿者参加，各司其职，分工配合，共同做好罪犯转化工作的崭新矫正模式。中外司法实践证明，没有哪一家机关可以单独完成社区矫正工作。司法行政机关在社区矫正中起着牵头组织、协调有关单位和社区基层组织开展社区矫正工作,并对社区矫正工作进行指导管理的作用。虽然《刑法修正案(八)》将刑法原来规定的管制、缓刑、假释"由公安机关执行"修改为"依法实行社区矫正",但并不意味着社区矫正的执行机关简单地从公安机关移交给司法行政机关,更不是说公安机关将来不再承担对被管制、缓刑、假释的罪犯的监督管理职责了。无论在目前正在试行的社区矫正工作中,还是在将来社区矫正法出台以后,公安机关作为主要的社会治安管理部门,都始终会在社区矫正工作中承担相应的职责,发挥重要作用。不仅公安机关,人民法院、检察机关在社区矫正工作中也都担当着重要角色。因此,《刑法修正案(八)》没有规定"司法行政机关是社区矫正工作的主管机关"。

立法过程中,有的意见提出应当在修正案中明确规定社区矫正的五种对象是被管制、缓刑、假释、暂予监外执行及剥夺政治权利的罪犯。立法机关考虑到刑法剥夺政治权利的规定与管制、缓刑、假释的规定有明显不同,它只要求罪犯不能行使某些权利,而并没有对被剥夺政治权利的人附加其他法定义务。一般来讲,对被剥夺的政治权利行使的限制在其他的法律、法规、规章中大多已作明确规定。如剥夺政治权利中的"担任国家机关职务"和"担任国有公司、企业事业单位和人民团体领导职务"的权利问题,《公务员法》、《律师法》、《教师法》、《执业医师法》等法律以及行政法规、部门规章甚至公司、企业的章程中都有明确规定。刑法第一百条也规定依法受过刑事处罚的人,在入伍、就业的时候,应当如实向有关单位报告自己曾受过刑事处罚,不得隐瞒。而且选举权与被选举权的行使,一般负责选举的机构在报名时就可以审查清楚,暂予监外执行又属于刑事诉讼法的内容。因此,《刑法修正案(八)》没有将被"剥夺政治权利"和"暂予监外执行"的罪犯列为社区矫正的对象写入其中。

2.增加了人民法院可以根据犯罪情况,对罪犯判处管制、缓刑时附加禁止令的规定

《刑法修正案(八)》在刑法第三十八条、第七十二条规定,人民法院可以根据犯罪情况,在对罪犯判处管制、缓刑的同时作出禁止其在执行期间从事特定活动,进入特定区域、场所,接触特定的人等内容的禁止令,使刑罚在执行中更能体现个别化,更有针对性。何为"特定",法律未作具体规定。实践中情况比较复杂,难以在法律中作出具体规定,需要人民法院根据每一起案件罪犯犯罪的性质、情节、犯罪原因等具体情况,从维护社会秩序、保护被害人免遭再次侵害、预防行为人再次犯罪的需要出发,在判决时作出具体的禁止性规定。人民法院作出禁止令,可以只涉及一个方面的事项,如只禁止行为人从事特定活动;也可以同时涉及三个方面的事项,即同时禁止其从事特定活动,进入特定区域、场所,接触特定的人。法律规定"可以"根据案件情况作出禁止令,是说并非对所有判处管制、宣告缓刑的案件都要作出禁止令。是否作出禁止令,人民法院可以根据案件情况和需要作出裁量。

3.进一步明确了罪犯在管制、缓刑、假释期间违反国务院有关部门的相关规定或法院禁止令的法律责任

由于缓刑、假释的执行方式由公安机关变为社区矫正,《刑法修正案(八)》将刑法原条文规定的在缓刑、假释期间应当遵守"国务院公安部门"有关缓刑、假释的监督管理规定修改为"国务院有关部门"关于缓刑、假释的监督管理规定。刑法原条文已对违反缓刑、假释监督管理的要求规定了法律后果,但对被判处管制的犯罪分子违反法院禁制令的法律责任没作规定,《刑法修正案(八)》在刑法第三十八条第二款中增加了这方面规定,即"由公安机关依照治安管理处罚法的规定予以处罚"。根据治安管理处罚法第六十条的规定,被依法执行管制、剥夺政治权利或者在缓刑、保外

就医等监外执行中的罪犯或者被依法采取刑事强制措施的人，有违反法律、行政法规和国务院公安部门有关监督管理规定的行为的，处五日以上十日以下拘留，并处200元以上500元以下罚款。

（作者单位：全国人大常委会法工委刑法室）

最高人民法院

公　告

《最高人民法院关于〈中华人民共和国刑法修正案(八)〉时间效力问题的解释》已于2011年4月20日由最高人民法院审判委员会第1519次会议通过,现予公布,自2011年5月1日起施行。

2011年4月25日

最高人民法院
关于《中华人民共和国刑法修正案(八)》时间效力问题的解释

(2011年4月20日最高人民法院审判委员会第1519次会议通过)

法释〔2011〕9号

为正确适用《中华人民共和国刑法修正案(八)》,根据刑法有关规定,现就人民法院2011年5月1日以后审理的刑事案件,具体适用刑法的有关问题规定如下：

第一条 对于2011年4月30日以前犯罪，依法应当判处管制或者宣告缓刑的，人民法院根据犯罪情况，认为确有必要同时禁止犯罪分子在管制期间或者缓刑考验期内从事特定活动，进入特定区域、场所，接触特定人的，适用修正后刑法第三十八条第二款或者第七十二条第二款的规定。

犯罪分子在管制期间或者缓刑考验期内，违反人民法院判决中的禁止令的，适用修正后刑法第三十八条第四款或者第七十七条第二款的规定。

第二条 2011年4月30日以前犯罪，判处死刑缓期执行的，适用修正前刑法第五十条的规定。

被告人具有累犯情节，或者所犯之罪是故意杀人、强奸、抢劫、绑架、放火、爆炸、投放危险物质或者有组织的暴力性犯罪，罪行极其严重，根据修正前刑法判处死刑缓期执行不能体现罪刑相适应原则，而根据修正后刑法判处死刑缓期执行同时决定限制减刑可以罚当其罪的，适用修正后刑法第五十条第二款的规定。

第三条 被判处有期徒刑以上刑罚，刑罚执行完毕或者赦免以后，在2011年4月30日以前再犯应当判处有期徒刑以上刑罚之罪的，是否构成累犯，适用修正前刑法第六十五条的规定；但是，前罪实施时不满十八周岁的，是否构成累犯，适用修正后刑法第六十五条的规定。

曾犯危害国家安全犯罪，刑罚执行完毕或者赦免以后，在2011年4月30日以前再犯危害国家安全犯罪的，是否构成累犯，适用修正前刑法第六十六条的规定。

曾被判处有期徒刑以上刑罚，或者曾犯危害国家安全犯罪、恐怖活动犯罪、黑社会性质的组织犯罪，在2011年5月1日以后再犯罪的，是否构成累犯，适用修正后刑法第六十五条、第六十六条的规定。

第四条 2011年4月30日以前犯罪,虽不具有自首情节,但是如实供述自己罪行的,适用修正后刑法第六十七条第三款的规定。

第五条 2011年4月30日以前犯罪,犯罪后自首又有重大立功表现的,适用修正前刑法第六十八条第二款的规定。

第六条 2011年4月30日以前一人犯数罪,应当数罪并罚的,适用修正前刑法第六十九条的规定;2011年4月30日前后一人犯数罪,其中一罪发生在2011年5月1日以后的,适用修正后刑法第六十九条的规定。

第七条 2011年4月30日以前犯罪,被判处无期徒刑的罪犯,减刑以后或者假释前实际执行的刑期,适用修正前刑法第七十八条第二款、第八十一条第一款的规定。

第八条 2011年4月30日以前犯罪,因具有累犯情节或者系故意杀人、强奸、抢劫、绑架、放火、爆炸、投放危险物质或者有组织的暴力性犯罪并被判处十年以上有期徒刑、无期徒刑的犯罪分子,2011年5月1日以后仍在服刑的,能否假释,适用修正前刑法第八十一条第二款的规定;2011年4月30日以前犯罪,因其他暴力性犯罪被判处十年以上有期徒刑、无期徒刑的犯罪分子,2011年5月1日以后仍在服刑的,能否假释,适用修正后刑法第八十一条第二款、第三款的规定。

《关于〈中华人民共和国刑法修正案(八)〉时间效力问题的解释》的理解与适用

胡云腾　周加海　刘　涛

2011 年 2 月 25 日,第十一届全国人民代表大会常务委员会第十九次会议通过了《中华人民共和国刑法修正案(八)》(以下简称《刑法修正案(八)》),对 1997 年刑法作了较大幅度的修正。此次修正不仅涉及刑法分则,涉及具体犯罪增设、修改,而且涉及刑法总则,涉及刑罚制度等的重大调整。由此,相应带来了相关规定的时间效力具体如何把握的问题。例如,修正后刑法第三十八条、第七十二条有关判处管制或者宣告缓刑,可以"禁止犯罪分子在执行期间从事特定活动,进入特定区域、场所,接触特定的人"的规定,是否适用于 2011 年 4 月 30 日以前的犯罪;修正后刑法第五十条、第七十八条有关对部分死刑缓期执行罪犯限制减刑、延长实际执行刑期的规定,是否适用于 2011 年 4 月 30 日以前的犯罪;等等。

为正确适用《刑法修正案(八)》,最高人民法院经认真研究,广泛征求各方面意见,于 2011 年 4 月 20 日经审判委员会第 1519 次会议审议,通过了《最高人民法院关于〈中华人民共和国刑法修正案(八)〉时间效力问题的解释》(以下简称《解释》)。《解释》于

2011年4月25日公布,自2011年5月1日起施行。

《解释》共8条,以刑法第十二条规定的“从旧兼从轻”原则为基本依据,分别对禁止令规定、死缓限制减刑规定、累犯认定、坦白从宽、自首又有重大立功表现、数罪并罚、无期徒刑罪犯实际执行刑期、不得假释的对象范围等法律适用问题作出了明确规定。

一、禁止令的适用问题

根据修正后刑法第三十八条、第七十二条的规定,对依法应当判处管制或者宣告缓刑的犯罪分子,可以根据犯罪情况,同时禁止犯罪分子在执行期间从事特定活动,进入特定区域、场所,接触特定的人。《解释》起草过程中,对于如何认识禁止令的性质,以及禁止令能否适用于《刑法修正案(八)》生效之前犯罪的被告人,存在不同看法:一种意见认为,《刑法修正案(八)》已规定对管制犯、缓刑犯,“依法实行社区矫正”,这是对管制犯、缓刑犯执行、考验方式的重要修改。《刑法修正案(八)》所增设禁止令制度,不是一种新的刑罚,而只是强化社区矫正的一种措施。因此,对2011年4月30日以前犯罪,依法应当判处管制或者宣告缓刑的,根据犯罪情况,认为确有必要同时宣告禁止令的,应当适用修正后刑法的相关规定,即可以宣告禁止令。否则,如果对此类犯罪分子,一方面要适用修正后刑法实行社区矫正,另一方面又要适用修正前刑法,在逻辑上存在矛盾。另一种意见则认为,禁止令是在管制执行、缓刑考验之外附加了新的义务,根据“从旧兼从轻”原则,对2011年4月30日以前犯罪,依法应当判处管制或者宣告缓刑的,应适用修正前刑法的相关规定,即不得宣告禁止令。

经认真研究,《解释》第一条采纳了上述第一种意见,规定:对于2011年4月30日以前犯罪,依法应当判处管制或者宣告缓刑的,人民法院根据犯罪情况,认为确有必要同时禁止犯罪分子在管制期间或者缓刑考验期内从事特定活动,进入特定区域、场所,接触特定人的,适用修正后刑法第三十八条第二款或者第七十二条第二款的规定，即可以宣告禁止令。犯罪分子在管制期间或者缓刑考验期内，违反人民法院判决中的禁止令的，适用修正后刑法第三十八条第四款或者第七十七条第二款的规定，即应当视情依法予以治安管理处罚或者撤销缓刑。这主要是考虑：禁止令不是一种新的刑罚，而只是对管制犯、缓刑犯具体执行监管措施的完善；在《刑法修正案（八）》增设禁止令制度前，由于缺乏严格有效的监管措施，对一些犯罪情节较轻的罪犯并不适宜判处管制、宣告缓刑，而禁止令制度增设后，因通过适用禁止令能够有效解决监管问题的，可以依法判处管制、适用缓刑。两相比较，适用修正后刑法对被告人有利，符合“从旧兼从轻”的原则。

二、死缓限制减刑的适用问题

根据修正后刑法第五十条第二款、第七十八条第二款的规定，对被判处死刑缓期执行的累犯以及因故意杀人、强奸、抢劫、绑架、放火、爆炸、投放危险物质或者有组织的暴力性犯罪而被判处死刑缓期执行的犯罪分子，人民法院根据犯罪情节等情况可以同时决定对其限制减刑。人民法院决定限制减刑的死刑缓期执行犯罪分子，缓期执行期满后依法减为无期徒刑的，减刑后实际执行的刑期不能少于25年；缓期执行期满后依法减为二十五年有期徒刑的，减刑后实际执行的刑期不能少于20年。可见，判处死缓同时决定限制减刑，将延长死缓犯的实际执行刑期。由此需要明确，对2011年4月30日以前犯罪的，是否可以适用、在哪些情况下可以适用修正后刑法第五十条第二款、第七十八条第二款规定的问题。

经研究，2011年4月30日以前犯罪，《刑法修正案（八）》生效后依法应当判处死刑缓期执行的，包括三种情形：(1)被告人具有累犯情节，或者所犯之罪是故意杀人、强奸、抢劫、绑架、放火、爆炸、投放危险物质或者有组织的暴力性犯罪，依照修正前刑法本应判处死刑立即执行，但依照修正后刑法可不立即执行，但需要限制其减刑的；(2)被告人具有累犯情节，或者所犯之罪是故意杀人、强奸、抢劫、绑架、放火、爆炸、投放危险物质或者有组织的暴力性犯罪,但依照修正前刑法原本即应判处死刑缓期执行的;(3)除前两种情形以外的其他死缓犯,即不具有累犯情节,所犯罪行也不属于上述八种暴力性犯罪,依法应当判处死刑缓期执行的。

在上述第(2)、(3)种情形下,应适用修正前刑法第五十条、第七十八条的规定,即不能限制减刑,对此各方面认识完全一致。而对上述第(1)种情形,究竟应适用旧法还是新法、新旧法孰轻孰重,有较大认识分歧,有必要特别作出明确。经慎重研究,我们认为,从立法精神来看,《刑法修正案(八)》规定死缓限制减刑制度,延长部分死缓犯的实际执行刑期,绝不是单纯为了加大对死缓犯的惩处力度,而是为了有效解决我国过去刑罚结构所存在的死缓刑实际执行期限相对偏短、死刑与死刑缓期执行的严厉程度未能有序衔接的问题,从而设置既为改造不是必须判处死刑立即执行的罪行严重的犯罪分子所必需,更为广大人民群众所认同的替代措施。因此,该规定的适用对象实质是那些罪行极其严重,根据修正前刑法判处死缓不能体现罪刑相适应原则,而根据修正后刑法判处死缓同时决定限制减刑可以罚当其罪、更符合宽严相济刑事政策的犯罪分子。申言之,在此种情形下,适用修正后刑法,对被告人有利,完全符合“从旧兼从轻”原则。

据此,《解释》第二条分两款对《刑法修正案(八)》生效后判处死缓的法律适用问题予以明确。其中第一款规定:“2011年4月30日以前犯罪,判处死刑缓期执行的,适用修正前刑法第五十条的规定。”第二款规定:“被告人具有累犯情节,或者所犯之罪是故意杀人、强奸、抢劫、绑架、放火、爆炸、投放危险物质或者有组织的暴力性犯罪,罪行极其严重,根据修正前刑法适用死刑缓期执行不能体现罪刑相适应原则,而根据修正后刑法适用死刑缓期执行同时决定限制减刑可以罚当其罪的,适用修正后刑法第五十条第二款的规定。”

需要说明的是，对于2011年4月30日以前犯罪，已经终审判决判处死刑缓期执行的罪犯，由于修正前刑法并无限制减刑的规定，当时的裁判也不可能作出限制减刑的决定，当然不能依据修正后刑法对其限制减刑，延长其实际执行刑期。对这部分已在押的罪犯，应当根据其在死缓期间及死缓期满后的表现，适用修正前刑法第五十条、第七十八条的相关规定作出处理，即如果其在死缓期间有重大立功表现的，仍应依据修正前刑法第五十条的规定，在死缓期满后减为15年以上20年以下有期徒刑；死缓期满后减为无期徒刑、有期徒刑的，仍适用修正前刑法第七十八条第二款及1997年10月28日《最高人民法院关于办理减刑、假释案件具体应用法律若干问题的规定》的相关规定。

三、累犯认定的法律适用问题

关于累犯，《刑法修正案（八）》作了两处修改：一是规定不满18周岁的人犯罪的不构成一般累犯。二是扩大了特殊累犯的成立范围。根据修正前刑法第六十六条的规定，只有危害国家安全罪存在特殊累犯，而根据修正后刑法规定，“危害国家安全犯罪、恐怖活动犯罪、黑社会性质的组织犯罪的犯罪分子，在刑罚执行完毕或者赦免以后，在任何时候再犯上述任一类罪的”，都可构成特殊累犯。《刑法修正案（八）》作出上述修改后，相应带来新旧法的选择适用问题。《解释》第三条分三款，对有关问题作出规定：

第一款是关于2011年4月30日以前再犯罪能否构成一般累犯的规定。考虑到对一般累犯修正后刑法只是增加了“不满十八周岁的人犯罪的除外”的规定，故此款规定：被判处有期徒刑以上刑罚，刑罚执行完毕或者赦免以后，在2011年4月30日以前再犯应当判处有期徒刑以上刑罚之罪的，是否构成累犯，适用修正前刑法，即应认定累犯；但前罪实施时不满18周岁的，适用修正后刑法，即不能认定为累犯。

第二款解决的是因2011年4月30日以前再犯罪认定特殊累

犯的法律适用问题,规定:“曾犯危害国家安全犯罪,刑罚执行完毕或者赦免以后,在2011年4月30日以前再犯危害国家安全犯罪的,是否构成累犯,适用修正前刑法第六十六条的规定。”对于曾犯危害国家安全犯罪、恐怖活动犯罪、黑社会性质的组织犯罪,又犯上述任一类罪的,根据本款,只有前后两罪都是危害国家安全犯罪,才能依照修正前刑法第六十六条的规定,认定为特殊累犯;否则,只能视其是否符合本条第一款规定,决定是否以一般累犯论处。

第三款解决的是2011年5月1日以后再犯罪认定累犯的法律适用问题,规定:“曾被判处有期徒刑以上刑罚,或者曾犯危害国家安全犯罪、恐怖活动犯罪、黑社会性质的组织犯罪,在2011年5月1日以后再犯罪的,是否构成累犯,适用修正后刑法第六十五条、第六十六条的规定。”这是因为,新罪如果发生在《刑法修正案(八)》实施后,则根据修正后刑法来认定行为人是否构成一般累犯或者特殊累犯,并不违反罪刑法定原则。对此,最高人民法院1997年9月25日《关于适用刑法时间效力规定若干问题的解释》第三条也有类似规定。

四、坦白从宽的法律适用问题

修正后刑法第六十七条第三款增加了“犯罪嫌疑人虽不具有前两款规定的自首情节,但是如实供述自己罪行的,可以从轻处罚;因其如实供述自己罪行,避免特别严重后果发生的,可以减轻处罚”的规定,将“坦白从宽”政策上升为立法规定。根据“从旧兼从轻”原则,对2011年4月30日以前犯罪,具有坦白情节的,应当适用修正后刑法第六十七条第三款的规定,视情给予从宽处罚。《解释》第四条对此作出了明确规定。

五、自首又有重大立功表现的法律适用问题

修正前刑法第六十八条第二款曾规定:“犯罪后自首又有重大立功表现的,应当减轻或者免除处罚。”考虑到该款规定过于刚性,不能适应具体案件的复杂情况,《刑法修正案(八)》删除了该款规定。这样便带来了2011年4月30日以前犯罪,犯罪后自首又有重大立功表现的法律适用问题:一是犯罪行为以及自首和重大立功表现均发生在2011年4月30日以前的,应当适用修正前刑法,即仍应减轻或者免除处罚,对此不存异议。二是犯罪行为发生在2011年4月20日以前,但是自首、重大立功表现有一项发生在或者均发生在《刑法修正案(八)》生效之后的,应当如何选择适用法律?对此,有不同看法。有意见认为,在此种情形下,应当适用修正后的刑法,即不再适用"应当减轻或者免除处罚"的规定,这并不违反罪刑法定原则。另有意见认为,在此种情形下,仍应适用修正前刑法。经研究,为最大限度地发挥自首、立功制度的政策感召作用,避免引发不必要的争议,采纳了后一种意见。在《解释》第五条规定,2011年4月30日以前犯罪,犯罪后自首又有重大立功表现的,无论自首和重大立功发生在《刑法修正案(八)》施行之前还是之后,均适用修正前刑法第六十八条第二款的规定,即应当减轻或者免除处罚。

六、数罪并罚的法律适用问题

修正后刑法第六十九条提高了有期徒刑数罪并罚的最高刑期,规定判决宣告以前一人犯数罪的,有期徒刑总和刑期不满35年的,最高不能超过20年;总和刑期在35年以上的,最高不能超过25年。由此也带来了一人犯数个有期徒刑之罪,应当依据修正前刑法还是修正后刑法予以数罪并罚的法律适用问题。《解释》第六条对此作出了明确规定:"2011年4月30日以前一人犯数罪,应当数罪并罚的,适用修正前刑法第六十九条的规定;2011年4月30日前后一人犯数罪,其中一罪发生在2011年5月1日以后的,适用修正后刑法第六十九条的规定。"规定数罪中有一罪发生在2011年5月1日以后的,即应适用修正后刑法,数罪并罚的最高刑期可至25年,主要是因为:实施新罪时《刑法修正案(八)》已生效，行为人已知悉相关规定，适用修正后刑法对其所犯数罪进行并罚，并不违反罪刑法定原则。此与《解释》第三条第三款有关新罪如果发生在《刑法修正案（八）》实施后，则应根据修正后刑法来认定行为人是否构成一般累犯或者特殊累犯的规定的精神一致。

七、无期徒刑罪犯实际执行刑期的法律适用问题

修正后刑法第七十八条、第八十一条将被判处无期徒刑罪犯的实际执行刑期由原来的不少于10年提高至不少于13年。根据“从旧兼从轻”原则，2011年4月30日以前犯罪，被判处无期徒刑的罪犯，包括已在服刑的罪犯，其实际执行的刑期应适用修正前刑法的有关规定，即减刑后、假释前实际执行的刑期仍为不少于10年。《解释》第七条对此作出了明确规定。

八、不得假释的法律适用问题

修正前刑法第八十一条第二款规定：“对累犯以及因杀人、爆炸、抢劫、强奸、绑架等暴力性犯罪被判处十年以上有期徒刑、无期徒刑的犯罪分子，不得假释。”而修正后刑法第八十一条第二款则规定：“对累犯以及因故意杀人、强奸、抢劫、绑架、放火、爆炸、投放危险物质或者有组织的暴力性犯罪被判处十年以上有期徒刑、无期徒刑的犯罪分子，不得假释。”对比可见，两者对不得假释罪犯的范围的规定有所不同。有些罪犯，如因犯普通的故意伤害罪（即不是有组织的故意伤害犯罪）被判处10年以上有期徒刑的罪犯，依照修正前刑法的规定，本属不得假释之列，但依照修正后刑法的规定，则可以假释。

为明确《刑法修正案（八）》生效后，不得假释罪犯范围的具体把握问题，《解释》第八条作出了专门规定：（1）2011年4月30日以前犯罪，因具有累犯情节或者系故意杀人、强奸、抢劫、绑架、放火、爆炸、投放危险物质或者有组织的暴力性犯罪并被判处10年以上有期徒刑、无期徒刑的犯罪分子，2011年5月1日以后仍在服刑的，能否假释，适用修正前刑法第八十一条第二款的规定。即如果犯罪分子具有累犯情节或者所犯罪行同时也属暴力性犯罪的,则不得假释;如果犯罪分子不具有累犯情节,所犯罪行也不是暴力性犯罪,则可以假释。(2)2011 年 4 月 30 日以前犯罪,因其他暴力性犯罪被判处 10 年以上有期徒刑、无期徒刑的犯罪分子,2011 年 5 月 1 日以后仍在服刑的,能否假释,适用修正后刑法第八十一条第二款、第三款的规定,即可以假释。如因犯普通的故意伤害罪,即不是有组织的故意伤害犯罪,被判处 10 年以上有期徒刑的罪犯,如不具有累犯情节,则应适用修正后刑法的规定,可予假释。

(作者单位:最高人民法院研究室)

最高人民法院　最高人民检察院

公　告

《最高人民法院、最高人民检察院关于办理诈骗刑事案件具体应用法律若干问题的解释》已于2011年2月21日由最高人民法院审判委员会第1512次会议、2010年11月24日由最高人民检察院第十一届检察委员会第49次会议通过，现予公布，自2011年4月8日起施行。

2011年3月1日

最高人民法院　最高人民检察院
关于办理诈骗刑事案件具体应用法律若干问题的解释

（2011年2月21日由最高人民法院审判委员会第1512次会议、2010年11月24日由最高人民检察院第十一届检察委员会第49次会议通过）

法释〔2011〕7号

为依法惩治诈骗犯罪活动，保护公私财产所有权，根据刑法、刑事诉讼法有关规定，结合司法实践的需要，现就办理诈骗刑事案件具体应用法律的若干问题解释如下：

第一条 诈骗公私财物价值三千元至一万元以上、三万元至十万元以上、五十万元以上的，应当分别认定为刑法第二百六十六条规定的“数额较大”、“数额巨大”、“数额特别巨大”。

各省、自治区、直辖市高级人民法院、人民检察院可以结合本地区经济社会发展状况，在前款规定的数额幅度内，共同研究确定本地区执行的具体数额标准，报最高人民法院、最高人民检察院备案。

第二条 诈骗公私财物达到本解释第一条规定的数额标准，具有下列情形之一的，可以依照刑法第二百六十六条的规定酌情从严惩处：

（一）通过发送短信、拨打电话或者利用互联网、广播电视、报刊杂志等发布虚假信息，对不特定多数人实施诈骗的；

（二）诈骗救灾、抢险、防汛、优抚、扶贫、移民、救济、医疗款物的；

（三）以赈灾募捐名义实施诈骗的；

（四）诈骗残疾人、老年人或者丧失劳动能力人的财物的；

（五）造成被害人自杀、精神失常或者其他严重后果的。

诈骗数额接近本解释第一条规定的“数额巨大”、“数额特别巨大”的标准，并具有前款规定的情形之一或者属于诈骗集团首要分子的，应当分别认定为刑法第二百六十六条规定的“其他严重情节”、“其他特别严重情节”。

第三条 诈骗公私财物虽已达到本解释第一条规定的“数额较大”的标准，但具有下列情形之一，且行为人认罪、悔罪的，可以根据刑法第三十七条、刑事诉讼法第一百四十二条的规定不起诉或者免予刑事处罚：

（一）具有法定从宽处罚情节的；

（二）一审宣判前全部退赃、退赔的；

（三）没有参与分赃或者获赃较少且不是主犯的；

（四）被害人谅解的；

（五）其他情节轻微、危害不大的。

第四条 诈骗近亲属的财物，近亲属谅解的，一般可不按犯罪处理。

诈骗近亲属的财物，确有追究刑事责任必要的，具体处理也应酌情从宽。

第五条 诈骗未遂，以数额巨大的财物为诈骗目标的，或者具有其他严重情节的，应当定罪处罚。

利用发送短信、拨打电话、互联网等电信技术手段对不特定多数人实施诈骗，诈骗数额难以查证，但具有下列情形之一的，应当认定为刑法第二百六十六条规定的“其他严重情节”，以诈骗罪（未遂）定罪处罚：

（一）发送诈骗信息五千条以上的；

（二）拨打诈骗电话五百人次以上的；

（三）诈骗手段恶劣、危害严重的。

实施前款规定行为，数量达到前款第（一）、（二）项规定标准十倍以上的，或者诈骗手段特别恶劣、危害特别严重的，应当认定为刑法第二百六十六条规定的“其他特别严重情节”，以诈骗罪（未遂）定罪处罚。

第六条 诈骗既有既遂，又有未遂，分别达到不同量刑幅度的，依照处罚较重的规定处罚；达到同一量刑幅度的，以诈骗罪既遂处罚。

第七条 明知他人实施诈骗犯罪，为其提供信用卡、手机卡、通讯工具、通讯传输通道、网络技术支持、费用结算等帮助的，以共同犯罪论处。

第八条 冒充国家机关工作人员进行诈骗，同时构成诈骗罪和招摇撞骗罪的，依照处罚较重的规定定罪处罚。

第九条 案发后查封、扣押、冻结在案的诈骗财物及其孳息，权属明确的，应当发还被害人；权属不明确的，可按被骗款物占查封、扣押、冻结在案的财物及其孳息总额的比例发还被害人，但已获退赔的应予扣除。

第十条 行为人已将诈骗财物用于清偿债务或者转让给他人，具有下列情形之一的，应当依法追缴：

（一）对方明知是诈骗财物而收取的；

（二）对方无偿取得诈骗财物的；

（三）对方以明显低于市场的价格取得诈骗财物的；

（四）对方取得诈骗财物系源于非法债务或者违法犯罪活动的。

他人善意取得诈骗财物的，不予追缴。

第十一条 以前发布的司法解释与本解释不一致的，以本解释为准。

《关于办理诈骗刑事案件具体应用法律若干问题的解释》的理解与适用

胡云腾　周加海　刘　涛

最高人民法院、最高人民检察院发布了《关于办理诈骗刑事案件具体应用法律若干问题的解释》(以下简称《解释》),自2011年4月8日起施行。《解释》在系统总结司法实践经验、充分关注经济社会发展形势、深入研究诈骗犯罪特点的基础上,以宽严相济刑事政策为指导,对诈骗罪定罪量刑的数额标准、"情节严重"、"情节特别严重"的认定标准,特别是对电信诈骗等新类型诈骗犯罪的责任追究等问题作出了明确规定。现就《解释》的出台背景、制定过程及主要内容作如下介绍。

一、《解释》出台的背景

1996年,最高人民法院制定了《关于审理诈骗案件具体应用法律的若干问题的解释》(以下简称《1996年解释》)。1997年刑法对诈骗类犯罪作出了重大修改,将合同诈骗从普通诈骗中分离出去,另立罪名,同时对8种金融诈骗罪设专节作了集中规定。考虑到《1996年解释》虽然出台在先,但基本上能够适应1997年刑法修订后打击诈骗犯罪的需要,此后最高人民法院未就诈骗罪出台新的司法解释,司法机关办理诈骗案件一直是参照适用《1996年解释》。

十多年来,我国经济社会快速发展,刑事政策重大调整,诈骗犯罪案件的处理难以适应新的形势要求:一是从经济社会发展情况看,据统计,2010 年,我国国内生产总值(GDP)、城镇居民人均可支配收入、农村居民人均纯收入分别比 1996 年增长了 487%、295%、207%。二是在刑事政策方面,随着构建社会主义和谐社会重大决策的提出和推进,政法机关更加注重宽严相济刑事政策的贯彻和实施。三是从诈骗犯罪案件的发案情况看,近年来,此类案件仍呈多发态势。2005 年,人民法院新收诈骗罪案件16 345件(含一审、二审、再审)、生效判决人数19 685人;2007 年,这两项数据分别上升至18 403件、22 364人;2010 年,又分别上升至25 642件、32 284人,在人民法院受理的全部刑事案件中,诈骗犯罪案件的收案数排在第 6 位。与此同时,诈骗犯罪的手法不断翻新,特别是利用群发短信、群拨电话、利用互联网等电信手段实施的诈骗犯罪活动近年来十分猖獗,危害严重,人民群众反映强烈。适应社会形势发展,结合司法实践需要,研究制定新的诈骗犯罪司法解释,以更加有效地惩治和预防诈骗犯罪,维护公私财产权益,十分必要。

就诈骗犯罪案件的审理制定新的司法解释,也是中央司法改革任务的要求。2008 年 12 月 28 日,中办、国办印发《中央司法体制改革领导小组关于贯彻实施〈中央政法委员会关于深化司法体制和工作机制改革若干问题的意见〉的分工方案》(中办厅字〔2008〕28 号)第 29 项规定,“适应新时期犯罪行为发生的变化,完善有关犯罪的定罪量刑标准”。最高人民法院作为该项改革项目的牵头单位,按照中央司法体制和工作机制改革的统一部署,将制定关于办理诈骗刑事案件具体应用法律的解释纳入此项改革任务。

二、《解释》的制定过程

最高人民法院、最高人民检察院于 2008 年启动了《解释》起草工作。为提高《解释》起草的质量和效率,我们将制定《解释》的前期调研工作委托北京市高级人民法院开展。2009年6月12日、26日,先后在浙江、湖北召开座谈会,邀请北京高级人民法院课题组参加,分别听取了浙江、上海、江苏、山东、广东五个经济发展水平较高的地区以及湖北、四川、黑龙江、河南、甘肃五个中西部地区法院有关诈骗类犯罪案件的审理情况和存在的问题。2010年1月,向各高级人民法院研究室发出通知,要求提供各地近年来出台的有关审理诈骗类犯罪案件的指导性文件。在研究各地指导性文件及北京市高级人民法院司法解释建议稿的基础上,结合调研掌握的情况,起草了解释初稿,并在法院、检察院系统广泛征求意见后,形成了征求意见稿。

经征求全国人大常委会法工委、工业和信息化部、公安部、中国人民银行等单位及专家学者的意见,针对当前电信诈骗犯罪活动十分猖獗的实际,决定拟定专门条款明确其定罪量刑标准。其后,为慎重起见,就修改后的征求意见稿再次征求了相关单位和部门的意见,并根据反馈情况修改出送审稿。

2010年11月24日,最高人民检察院第十一届检察委员会第49次会议、2011年2月21日最高人民法院审判委员会第1512次会议通过了《解释》。

三、起草《解释》的主要考虑

为保证《解释》的内容科学合理,能够适应形势发展、满足审判实践需要,我们在起草《解释》的过程中,着重注意把握了以下几点:

1.综合考虑经济社会发展和诈骗犯罪态势,科学确定诈骗罪定罪量刑的数额标准。诈骗罪属于侵财犯罪,诈骗财物的价值是衡量其社会危害性的主要标准,一般而言,其定罪量刑的数额标准应当随着经济社会的发展作相应调整。如此所述,《1996年解释》施行以来的十多年间,我国经济社会取得了巨大发展,为科学评价和反映诈骗行为的社会危害性程度，有必要对诈骗罪定罪量刑的数额标准作出调整。但对诈骗罪定罪量刑数额标准的设定，也必须同时考虑当前的社会治安形势特别是诈骗犯罪的发案形势。而统计表明，近年来，诈骗犯罪案件仍呈多发态势，且逐年递增。有鉴于此，对诈骗罪定罪量刑的数额标准特别是入罪标准的设定，就不能简单依据经济发展的统计数据作“按比例”的提高。

综合考虑以上两方面因素，《解释》对诈骗罪入罪的最低数额门槛只作了微幅调整，将“数额较大”的最低认定标准由《1996年解释》规定的2 000元修改为3 000元，以期通过较低的入罪门槛充分发挥刑法惩治和预防诈骗犯罪、保障人民群众财产权益的重要作用。同时，对诈骗“数额较大”、“数额巨大”的最高认定标准以及“数额特别巨大”的认定标准作了较大幅度的调整，使其与经济社会发展基本相适应，使诈骗犯罪案件的量刑更加均衡，并与信用卡诈骗等其他诈骗类案件的量刑保持大体平衡。

2. 结合近年来诈骗犯罪的发案特点，切实贯彻宽严相济刑事政策。宽严相济刑事政策，是党中央在构建社会主义和谐社会新形势下提出的一项重要政策，是当前我国的基本刑事政策。制定《解释》过程中，我们始终把贯彻落实宽严相济刑事政策作为重要考虑之一，《解释》的很多内容都体现了这一政策的精神。如《解释》第二条专门规定了可以酌情从严惩处的几种情形，加大了对危害后果或者犯罪情节严重的诈骗犯罪的打击力度；第三条规定了可以不起诉或者免予刑事处罚的几种情形，第四条规定确立了对诈骗近亲属财物的案件区别对待的处理原则，旨在最大限度地发挥政策的人性化作用，减少刑罚的负面效应，促进家庭和社会的和谐。

3. 立足有效解决司法实践突出问题，明确电信诈骗犯罪的定罪处罚标准。近年来，通过群发短信、群拨电话等手段实施电信诈骗的犯罪活动十分猖獗，人民群众反映强烈。与传统诈骗犯罪相比,电信诈骗的犯罪数额往往很大,被害人数众多。然而,由于电信诈骗是利用高科技手段实施的犯罪,行骗者与被害人并不面对面地接触,有关案件多是由众多犯罪分子分工协作、勾结实施,不少甚至是境内外人员共同作案,实践中,此类案件的查处往往难度较大,特别是对犯罪分子具体诈骗数额的侦查取证工作更是存在诸多现实困难。有鉴于此,为满足司法实践需求,有效打击犯罪,有力维护人民群众合法权益,《解释》设计多个条款对电信诈骗的有关问题作出了规定:一是规定对电信诈骗犯罪可以酌情从严惩处;数额达到相应标准的,应当分别认定为诈骗情节严重或者情节特别严重,在上一个量刑幅度量刑。二是规定对诈骗数额难以查证的电信诈骗案件,可以根据群发短信、群拨电话的数量、诈骗手段及危害等,以诈骗罪未遂论处。三是对电信诈骗的共同犯罪问题作出了原则规定。

四、《解释》的主要内容

起草《解释》之初,我们曾将合同诈骗罪、金融诈骗犯罪亦纳入解释范围。后在征求意见和研究过程中,一些部门提出了不同意见,经研究认为,将合同诈骗罪和金融诈骗犯罪纳入本解释的时机尚不成熟,故《解释》仅针对刑法第二百六十六条规定的诈骗罪作出规定。《解释》共11条,主要明确了以下几个方面的问题:(1)诈骗罪数额、情节的认定标准;(2)诈骗罪可以不起诉或者免予刑事处罚的情形;(3)诈骗近亲属财物的从宽处理;(4)实施电信诈骗,但诈骗数额难以查证案件的处理;(5)多次诈骗,既有既遂又有未遂的处理原则;(6)诈骗共犯的认定和处理原则;(7)诈骗罪和招摇撞骗罪竞合的处理原则;(8)被骗财物的追缴和发还问题。

(一)重新界定了诈骗罪定罪量刑的数额标准

根据经济社会发展的实际和现阶段诈骗犯罪的发案形势,《解释》第一条对《1996年解释》规定的诈骗罪定罪量刑数额标准作了必要调整。一是将最低入罪门槛由原来的 2 000 元提高为 3 000元。这主要是考虑,尽管从理论上讲,诈骗罪定罪量刑的数额标准应当随着经济社会的发展作相应提高,但当前诈骗犯罪依然多发,人民群众反映强烈,故综合各方面的意见,对诈骗罪的最低入罪标准仅进行了微幅调整。二是拉大了诈骗罪“数额较大”、“数额巨大”的起点幅度范围,规定诈骗 3 000 元至 1 万元以上的为数额较大,诈骗 3 万元至 10 万元以上的为数额巨大,并授权各地结合本地区经济社会发展状况,具体确定本地区执行的数额标准。这主要是为了适应我国不同地区之间、城乡之间经济社会发展不尽平衡的实际,更好地贯彻落实罪责刑相适应的刑法基本原则。三是将诈骗“数额特别巨大”的认定标准调整为 50 万元。对“数额特别巨大”的认定标准,沿用了《1996 年解释》对此未规定授权幅度的解释方法,以保障对严重诈骗犯罪的量刑均衡,同时与信用卡诈骗罪等诈骗类犯罪“数额特别巨大”的认定标准之间保持必要的协调。

(二)明确了可予从严惩处的诈骗犯罪的具体情形

《解释》第二条根据当前诈骗犯罪的发案特点,从作案手段、骗取财物性质、行骗时机、行骗对象、危害后果等方面规定了可以酌情从严惩处的诈骗犯罪情形,并明确了诈骗“情节严重”、“情节特别严重”的认定标准。

该条第一款规定,诈骗公私财物达到《解释》第一条规定的数额标准,具有下列情形之一的,可以酌情从严惩处:(1)通过发送短信、拨打电话或者利用互联网、广播电视、报纸杂志等发布虚假信息,对不特定多数人实施诈骗的。这是针对此类新型诈骗犯罪活动比较猖獗的实际,体现了严惩精神。(2)诈骗救灾、抢险、防汛、优抚、扶贫、移民、救济、医疗款物的。该项规定吸收了《1996 年解释》第一条第三款第四项规定的内容,同时参照刑法第三百八十四条第二款关于挪用特定款物的规定,增加了诈骗扶贫、移民款物的情形。(3)以赈灾募捐名义实施诈骗的。在突发灾害事故期间,以赈灾募捐为名实施诈骗,反映出行为人更深的主观恶性,同时对赈灾救济、恢复重建工作的正常开展也有很大影响,故有必要从严惩处。(4)诈骗残疾人、老年人或者丧失劳动能力人的财物的。(5)造成被害人自杀、精神失常或者其他严重后果的。

第二款规定,诈骗数额接近"数额巨大"、"数额特别巨大",并具有上述从严惩处情形,或者属于诈骗犯罪集团首要分子的,应当分别认定为诈骗"情节严重"、"情节特别严重",在上一个法定刑幅度内量刑。这主要是吸收了《1996年解释》第一条第三款的有关规定,同时根据近年来诈骗犯罪特点和审判实践经验后进行的修改和完善。《1996年解释》第一条第三款规定的在上一个法定刑幅度内量刑的以下情节,本条未再规定:(1)"共同诈骗犯罪中情节严重的主犯"。主要考虑:根据1997年刑法的规定,对于主犯,如果是组织、领导犯罪集团的首要分子,应当按照集团所犯的全部罪行处罚;对于其他主犯,应当按照其所参与的或者组织、指挥的全部犯罪处罚。主犯甚至已不是一个从重处罚情节,再将以上情形规定为在上一个法定刑幅度内量刑的情节,缺乏依据。(2)"惯犯或者流窜作案危害严重的"。主要考虑:刑法已取消了诈骗"惯犯"的规定;"流窜作案"的含义较为模糊,不易把握。而且,随着改革开放的深入,人员流动日益频繁,异地作案相当普遍,再将"流窜作案"规定为在上一个法定刑幅度内量刑的情节,会使不少案件都符合这一条件。(3)"挥霍诈骗的财物,致使诈骗财物无法返还的"和"使用诈骗的财物进行违法犯罪活动的"。主要考虑:征求意见中,不少地方反映,挥霍诈骗的财物是诈骗犯罪的常态,将其规定为在上一个法定刑幅度内量刑的情节过于严厉;将使用诈骗的财物进行违法犯罪活动规定为在上一个法定刑幅度内量刑的情节,会混淆一罪和数罪的区分,且可能出现重复评价、双重从重问题。(4)"曾因诈骗受过刑事处罚的"。主要考虑:按照刑法规定,对于累犯也只能从重处罚,将“曾因诈骗受过刑事处罚的”规定为在上一个法定刑幅度内量刑的情节,缺乏法律依据。

另外,吸收有关方面的意见,借鉴《最高人民法院关于审理抢夺刑事案件具体应用法律若干问题的解释》(以下简称《抢夺解释》)第四条的规定,以诈骗数额接近“数额巨大”、“数额特别巨大”的标准(实践中一般掌握为达到80%)作为在上一个法定刑幅度内量刑的前提条件。

(三)明确了可予从宽处罚的诈骗犯罪的具体情形

《解释》第三条、第四条结合近年来审判实践经验,借鉴《最高人民法院关于审理盗窃案件具体应用法律若干问题的解释》(以下简称《盗窃解释》)、《抢夺解释》的有关规定,从“宽”的一面体现和贯彻了宽严相济刑事政策。

《解释》第三条规定,诈骗公私财物虽已达到本解释第一条规定的“数额较大”的标准,但具有下列情形之一,且行为人认罪、悔罪的,可以不起诉或者免予刑事处罚:(1)具有法定从宽处罚情节的。如不满18周岁的人作案的,行为人犯罪后有自首、立功表现的,在共同犯罪中属于从犯、胁从犯的等。(2)一审宣判前全部退赃、退赔的。原解释稿未对退赃、退赔的时间作出限制。征求意见过程中,有地方提出,如对退赃、退赔时间不作限定,势必会出现一审已判刑,二审期间被告人退赃、退赔还要改判免刑的问题,从而影响判决的严肃性和稳定性。经研究认为,本条所针对的是达到“数额较大”的诈骗犯罪,被告人一般均有退赃条件或退赔能力,将其退赃、退赔的时间限定在“一审判决前”,可以更好地维护被害人的权益,也有利于维护裁判的稳定性,故采纳了这一意见。(3)没有参与分赃或者获赃较少且不是主犯的。这是从行为人在共同犯罪中所处地位、所起作用角度作出的规定。(4)被害人谅解的。将被害人谅解规定为从宽处罚情节,有利于化解社会矛盾,促进社会和谐。(5)其他情节轻微、危害不大的。应予注意的是:

第一,本条的适用以行为人犯罪后有认罪、悔罪表现为前提。否则,即使行为人具有法定从宽处罚情节等情形,亦不能适用本条。第二,在诈骗数额方面,根据本条规定,“已达到本解释第一条规定的‘数额较大’的标准的”,即已达到“数额较大”、未达到“数额巨大”的,均可适用本条,而不必限定在刚刚达到、略微超过“数额较大”标准的范围。这主要是为了最大限度地体现宽严相济刑事政策。第三,符合本条规定情形的,更宜由检察机关在审查起诉阶段即依法作出不起诉决定,以保障案件得到及时处理,节约司法资源,促进社会矛盾尽早化解。

《解释》第四条明确了诈骗近亲属案件的从宽处理原则,规定:诈骗近亲属的财物,近亲属谅解的,一般可不按犯罪处理。诈骗近亲属的财物,确有追究刑事责任必要的,也应与其他诈骗犯罪有所区别。作出这一规定,主要是考虑诈骗近亲属财物的案件,在社会危害性方面与诈骗其他单位或者个人财物的案件有所不同;对这类案件处理体现区别对待政策,既符合量刑的一般原则,也有利于维护家庭和社会关系的稳定。

(四)明确了电信诈骗的定罪量刑标准

近年来,电信诈骗犯罪活动日趋猖獗,危害严重,影响恶劣,给人民群众的财产安全构成严重危害。电信诈骗作为一种新型诈骗方法,通常以集团化、专业化方式作案,查处难、取证难,其运作模式主要是:诈骗集团的首要分子在幕后组织操纵整个犯罪实施,雇用人员为诈骗窝点搭设网络平台,提供服务器及改号服务;雇用人员负责发送诈骗信息,拨打诈骗电话并接听回拨电话;雇用人员赴各城市转款、提现,将赃款转至多个不同账户,最后通过地下钱庄转移。诈骗信息、诈骗电话的内容主要涉及中奖、购车退税、电话欠费、信用卡消费、灾区募捐、网络购物、股票走势预测、彩票中奖、冒充熟人、绑架勒索等。电信诈骗利用电信、网络技术等高科技手段面向不特定多数人实施;犯罪分子往往利用改号技术冒用国家机关、公共服务机构的电话号码行骗；事先会精心设计骗局，行骗过程中根本不与被骗对象接触；一旦得手，便会在极短时间内迅速转移赃款，因此容易使被害人上当受骗，且案发后难以侦破，难以追回被骗款项。2009年，仅上海、江苏、浙江、福建、广东5个省市的群众因电信诈骗造成的损失就高达十多亿元。

为有效惩治和预防电信诈骗犯罪，《解释》一方面将电信诈骗规定为可予酌情从严惩处的情节之一；另一方面针对电信诈骗查处难、取证难，诈骗数额往往难以查清的实际，经认真研究，在《解释》第五条第二款专门明确，利用发送短信、拨打电话、互联网等电信技术手段对不特定多数人实施诈骗，诈骗数额难以查证，但发送诈骗信息5 000条以上的，拨打诈骗电话500人次以上的，或者诈骗手段恶劣、危害严重的，应当认定为刑法第二百六十六条规定的“其他严重情节”，以诈骗罪（未遂）定罪处罚。同时，《解释》第五条第三款进一步明确，实施前款规定行为，发送诈骗信息5万条以上的，拨打诈骗电话5 000人次以上的，或者诈骗手段特别恶劣、危害特别严重的，应当认定为刑法第二百六十六条规定的“其他特别严重情节”，以诈骗罪（未遂）定罪处罚。

作出上述规定，主要考虑：(1)本条规定具有法律、法理依据。根据刑法规定，结合相关刑法理论，尽管诈骗财物“数额较大”是诈骗罪的构成条件之一，但诈骗罪的成立并不以行为人实际骗取的财物达到“数额较大”标准为必要，这只是认定诈骗罪既遂的必要条件；实际骗取财物虽未达到“数额较大”，但如以数额巨大的财物为诈骗目标，或者具有其他严重情节的，完全可以也应当以诈骗罪（未遂）追究行为人的刑事责任。(2)符合有效惩治和防范电信诈骗犯罪的实践需要。电信诈骗是当前多发、高发的新型智能型诈骗犯罪，由于此类案件的自身特点，要查明犯罪分子的具体诈骗数额往往存在诸多现实困难，致使相当一部分犯罪分子没有受到应有惩罚。有鉴于此，制定本条，规定可按所发信息、所拨电话的数量、犯罪手段、危害等来认定和处罚电信诈骗犯罪,可以有效破解此类犯罪侦查取证工作中所存在的实际困难,同时也可以有效震慑犯罪分子,充分发挥刑罚预防功能。(3)相关标准的设置有相应的实证依据。公安部门的同志介绍,从全国范围来看,群发1万条短信,平均实际诈骗得手的三四起。据此,将发送诈骗信息5 000条以上的或者拨打诈骗电话500人次以上的规定为诈骗罪的"其他严重情节",并依法认定未遂,是符合此类犯罪发案特点、规律的。

(五)明确了诈骗既有既遂又有未遂的处罚原则

多次诈骗既有既遂又有未遂的情形,实践中较为常见。调研发现,各地对此问题处理很不一致,影响了司法的统一和量刑的均衡,有必要作出规范。《解释》第六条参照《最高人民法院、最高人民检察院关于办理非法生产、销售烟草专卖品等刑事案件具体应用法律若干问题的解释》(以下简称《烟草解释》)第二条第二款关于生产、销售伪劣烟草专卖品,"销售金额和未销售货值金额分别达到不同的法定刑幅度或者均达到同一法定刑幅度的,在处罚较重的法定刑幅度内酌情从重处罚"的规定,明确"诈骗既有既遂,又有未遂,分别达到不同量刑幅度的,依照处罚较重的规定处罚;达到同一量刑幅度的,以诈骗罪既遂处罚"。

对本条规定所涉及的问题,在调研及征求意见过程中,存在较大分歧:第一种意见认为,对于诈骗既有既遂又有未遂的,应当全案以既遂认定,并根据既遂和未遂累计数额确定应适用的法定刑幅度,之后考虑部分未遂,酌情从轻处罚。第二种意见认为,应当根据既遂和未遂的累计数额确定应适用的法定幅度,之后根据既遂和未遂部分的轻重情况,依法从轻或者减轻处罚。第三种意见认为,应当根据既遂数额适用相应的法定刑幅度,并考虑未遂数额酌情从重处罚。

经研究认为,上述三种意见均有欠妥之处:第一,诈骗既遂与诈骗未遂在性质和社会危害程度上明显不同，不考虑二者差异，将既遂数额和未遂数额累计，并将累计数额一并认定为行为人的犯罪数额，有所不妥。在此点上，以上第一种、第二种意见存在类似缺陷。第二，若按第一种意见，还存在量刑失重问题。例如，诈骗既遂只有5 000元，未遂100万元，若按该意见，即要认定行为的诈骗数额为100.5万元，且只能在10年以上量刑。无疑失之严苛，不符合罪责刑相适应原则。第三，若按第二种意见，还存在失之模糊、难以实际操作的问题。按该意见，对诈骗既遂又有未遂案件的处理，实际要比较既遂部分和未遂部分的轻重，但究竟如何比较，该意见未作交代；而且，因全案已认定既遂，如再按未遂犯处罚原则对行为人从轻或者减轻处罚，显然没有法律依据。第四，按第三种意见，则会导致量刑失轻问题。例如，诈骗既遂5 000元，未遂100万元，按该意见，只能在3年以下量刑。而如果行为人只是诈骗未遂100万元，没有既遂数额，依法则要在10年以上量刑，之后从轻或者减轻处罚；考虑到《刑法修正案（八）》已明确不得跨档减刑，上述案件一般要在3至10年幅度内量刑，两相比较，显然有失均衡。

有鉴于此，经反复研究，最终决定作出《解释》第六条的规定。依此规定，对此类案件，首先要分别根据行为人的既遂数额和未遂数额判定其各自所对应的法定刑幅度，未遂部分还须同时考虑“可以从轻或者减轻处罚”。之后，根据比较结果，如果既遂部分所对应的量刑幅度较重，或者既、未遂所对应的量刑幅度相同的，以既遂部分所对应的量刑幅度为基础酌情从重处罚；反之，如未遂部分对应的量刑幅度较重的，则以该量刑幅度为基础，酌情从重处罚。

（六）明确了诈骗共同犯罪的处理原则

实践中，有的掌握网络技术、设备、资源的团伙，为谋取非法利益，专门为电信诈骗犯罪分子搭建网络电话诈骗平台，提供改号、群呼群拨、网络电话落地对接及运行维护等“技术服务”,为诈骗分子行骗提供技术支持。还有“地下钱庄”打着资金管理服务的招牌,专门为诈骗窝点提供转移赃款、提取赃款服务,使被害人被骗取的汇款在短时间内被分转到不同的账户,并在不同的地方迅速提取。这些行为是电信诈骗的重要一环,是电信诈骗猖獗、难以有效查处的重要原因。

为有效斩断电信诈骗犯罪的利益链条,《解释》第七条专门规定,对明知他人实施诈骗犯罪,为其提供信用卡、手机卡、通讯工具、通讯传输通道、网络技术支持、费用结算等帮助的,以共同犯罪论处。

(七)明确了冒充国家机关工作人员进行诈骗的定罪处罚

《解释》第八条规定了诈骗罪与招摇撞骗罪竞合的处理原则。实践中,有些犯罪人冒充国家机关工作人员进行诈骗,且诈骗财物的数额特别巨大。如仍按招摇撞骗罪定罪量刑(最高法定刑为十年有期徒刑),显然不符合罪责刑相适应的刑法基本原则。此种情形实质属于诈骗罪与招摇撞骗罪的竞合,故应“依照处罚较重的规定定罪处罚”。

(八)明确了案发后查封、扣押、冻结在案的诈骗财物及其孳息的处理原则

《解释》第九条规定的是被骗财物及其孳息的发还问题。对于权属不明确的在案财物,根据《1996年解释》第十条的规定,“可按被骗款物占扣押、冻结在案的财物及其孳息总额的比例发还被害人”。调研过程中,有地方提出,实践中,有些被害人在行为人的诈骗款物被查封、扣押、冻结前已从行为人处追回了部分款物,此时,如仍按上述原则发还被骗款物,将有损其他被害人的权益。经研究,《解释》第九条采纳了上述意见,规定:案发后查封、扣押、冻结在案的诈骗财物及其孳息,权属明确的,应当发还被害人;权属不明确的,可按被骗款物占查封、扣押、冻结在案的财物及其孳

息总额的比例发还被害人,但已获退赔的应予扣除。

《1996 年解释》第十条曾规定,"如果能够确定扣押、冻结在案的财物及其孳息不属于已查明的被害人所有,但又无法发还未查明被害人的,应当依法上缴国库"。《解释》起草调研过程中,有地方反映,将此类财物上缴国库,不利于挽回被害人的损失,也容易产生将来查清被害人却难以从国库退回财产的遗留问题。为最大限度地保障被害人的合法权益,同时考虑到实践中几乎所有的诈骗犯罪案件案发后查封、扣押、冻结在案的财物及其孳息均不足以退赔已查明的被害人,本《解释》没有再沿用《1996 年解释》的上述规定。本《解释》施行后,对于查封、扣押、冻结在案的财物及其孳息,如不属于已查明的被害人所有,但又无法发还还未查明的被害人的,应当作为权属不明确的财物,按被骗款物占查封、扣押、冻结在案的财物及其孳息总额的比例发还已查明的被害人,但已获退赔的应予扣除。

(九)明确了诈骗款物的依法追缴和善意取得问题

《解释》第十条基本沿用了《1996 年解释》第十一条的规定,但根据《物权法》的有关规定有所完善。该条规定:行为人已将诈骗财物用于清偿债务或者转让给他人,具有下列情形之一的,应当依法追缴:(1)对方明知是诈骗财物而收取的;(2)对方无偿取得诈骗财物的;(3)对方以明显低于市场的价格取得诈骗财物的;(4)对方取得诈骗财物系源于非法债务或者违法犯罪活动的。他人善意取得诈骗财物的,即不属于上述应当依法追缴的情形的,不予追缴。

五、适用《解释》应当注意的其他问题

适用《解释》主要应注意两个问题:

第一,关于各地执行的具体数额标准的确定。为适应我国各地经济社会发展不平衡的实际,《解释》第一条第二款授权各省、自治区、直辖市高级人民法院、人民检察院可以结合本地区经济社会发展状况,在前款规定的幅度内,共同研究确定本地区执行的具体数额标准。各地在依据本款研究确定有关数额标准时应注意:(1)相关数额标准的确定,不仅要考虑本地的经济发展水平,同时也要考虑本地的社会治安形势,特别是诈骗罪的发案态势。(2)如本地不同地区之间、城乡之间经济社会发展水平差异较大的,可区分不同地区、城乡设定不同标准。(3)为了更好地体现和贯彻宽严相济刑事政策和主客观相统一的定罪量刑原则,在确定相应标准时,可按照"数额加情节"的原则,设定不同标准。如根据本地情况,将一般诈骗犯罪的"数额较大"标准设定为4 000元,但是对同时具有《解释》第二条规定的酌情从严惩处情形之一的,可将"数额较大"的标准确定为3 000元。当然,如按照这样的原则确定相应的数额标准,在处理具有《解释》第二条规定情形之一的诈骗案件时,就不能再按该条规定对行为人从严惩处,否则,势必存在双重评价的问题。

第二,《解释》与《1996年解释》的关系问题。《解释》第十一条规定:"以前发布的司法解释与本解释不一致的,以本解释为准。"对此,应当着重注意以下问题:(1)1997年刑法通过后,本解释施行前实施的诈骗犯罪,应当适用《解释》的有关规定。这是因为:其一,1997年刑法对诈骗罪作了重大修改,在此之后,按照最高人民法院1997年3月25日《关于认真学习宣传贯彻修订的〈中华人民共和国刑法〉的通知》,《1996年解释》实质仅具有"可参照执行"的性质,《解释》生效后,自然应当适用《解释》。其二,由于近年来经济社会的发展,《解释》对诈骗罪定罪量刑标准的设定总体要高于《1996年解释》,适用《解释》对犯罪嫌疑人、被告人也有利,符合刑法第十二条规定及《最高人民法院、最高人民检察院关于适用刑事司法解释时间效力问题的规定》的精神。(2)1997年刑法施行前,合同诈骗并未单立罪名,而是诈骗罪的一种,因此,《1996年解释》为二者规定了同样的定罪量刑具体标准。《解释》

对诈骗罪定罪量刑标准作了新的规定，而有关合同诈骗罪的定罪量刑标准则尚无新的司法解释作出明确。考虑到诈骗罪与合同诈骗罪在性质、危害方面的类似性，对合同诈骗罪的定罪量刑如仍参照执行《1996 年解释》，势必会出现罪刑失衡问题。本《解释》出台后，对合同诈骗罪，其定罪量刑标准应参照《解释》的有关规定执行。

（作者单位：最高人民法院研究室）

最高人民法院　最高人民检察院

公　告

《最高人民法院、最高人民检察院关于执行〈中华人民共和国刑法〉确定罪名的补充规定（五）》已于2011年4月21日由最高人民法院审判委员会第1520次会议、2011年4月13日由最高人民检察院第十一届检察委员会第60次会议通过，现予公布，自2011年5月1日起施行。

2011年4月27日

最高人民法院　最高人民检察院
关于执行《中华人民共和国刑法》确定罪名的补充规定（五）

（2011年4月21日最高人民法院审判委员会第1520次会议、2011年4月13日最高人民检察院第十一届检察委员会第60次会议通过）

法释〔2011〕10号

根据《中华人民共和国刑法修正案（八）》（以下简称《刑法修

正案(八)》)的规定,现对最高人民法院《关于执行〈中华人民共和国刑法〉确定罪名的规定》、最高人民检察院《关于适用刑法分则规定的犯罪的罪名的意见》作如下补充、修改:

刑法条文	罪名
第133条之一 (《刑法修正案(八)》第22条)	危险驾驶罪
第143条 (《刑法修正案(八)》第24条)	生产、销售不符合安全标准的食品罪(取消生产、销售不符合卫生标准的食品罪罪名)
第164条第2款 (《刑法修正案(八)》第29条第2款)	对外国公职人员、国际公共组织官员行贿罪
第205条之一 (《刑法修正案(八)》第33条)	虚开发票罪
第210条之一 (《刑法修正案(八)》第35条)	持有伪造的发票罪
第234条之一第1款 (《刑法修正案(八)》第37条第1款)	组织出卖人体器官罪
第244条 (《刑法修正案(八)》第38条)	强迫劳动罪(取消强迫职工劳动罪罪名)
第276条之一 (《刑法修正案(八)》第41条)	拒不支付劳动报酬罪
第338条 (《刑法修正案(八)》第46条)	污染环境罪(取消重大环境污染事故罪罪名)
第408条之一 (《刑法修正案(八)》第49条)	食品监管渎职罪

《关于执行〈中华人民共和国刑法〉确定罪名的补充规定(五)》的理解与适用

胡云腾　周加海　刘　涛

为适应经济社会发展和社会治安状况的变化,《中华人民共和国刑法修正案(八)》(以下简称《刑法修正案(八)》)增加规定了一些新的犯罪,并对一些犯罪的构成条件作了修改完善。新增设的犯罪需要明确罪名;构成条件修改后,原罪名不能反映有关犯罪基本特征的,也需要对有关罪名作出调整。鉴于此,为统一法律适用,最高人民法院、最高人民检察院经认真研究,广泛征求各方面意见,联合制定了《最高人民法院、最高人民检察院关于执行〈中华人民共和国刑法〉确定罪名的补充规定(五)》(以下简称《规定》),新增了7个罪名,修改了3个罪名。《规定》于2011年4月13日、4月21日分别经最高人民检察院第十一届检察委员会第60次会议、最高人民法院审判委员会第1520次会议审议通过,于2011年4月25日公布,自2011年5月1日起施行。现对《规定》新增和修改的罪名的具体确定及主要考虑作如下介绍:

一、新增"危险驾驶罪"

《刑法修正案(八)》第二十二条在刑法第一百三十三条后增加一条,作为第一百三十三条之一,规定:"在道路上驾驶机动车追逐竞驶，情节恶劣的，或者在道路上醉酒驾驶机动车的，处拘役，并处罚金。”“有前款行为，同时构成其他犯罪的，依照处罚较重的规定定罪处罚。”鉴于“在道路上驾驶机动车追逐竞驶”和“在道路上醉酒驾驶机动车”行为在性质上都属于危害公共安全的危险驾驶行为，《规定》将本罪的罪名确定为“危险驾驶罪”。

征求意见中，曾有意见提出将本罪罪名确定为“飙车、醉酒驾车罪”，考虑到这种表述不够简洁，没有采纳。

二、将“生产、销售不符合卫生标准的食品罪”修改为“生产、销售不符合安全标准的食品罪”

《刑法修正案（八）》第二十四条对刑法第一百四十三条作出了修改，将原条文中的“不符合卫生标准的食品”修改为“不符合食品安全标准的食品”，并对本罪的法定刑作出了调整。鉴于刑法第一百四十三条修改后，本罪的犯罪对象有明显变化，而原“生产、销售不符合卫生标准的食品罪”罪名已不能反映本罪的基本特征，《规定》将本罪罪名修改为“生产、销售不符合安全标准的食品罪”。

征求意见中，曾有意见提出，应按照法律条文对本罪犯罪对象的规定，将罪名确定为“生产、销售不符合食品安全标准的食品罪”。经研究，该表述中两次出现“食品”一词，存在重复，不够简洁；且将“不符合食品安全标准的食品”简化为“不符合安全标准的食品”，在理解上不会出现歧义，故未采纳该意见。

三、新增“对外国公职人员、国际公共组织官员行贿罪”

《刑法修正案（八）》第二十九条对刑法第一百六十四条作出修改，增加了第二款，即“为谋取不正当商业利益，给予外国公职人员或者国际公共组织官员以财物的，依照前款的规定处罚”。《规定》将本款规定的罪名确定为“对外国公职人员、国际公共组织官员行贿罪”。

在《规定》制定过程中，有意见认为，没有必要为本款规定单独确定罪名，可将刑法第一百六十四条的原定罪名“对非国家工作人员行贿罪”修改为“商业行贿罪”，将本款规定的对外国公职人员、国际公共组织官员行贿的行为纳入其中；同时，为保持协调，将刑法第一百六十四条的原定罪名“非国家工作人员受贿罪”相应修改为“商业受贿罪”。经研究：第一，将对公司、企业或者其他单位中的非国家工作人员以及对外国公职人员、国际公共组织官员行贿的行为统称为“商业行贿罪”并不确切，因为此类行为并不只发生于商业领域，谋取的不正当利益也并非仅限于商业利益。第二，专门确立“对外国公职人员、国际公共组织官员行贿罪”，可以更加充分地反映《刑法修正案（八）》新增的本款规定，表明我国坚决履行有关国际条约义务立场的立法精神。故未采纳该意见。

四、新增“虚开发票罪”

《刑法修正案（八）》第三十三条在刑法第二百零五条后增加一条，作为第二百零五条之一，即“虚开本法第二百零五条规定以外的其他发票，情节严重的，处……”《规定》将本条所定犯罪的罪名确定为“虚开发票罪”。

《规定》制定过程中，曾有意见提出，将本罪罪名确定为“虚开普通发票罪”，以准确反映本罪的犯罪对象与其他发票犯罪的区别，避免出现不同罪名中“发票”一词内涵和外延不尽一致的问题；同时，考虑到相关罪名确定的协调性，相应将刑法第二百零九条第二款、第四款规定的“非法制造、出售非法制造的发票罪”、“非法出售发票罪”分别修改为“非法制造、出售非法制造的普通发票罪”、“非法出售普通发票罪”。经研究，尽管将本罪罪名确定为虚开普通发票罪更为准确，但为尽量保持罪名的稳定性，同时考虑将本条罪名确定为“虚开发票罪”在理解和适用上不会出现问题，故未采纳该意见。

五、新增“持有伪造的发票罪”

《刑法修正案（八）》第三十五条在刑法第二百一十条后增加

一条，作为第二百一十条之一，将“明知是伪造的发票而持有，数量较大”的行为规定为犯罪。《规定》将本条罪名确定为“持有伪造的发票罪”。

六、新增“组织出卖人体器官罪”

《刑法修正案（八）》第三十七条在刑法第二百三十四条后增加一条，作为第二百三十四条之一，规定“组织他人出卖人体器官的，处……”《规定》将本条罪名确定为“组织出卖人体器官罪”。

七、将“强迫职工劳动罪”修改为“强迫劳动罪”

《刑法修正案（八）》第三十八条对刑法第二百四十四条作出修改，将原条文中的“用人单位违反劳动管理法规，以限制人身自由方法强迫职工劳动，情节严重的”修改为“以暴力、威胁或者限制人身自由的方法强迫他人劳动”；同时，增加“明知他人实施前款行为，为其招募、运送人员或者有其他协助强迫他人劳动行为的，依照前款的规定处罚”作为第二款。作出上述修改后，本罪的犯罪对象不再限于“职工”，原“强迫职工劳动罪”罪名已不合适，故《规定》将本条罪名确定为“强迫劳动罪”。

《规定》制定过程中，对于应否为协助强迫劳动的行为另行确定单独罪名有不同认识。有意见认为，应当将协助强迫劳动的行为专门确定为“协助强迫劳动罪”，主要理由是：第一，单独确定罪名，可以更好地体现我国积极履行作为《联合国打击跨国有组织犯罪公约关于预防、禁止和惩治贩运人口特别是妇女和儿童行为的补充议定书》缔约国义务的立场。第二，可以与强迫卖淫罪、协助强迫卖淫罪的罪名确定标准保持协调。经慎重研究，《规定》未采纳该意见，而是明确对协助强迫劳动的，也应认定为强迫劳动罪。主要考虑：（1）协助强迫劳动与协助组织卖淫不同，之所以在组织卖淫罪之外单独确定“协助组织卖淫罪”，是因为刑法为协助组织卖淫规定了不同于组织卖淫的、单独的法定刑，而根据第二百四十四条第二款的规定，对协助强迫劳动的，是“依照前款的规定处罚”。鉴于此,在强迫劳动罪之外,再就本属于该罪帮助行为的协助强迫劳动确定单独罪名没有必要。(2)如单独设置“协助强迫劳动罪”,在实际适用时,就必须严格区分“强迫劳动罪”与“协助强迫劳动罪”,而在具体案件中,二者的界限往往并不容易划分。统一以强迫劳动罪论处,更有利于司法操作,避免案件定性的困难和争议。(3)《刑法修正案(八)》专门增设刑法第二百四十四条第二款,已能充分体现我积极履行有关国际公约义务的立场,不就该款规定单独确立罪名,并不会影响这一立场。

八、新增“拒不支付劳动报酬罪”

《刑法修正案(八)》第四十一条在刑法第二百七十六条后增加一条作为第二百七十六条之一,将“以转移财产、逃匿等方法逃避支付劳动者的劳动报酬或者有能力支付而不支付劳动者的劳动报酬,数额较大,经政府有关部门责令支付仍不支付”的行为规定为犯罪。《规定》将本条罪名确定为“拒不支付劳动报酬罪”。

《规定》制定过程中,曾考虑本条罪名确定为“恶意欠薪罪”,这样更为通俗易懂,更简洁,也能直观反映本罪的基本特点。但征求意见中,一些部门和专家提出,“恶意欠薪”是一种状态,而不是一种行为,作为罪名不尽适宜。经研究,此意见确有道理,同时也为更好地统一各方面的认识,予以采纳。

九、将“重大环境污染事故罪”修改为“污染环境罪”

《刑法修正案(八)》第四十六条对刑法第三百三十八条作出修改,将原条文规定的结果要件“造成重大环境污染事故,致使公私财产遭受重大损失或者人身伤亡的严重后果”修改为“严重污染环境”。鉴于此,《规定》将本罪罪名由“重大环境污染事故罪”修改为“污染环境罪”。

《规定》制定过程中,有意见认为,本罪罪名应确定为“严重污染环境罪”。经研究认为:(1)罪名应当尽可能简洁,以利学习、运用和宣传。除本条外,刑法未就污染环境问题再设有类似条款,因此,将本罪确定为"污染环境罪",并不会影响对本罪基本特征的把握,不会从罪名上混淆本罪与其他犯罪的界限。(2)我国刑法中的许多罪名均无"严重"字样,如盗窃罪、诈骗罪和破坏性采矿罪等,但构成相关犯罪均须达到一定的数额标准或者情节严重的程度,类似地,在本罪罪名中"严重"两字亦可略去。故未采纳该意见。

十、新增"食品监管渎职罪"

《刑法修正案(八)》第四十九条在刑法第四百零八条后增加一条,作为第四百零八条之一,将"负有食品安全监督管理职责的国家机关工作人员,滥用职权或者玩忽职守,导致发生重大食品安全事故或者造成其他严重后果的"行为规定为犯罪。《规定》将本条罪名确定为"食品监管渎职罪"。

《规定》制定过程中,有意见认为,应将本条规定的罪名确定为"食品监管滥用职权罪"和"食品监管玩忽职守罪"。经反复、慎重研究,没有采纳该意见,主要是考虑:刑法第四百零八条之一将食品安全监管滥用职权和玩忽职守并列规定,且法定刑完全相同,分别确定罪名没有实际意义;相反,实践表明,滥用职权与玩忽职守的区分,往往遇到困难、引发争议。将本条确定为两个罪名,难免会给司法适用和理论研究人为制造诸多难题,且可能引发不必要的上诉、抗诉或者申诉,浪费国家司法资源。至于本条确定为一罪后,所产生的与以往罪名确定不协调、不一致的问题,可在进一步总结实践经验的基础上,通过及时完善有关规范加以解决。

(作者单位:最高人民法院研究室)

【经验交流】

关于扩大广东省非监禁刑适用的调研报告

广东省高级人民法院刑四庭调研课题组

非监禁刑,是指依照法律规定对轻微犯罪或者罪行较轻的被告人适用无须在监狱等监禁场所关押执行的刑罚种类的总称。依照我国刑法规定,严格意义上的非监禁刑只有管制、罚金、没收财产、剥夺政治权利和驱逐出境,其中,没收财产不能单独适用。虽然拘役及有期徒刑的缓刑不属于刑罚种类,但作为人民法院在判决时确定的刑罚执行方式,因无须进行监禁而被纳入非监禁刑的实际适用范围。因此,人民法院在司法实践中的非监禁刑通常包括缓刑、管制、罚金、剥夺政治权利和驱逐出境。驱逐出境仅限于对外国人适用。

依法正确适用非监禁刑,是深入推进社会矛盾化解战略部署、全面落实宽严相济刑事政策、构建和谐社会的需要,也是节约司法成本、有效预防和减少犯罪的需要,对社会主义司法的目的和国家的长治久安具有重要意义。然而,我省法院在非监禁刑适用方面远远落后于全国平均水平,这与我省经济社会发展水平不相适应,离我省法院争当实践科学发展观的排头兵和全面贯彻宽严相济刑事政策的工作要求相去甚远。为进一步扩大我省非监禁刑的适用，调研组于2010年5月在全省选取了广州中级人民法院、深圳中级人民法院、广州市海珠区法院、深圳市宝安区法院、佛山市南海区法院和东莞市第三法院共六家单位进行试点；从本院办公室统计组收集了近几年全省适用非监禁刑的相关数据，并向全省各中级人民法院发出通知，调取了近三年来各地非监禁刑适用的有关情况；到广州市海珠区法院和佛山市南海法院等试点基层法院与刑庭、少年庭、对应的公安机关、检察机关与司法局等单位或部门进行座谈；并赴江苏、北京和河北，与三地高级人民院和基层法院负责非监禁刑工作的刑庭座谈。在我院前期的专题调研报告的基础上，对相关数据、材料再进行梳理和分析，分工撰写，统一核稿，形成本报告。本报告主要是试图通过综合分析近年来我省法院非监禁刑适用的基本情况，对比兄弟省份的先进做法和成功经验，针对我省实际提出扩大和完善非监禁刑适用工作的对策和建议。

一、我省法院适用非监禁刑的基本情况及主要特点

据统计，2006～2009年，我省法院适用非监禁刑的人数分别为4 817人、5 566人、5 971人、6 927人，适用人数逐年增加，2009年比2006年多2110人；适用率也保持缓慢上升，2006～2009年分别为5.14%，5.69%，6.29%，6.84%，2009年比2006年高出1.7个百分点。而2006～2009年全国非监禁刑适用率分别为27.48%，28.77%，29.20%，29.16%，四年的平均适用率为28.65%，比我省这四年的平均适用率5.99%高出很多（见图1）。

对比其他省份，我省的非监禁刑适用率也明显偏低。以2006～2008年三年的平均适用率为例，北京为20.41%、上海为18.69%、天津为28.88%、江苏为35.43%、浙江为20.87%、山东为48.57%、河北为41.20%、青海为36.37%。以上八省市中既有经济相对发达的沿海省市，也有经济相对落后的内地省份，但这些省市的非监禁刑适用率均远远高于我省同期平均水平（见图2）。

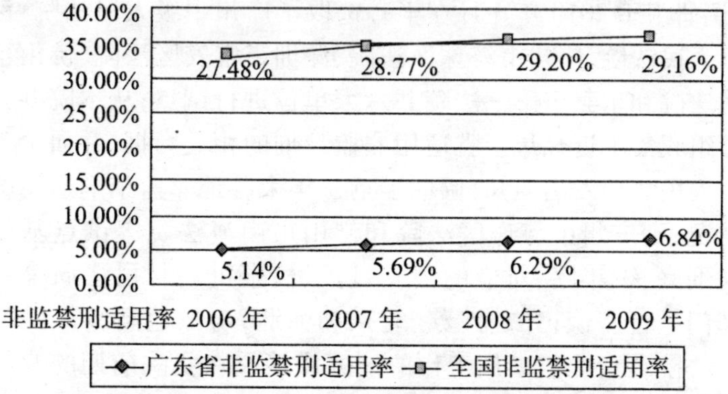

图1 2006~2009年全国及广东省非监禁刑适用率

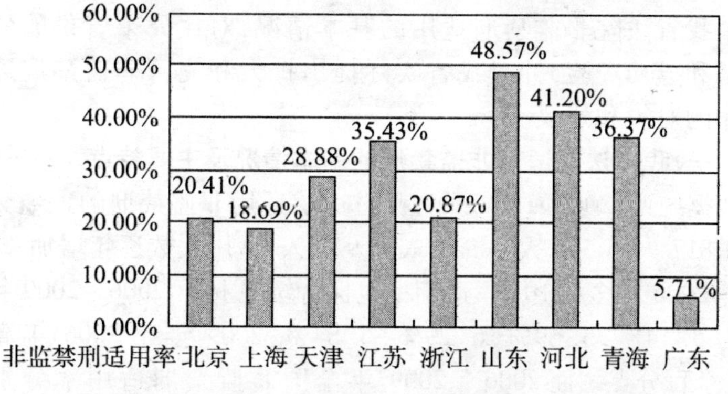

图2 九省市2006~2008年三年非监禁刑平均适用率

可见,我省非监禁刑适用率虽然连续四年保持缓慢上升的进步趋势,但相比全国平均水平和其他兄弟省市仍有明显差距,处于落后状态。那么,其原因是否我省刑事案件中的严重犯罪多、不适宜判处非监禁刑呢?实际情况并非如此。因为据统计数据,我省历年的重刑率(五年以上有期徒刑直至死刑)和轻刑率(三年以下有期徒刑、拘役等)均与全国平均水平基本相当。例如,2008年重刑率我省为16.24%,全国为15.77%;轻刑率我省为71.01%,全国为71.08%。显然,2008年我省实际上有71.01%的罪犯符合判处非监禁刑的基本条件,但司法实践中只有6.29%的罪犯被判处了非监禁刑,而全国同期的非监禁刑适用率是29.20%。可见,扩大非监禁刑适用符合我省客观实际的正确要求,具有现实可能性和必要性,应当加大适用力度。

从全省各地适用非监禁刑的总体情况来看,主要具有以下特点:

(一)适用非监禁刑的种类以缓刑为主

我国刑罚中的自由刑相对生命刑和财产刑,占了绝对多数。而在自由刑中,很多犯罪都有可能判处三年以下有期徒刑。综观现行有限的非监禁刑种类,管制、财产刑和剥夺政治权利在执行效果或适用条件上都不如缓刑,司法实践中,我省法院适用缓刑占了非监禁刑的绝大部分。据统计,2006~2009年,我省缓刑适用人数占非监禁刑适用总人数的90.49%,单处罚金占7.38%,管制占2.03%,单处剥夺政治权利等占0.1%(见图3)。

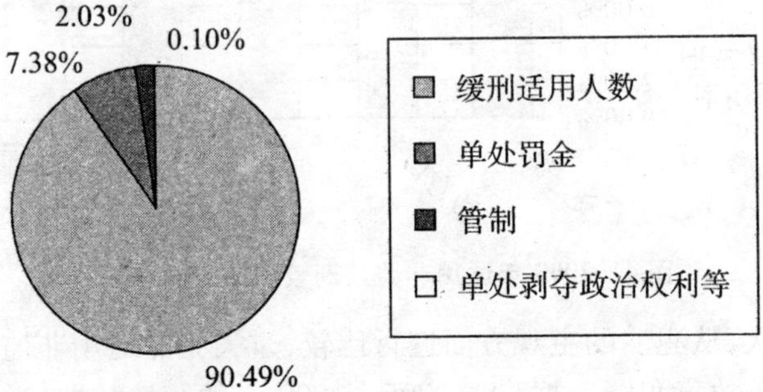

图3 2006~2009年我省非监禁刑种类

我省与全国各地的适用情况相差不大。例如,2006~2007年,缓刑适用人数占非监禁刑适用总人数的比例,北京为94.66%、上海为90.31%、天津为81.9%、江苏为81.67%、浙江为91.44%、山东为88%、河北为91%。

（二）适用非监禁刑的犯罪类型相对集中

首先，就具体罪名而言，我省适用非监禁刑主要集中在故意伤害罪（轻伤害）、交通肇事罪、盗窃（小额）、抢劫（小额）和贪污贿赂罪等几个罪名，适用人数约占非监禁刑适用总人数的五成。以2009年的非监禁刑适用率为例，交通肇事为15.78%，故意伤害为14.49%，盗窃为11.78%，抢劫为9.08%，贪污贿赂为7.60%（见图4）。当然，在不同地区，上述几个罪名所占比例排序有所不同。据了解，佛山市南海区的交通肇事案因得到赔偿后适用非监禁刑排在前面，而广州市海珠区的故意伤害案（轻伤害）因多发生在熟人或邻里之间，较易调解而适用非监禁刑较多。

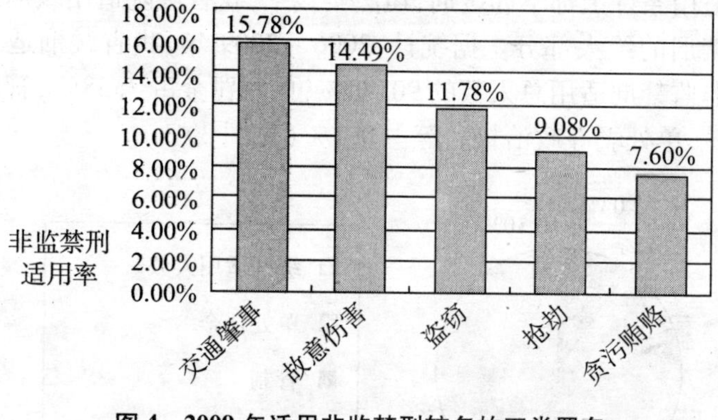

图4　2009年适用非监禁刑较多的五类罪名

其次，从犯罪的主观方面进行比较，过失犯罪适用非监禁刑的明显多于故意犯罪。据我省2006～2009年的统计数据，过失犯罪适用非监禁刑的人数为故意犯罪的6.5倍。

（三）非监禁刑适用的对象以未成年人为重点，但力度还不够

据统计，2006～2009年我省对未成年人的非监禁刑适用率分别为7.58%、9.49%、9.81%、10.09%，在连续几年逐年上升的前

提下,2009年首次突破了10%,有所进步。这四年的未成年人犯罪群体非监禁刑平均适用率为9.24%,比我省总体的非监禁刑平均适用率5.99%高出3.25个百分点(见图5)。一方面,由于我省高度重视未成年人犯罪问题,花大力气建设少年法庭,较早积极探索对未成年人罪犯适用非监禁刑,建立、完善配套机制,进行庭前、判后教育帮教;另一方面,法院更多考虑到未成年人罪犯往往相对主观恶性不大,多属初犯,关注到对他们进行改造和教育的意义较大,不应受到监禁的交叉感染,且放在社区矫正也易于执行和被民众接受等。不过,我省即使在未成年人适用非监禁刑工作方面有所起色,也仍远远落后于兄弟省份。例如,2006~2008年,河北省未成年人犯罪的非监禁刑平均适用率达到60%以上,云南省也接近40%,都比我省高出很多。

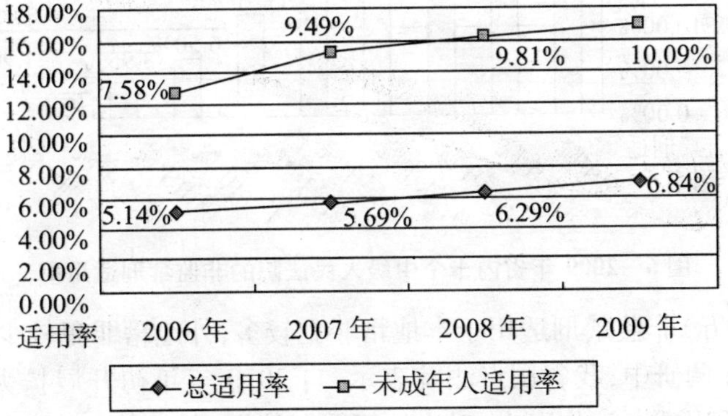

图5　2006~2009年全省非监禁刑总适用率及未成年人非监禁刑适用率

(四)非监禁刑适用的地区不平衡,外来人口较多的地区适用率较低

据统计,我省不同地区的非监禁刑适用率存在较大差异。以2009年各中级人民法院的非监禁刑适用率为例,最高的是梅州中级人民法院,达到32.78%;最低的是深圳中级人民法院,仅为

1.90%；排在前五位的分别是梅州中级人民法院(32.78%)、清远中级人民法院(20.12%)、云浮中级人民法院(19.10%)、广州铁路运输中级人民法院(17.53%)、汕尾中级人民法院(17.20%)(见图6)，这些地区经济相对落后，外来人口较少。而案件总数排在全省前列的广州中级人民法院非监禁刑适用率仅为6.5%，深圳中级人民法院为1.90%，佛山中级人民法院为3.95%，东莞中级人民法院为2.22%，江门中级人民法院比例略高为11.70%，这些地区经济相对发达，外来人口较多(见图7)。

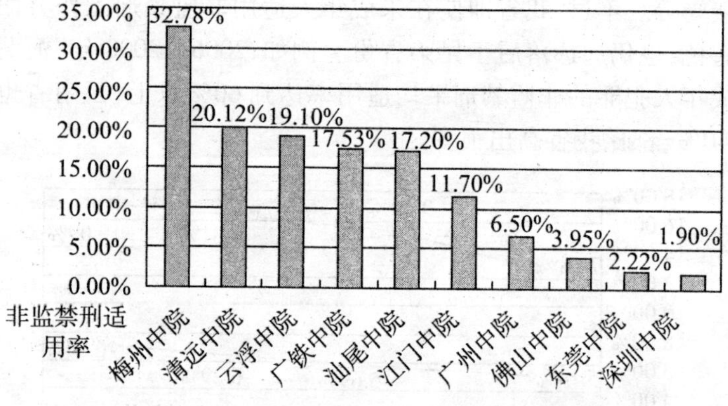

图6　2009年省内十个中级人民法院的非监禁刑适用率

(五)非监禁刑适用于本地籍罪犯较多，外地籍罪犯较少

在调研中，我省试点法院表示，自2010年年初开展扩大非监禁刑适用试点工作以来，对本地籍罪犯能做到加大力度、积极适用非监禁刑，但对外地籍(包括非本省籍和本省外地籍)罪犯，即使其主观恶性不深，罪行并不严重，也很少能适用非监禁刑，主要原因是外地籍罪犯的判后移交、监管工作存在较大问题，容易出现脱管、漏管现象。例如，惠州市两级法院2006~2009年总共判处罪犯17 549人。其中，本地籍罪犯3 126人，适用非监禁刑的518人，非监禁刑适用比例为16.6%；外地籍罪犯14 423人，适用非监禁刑

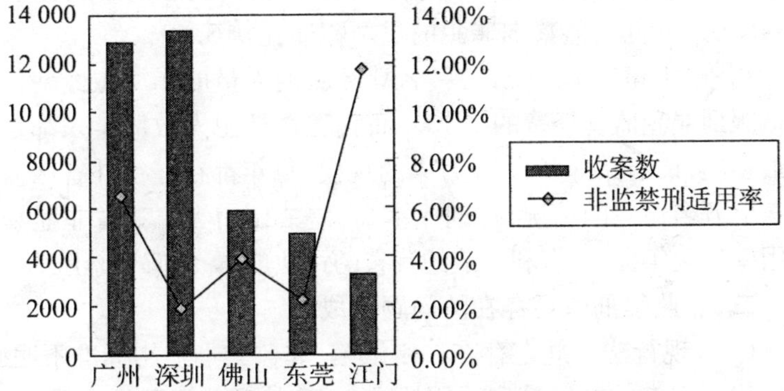

图7　2009年省内五地收案数及非监禁刑适用率

的仅为338人,非监禁刑适用比例为2.34%,比本地籍罪犯非监禁刑适用率低14.26个百分点。由于我省外来人口多,近三年在我省犯罪的非广东籍被告人占到被告人总数的2/3以上,尤其在经济较为发达的珠三角地区,外地籍人员犯罪的比例更大,如广州市的非广州籍被告人高达96%,其中非广东籍被告人占73%。因此,对外地籍罪犯较少适用非监禁刑,既造成外地籍罪犯和本地籍罪犯不能平等适用刑罚的不公正现象,又成为制约我省扩大非监禁刑适用的瓶颈之一。

(六)适用非监禁刑的社会效果普遍较好

从司法实践情况来看,非监禁刑的适用不仅能起到避免罪犯间相互传授犯罪技术、方法即"交叉感染"的问题,有利于罪犯改造和重新回归社会,而且无论被害人还是被告人,对案件的处理结果都比较满意。被告人为了争取适用非监禁刑,主动退赃,积极进行民事赔偿,真诚赔礼道歉,以争取被害人的谅解。由于被告人主动采取措施挽救损害,积极赔偿被害人的损失,取得被害人一定程度的谅解,双方矛盾得以化解,被破坏的社会秩序得到恢复。被告人在适用非监禁刑后,一般都能珍惜机会,悔过自新,重新犯罪的现象很少。据统计,我省非监禁刑罪犯的重新犯罪的平均比例为0.84%,远远低于监禁刑罪犯的重新犯罪比例3.69%。

另外,据司法部门统计,一名社区服刑人员的年矫正经费仅为监狱服刑罪犯监管经费的1/10。而我省在押犯人数历年来都是全国最多的,长期保持多达13万人的规模,每年都存在往外省区监狱调送上万名罪犯的情况,行刑成本高,监禁压力大。我省非监禁刑适用率的逐年提高,有利于节约我省的司法成本、缓解监禁压力。

二、非监禁刑适用存在的问题及成因

(一)现行法律规定存在一定缺陷,非监禁刑适用标准不明确

我国现有的非监禁刑适用标准,无论从理论上还是实践中,都过于原则和抽象,缺乏可操作性。以缓刑为例,我国刑法第七十二条第一款规定,对于被判处拘役、三年以下有期徒刑的犯罪分子,同时符合犯罪情节较轻、有悔罪表现、没有再犯罪的危险、宣告缓刑对所居住社区没有重大不良影响条件的,可以宣告缓刑。但"悔罪表现"和"没有再犯罪的危险"的判定标准是什么,并没有细化的具体标准。由于现有法律对适用非监禁刑没有规范化的具体规定,缺乏明确的客观标准,司法实践中只能根据裁判当时的情况进行判断和预测,带有较强的主观性和不确定性,导致非监禁刑适用标准不一的问题。有的因为没有把握,心存顾虑,为减少判后风险不愿意适用非监禁刑;有的过度行使自由裁量权,影响人民法院判决的公信力和权威性。为避免遭到责难,大部分法院在非监禁刑适用上比较保守,因为判定难、把握难而放弃适用非监禁刑。

(二)法院内部关于非监禁刑适用的审批程序设置不合理

我省刑事案件数量一直位居全国前列,如2008年占全国总数的10.2%,珠三角地区基层法院法官人均结案数达140余件。刑事法官办案任务重、压力大,且必须严格在审限内结案。由于对被告人判处非监禁刑,要求法官进行判前评估,调查被告人是否具备监外监管条件,开展调解、和解等,增加了额外的工作。而为了确

保非监禁刑适用的公正、公平,避免法官受到不必要的误解,减少法官个人承担的风险,我省各地法院对非监禁刑的适用又持高度谨慎的态度,普遍设置较烦琐的程序进行监督和控制。有的法院要求此类案件必须在合议庭评议后报庭长、主管院长审批,有的法院甚至要求全部报经审判委员会讨论决定。我院2009年出台的《关于正确适用缓刑的指导意见》,明确规定对于适用缓刑的案件,各地法院可以根据自身的实际情况设定审批程序,原则上应当在实现对案件有效监督的前提下适当简化案件的审判程序。但由于没有明确提出具体的审批程序,绝大多数法院在适用非监禁刑时仍然过于谨慎,程序复杂,增加了我省法官本已超负荷的工作量,严重影响了法官适用非监禁刑的积极性。

(三)现行非监禁刑执行体制不够完善

1. 主要执行主体履行职责不到位

由于基层公安机关职能繁多,普遍人力不足,大都忽视了其所承担的非监禁刑执行职责,导致有些地方的缓刑、管制和剥夺政治权利等非监禁刑的执行流于形式。主观上,有些公安干警对非监禁刑制度认识存在偏差,认为判处非监禁刑就是"定罪放人",故不严格按照法律规定进行监督、管理;有些认为判处非监禁刑意味着否定了破案、抓捕的工作成绩,还增加了公安机关的工作负担,故监管、考察的工作积极性不高等。受这些因素的影响,非监禁刑的执行效果大打折扣,进而其功能和作用常常受到社会公众的质疑,从而影响了人民法院适用非监禁刑的信心和力度。

2. 社区矫正工作尚未能全面、有效地开展

2003年7月,最高人民法院、最高人民检察院、公安部和司法部联合下发了《关于开展社区矫正试点工作的通知》,开始在北京、天津、上海、江苏、浙江和山东六省市开展社区矫正试点工作,将判处缓刑、管制、剥夺政治权利等非监禁刑的罪犯及假释、暂予监外执行人员置于社区进行改造、矫正,由司法行政机关所属基层

司法所为主进行监督、管理。我省作为第二批社区矫正试点地区，在2005年正式开展这项工作，我院和省检察院、省公安厅、省司法厅联合出台了《关于在我省实施社区矫正试点工作的通知》，并在广州市、深圳市、江门市各选定两个区及湛江市赤坎区先行试点。2009年9月，最高人民法院、最高人民检察院、公安部和司法部再次下发《关于在全国试行社区矫正工作的意见》，旨在推动社区矫正工作在全国的开展，我省也正在加紧步伐，力求全面推开并完善社区矫正工作。然而，到目前为止，我省的社区矫正工作覆盖范围相当有限，存在一些亟待解决的问题：

第一，我省目前对非监禁刑罪犯纳入社区矫正的对象仅限于本地籍罪犯，公安机关和社区矫正组织普遍只负责落实对本地籍罪犯的监管、考察，而将外地籍罪犯排除在外，造成外地籍罪犯脱管、漏管的不利局面，限制了对外地籍罪犯平等适用非监禁刑。

第二，我省对强化司法行政机关社区矫正工作职能的有关规范性文件尚不完备，关于公检法司四家社区矫正工作职能部门之间工作无缝衔接的具体工作机制尚未建立，造成社区矫正机构力量薄弱、相关工作衔接不畅顺的尴尬局面，影响了非监禁刑的适用效果。

第三，我省社区矫正工作网络不成熟，省内各地、市社区矫正工作的力度和试点社区的数量很不均衡，一般是在经济较发达地区，尤其是对未成年人的监管、帮教工作开展较好，而在经济欠发达和偏远山区的社区矫正工作相对滞后，造成省内各地、市之间没有建立起通畅的相互协助的衔接机制相配套，人民法院也囿于判前社会调查和判后监管等问题而不敢积极适用缓刑。

第四，社区矫正工作方式传统，手段单一，创新不足，效率不高。例如，省外一些地区开始利用移动电话等电子通讯设备对外地籍罪犯进行监管的创新做法，在我省尚未见尝试。

上述现状反映出我省的社区矫正工作难以在短期内有效解决

大多数非监禁刑罪犯的监管帮教问题，当然，相对而言，对未成年罪犯的监管帮教会好一些。

3. 财产刑的执行困难重重

我国现行法律规定，财产刑由人民法院执行，但受到被告人自身经济能力和人民法院执行力量的双重限制。在被告人方面，刑事案件的大部分罪犯身份是无业、农民或农民工，因生活困难而走上犯罪的道路，个人财产更是有限，要求这些被告人赔偿被害人已经相当困难，更何况对他们执行财产刑。而在人民法院方面，我省法院长期处于审判工作压力大、民事案件的执行工作任务重的境地，难以积极实现对刑事案件中罚金、没收财产刑的执行以及刑事附带民事部分的执行。

（四）影响非监禁刑适用的相关配套机制不够健全

1. 我省被告人"自报身份"问题突出，身份核查机制不灵

我省刑事案件中，被告人自报身份案件大量存在。据统计，我省 2006～2008 年自报身份的案件达到 36 186 件、50 417 人，占生效裁判案件的 19.13%，占生效裁判人数的 17.62%，远远高于其他省份。我们了解到，在实践中，侦查机关查证被告人身份的途径比较单一，如一些公安机关只是通过向被告人交代的"户籍地"寄送身份情况查证函的方式进行身份查证，"户籍地"公安机关一段时间没有回复就对被告人按自报身份犯对待。这种做法导致不少本来可以查明被告人身份的案件因邮寄地址错漏、户籍地公安机关怠于回复查证意见等原因而没有查明，使得一些如实交代了自己真实身份的被告人也被当做"自报身份"对待。由于被告人的真实身份无法查明，无法确认其真实的户籍地或居住地，即使具备了适用非监禁刑的其他条件，法院一般也不适用非监禁刑。

2. 判前强制措施僵化，影响非监禁刑的适用

为确保罪犯到案、刑事诉讼顺利进行，省内司法机关普遍对绝大多数犯罪嫌疑人或被告人采取逮捕关押的强制措施，公安或检

察机关很少主动采取取保候审等其他非监禁措施，从而导致一些犯罪情节轻微、具有判处非监禁刑可能性的被告人在一审判决前实际已被羁押很长时间，严重削弱了非监禁刑旨在避免交叉感染、减少监禁压力的意义。在这种情况下，法官往往会选择对被告人判处短期的自由刑。

3. 判前社会调查制度尚未明确和规范

目前，我省在对未成年人适用非监禁刑方面探索了一些有益的做法。例如，广州市中级人民法院和所辖的几家基层人民法院都有判前社会调查的做法并逐步形成运转机制，但在对成年被告人适用非监禁刑时做好判前社会调查的工作方面基本仍是空白。大多数情况下，人民法院是通过审查起诉机关移送的案卷材料进行判断，作出判决；必要时，法院才依职权进行核实或补充调查。现实中，公安和检察机关移送材料多为支持公诉所用，往往忽视了对被告人是否可以适用非监禁刑的证据，使得法官难以对被告人是否不致再危害社会方面作出确定的判断，客观上导致了难以对成年被告人适用非监禁州。值得注意的是，在我们调研中了解到六家试点单位在积极探索扩大非监禁刑适用的新思路和新方向时，正在尝试利用一些有利资源进行对被告人的判前社会调查。例如，与被告人所在的工作单位、居住社区的公安机关、街道办等取得联系，形成书面评估意见入卷，作为判决依据。但总体上，这方面的工作仍是零散和不规范的，有一定的随意性，也不一定能及时得到配合，亟待规范和细化。

4. 刑事和解制度有待于具体化、规范化和透明化

近年来，我省积极推进刑事和解工作，促成了一些刑事案件被告人与被害人达成和解，修复社会关系，有利于人民法院适用非监禁刑。在基层法院座谈时，我们了解到，尤其是在轻伤害的故意伤害和交通肇事案件中，刑事和解是实现“案结事了”的有效手段。但由于我省现在的刑事和解制度不够细化和明确，缺乏具体的操

作指引,且对社会公众的宣传不到位,不够公开、透明化,被害人和被告人双方有时会陷于“讨价还价”的僵局,而法官也会被误解为“开口要钱”,法官的形象大受影响,人民法院的判决也失去了权威性和公信力。

5. 刑事被害人救助制度有待进一步完善

犯罪行为在危害社会的同时,往往给被害人或被害人家属造成极大的物质和精神损失。现有法定的刑事附带民事诉讼的赔偿方式,往往由于被告人缺乏赔偿能力,而无法充分弥补被害人或被害人家属的损失,这对经济困难的被害人或被害人家属来说无异于雪上加霜,尤其是有些家庭生活来源都成困难,被害人一方因此对被告人更加痛恨,并要求从重处罚也情有可原。我省正在积极推进被害人司法救助工作,并已取得了阶段性的进展,但对比我省刑事案件总数庞大、刑事审判任务繁重的现状,还是远远不够的。我们发现,被害人或被害人家属因为家庭经济困难,得不到赔偿,执著追求对被告人从重处罚,不接受法院对被告人判处非监禁刑而缠诉、上访的例子不在少数。

(五)对非监禁刑适用的社会认识不到位

我们在调研中还发现,受传统刑罚观念和社会偏见的影响,我省从政府机关、公检法司的工作人员到社会公众或多或少都存在对非监禁刑适用的认识不到位,甚至有偏见的情况。有人对允许罪犯不在监所服刑的刑罚形式难以接受,认为有轻纵犯罪之嫌;有人对适用非监禁刑的罪犯能否得到有效监管和矫治心存疑虑;更有人将判处非监禁刑和通融关系、枉法裁判等腐败现象联系在一起。在这种环境下,法院和法官对非监禁刑的适用顾虑重重。一方面,怕被指责放纵罪犯,怕被怀疑办“人情案”、“金钱案”;另一方面,担心被告人判处非监禁刑后脱管,造成不良后果而被追究责任,干脆多适用监禁刑,省心省事,这也就造成了我省非监禁刑适用率明显偏低的现状。

三、部分兄弟省市法院非监禁刑适用工作的先进经验

调研组挑选了非监禁刑适用工作开展较好的江苏、北京和河北三个省(直辖市)进行实地考察,现将这些法院的先进经验总结如下:

(一)合理设置和规范非监禁刑的审批程序

北京市朝阳区法院分三种情况规范非监禁刑审批程序:对庭审前已被取保候审的被告人,如符合缓刑适用条件,一般适用缓刑,可由独任审判员或合议庭决定;对庭审前已被取保候审的被告人,如符合适用管制、单处罚金和剥夺政治权利条件的,报庭长审批;对在押的被告人,如独任审判员或合议庭认为可以适用非监禁刑的,应逐级报庭长、主管院长,并经审判委员会讨论决定。

河北地区法院适用非监禁刑由独任审判员或合议庭提出适用意见,逐级报庭长和主管院长签发,必要时提交审判委员会讨论决定。

江苏省连云港市中级人民法院规定对拟判处缓刑的案件,由独任审判员、合议庭形成初步意见后向庭长汇报,报主管院长把关,合议庭意见不一致的,应经审判长联席会或全庭审判人员讨论后,报分管院长把关。

这些区分案件的疑难复杂程度确定审批主体的做法,将相当部分适用非监禁刑案件的决定权赋予了独任审判员、合议庭、庭长和主管院长,简化了审批程序,节省了审批时间,有助于提高审判人员适用非监禁刑的积极性。

(二)统一制定和明确非监禁刑的适用标准

江苏省连云港市中级人民法院制定了《关于故意伤害等六类案件缓刑适用指南》,规定了缓刑适用规则,要求对于判处拘役、三年以下有期徒刑的犯罪分子,且系初犯、偶犯、犯罪情节较轻,具有悔罪表现,法定赔偿义务已经履行或已与被害人方签订了履行计划,得到被害人方谅解,适用缓刑不致再危害社会,且已落实考察、帮教措施的,可以适用缓刑;规定了缓刑适用的禁止和限制性规定,要求对于累犯不得适用缓刑,对于共同犯罪中的主犯以及具有其他严重情形的被告人,一般不适用缓刑;规定了故意伤害,聚众斗殴,交通肇事,盗窃,掩饰、隐瞒犯罪所得等六类犯罪一般不适用缓刑。

江苏省高级人民法院向全省法院印发了《关于审理职务犯罪案件依法正确适用和执行缓刑的意见》,规定了对职务犯罪案件适用缓刑的原则、条件、程序和缓刑执行程序。

上述制定规范性文件的做法,统一和明确了非监禁刑的适用标准,规范了非监禁刑适用的裁量依据,使法官有了明确的操作指引和裁判依据,有利于克服法官适用非监禁刑的畏难情绪。

(三)完善判前社会调查机制,奠定非监禁刑适用的基础

北京市朝阳区法院和朝阳区社会矫正工作领导小组办公室、公安分局、检察院、司法局联合签订了《关于适用缓刑宣判前社会调查的工作意见》,明确了适用缓刑宣判前社会调查工作由朝阳区矫正办指定被告人居住地街乡矫正机构负责,并规定了适用缓刑宣判前社会调查的工作性质、适用范围、工作主体、工作原则、工作程序和工作要求。

河北地区法院对拟判处非监禁刑的被告人,委托社会矫正部门进行社会调查,通过实地走访、综合考察被告人所在村委会、社区民警、邻居和亲属的意见,提出是否适用非监禁刑的初步意见,为法院判决提供参考。

判前社会调查机制的完善,有助于法院对被告人的主观恶性、人身危害性、社会危害性和悔罪表现作出全面、客观、准确的评价,为适用非监禁刑奠定基础。

(四)充分发挥社区矫正职能,完善判后监管机制

河北地区法院对可能适用非监禁刑的本地户籍被告人,邀请社区矫正人员旁听庭审,提前了解被告人的基本情况,对被告人判处非监禁刑的,当庭签署《社区矫正保证书》、《社区矫正帮教协议

书》等,办理交接手续。对在辖区内打工的外地户籍被告人,廊坊市中级人民法院规定可由其打工单位负责人进行担保,协调务工当地的派出所、司法所进行监管。

江苏省《社区矫正工作办法》规定,社区矫正对象户籍地和经常居住地在本省,或者户籍地不在本省,本人及家庭成员在本省定居,且长期在本省工作、学习和生活的,由本省接收实施社区矫正。

北京市丰台区法院和丰台区司法局联合签署了《关于建立缓刑担保制度的意见》,规定对法院拟判处缓刑或者已经判处缓刑,法院认为有必要提供担保人的被告人,可以采取保证人担保的形式,以亲属担保为主,必要时可要求相关单位提供担保,并明确保证人的义务和法律责任,由保证人配合社区矫正机关对被保证人进行监督和帮教。

上述做法,重在探索解决对外地籍罪犯同等适用法律和适用非监禁刑后出现脱管之间的矛盾,有利于扩大非监禁刑的适用。

(五)构建有效的调解体系,提高刑事和解成功率

河北地区法院积极参与构建"三位一体"的大调解体系,由法院、检察院、公安机关、司法行政机关、居委会等有关单位共同派员组成调解机构,行使调解职能,探索先民事后刑事的办案方法,加大对轻微刑事案件的刑事和解力度,将刑事和解工作提前,并从法院一家调解的模式转变为共同调解的模式,增强了刑事和解的公开性和公信力,通过调解使被告人得到受害人的谅解,真正实现"息诉罢访",解除审判人员可能由于适用非监禁刑而导致被害人方上诉、上访的"后顾之忧"。

四、进一步扩大我省法院非监禁刑适用的对策和建议

非监禁刑具有监禁刑所不具有的许多优势,如行刑成本低、有利于避免罪犯间交叉感染、化解社会矛盾、减少社会对立面、缓解监禁压力等。我省各级人民法院在审理刑事案件中,尤其是对未成年人犯罪案件,应当积极响应党中央关于构建和谐社会、深入推

进社会矛盾化解和最高人民法院关于全面贯彻宽严相济刑事政策的要求，充分发挥审判职能作用，依法进一步加大非监禁刑的适用力度。

（一）更新司法理念，提高社会认识，充分重视非监禁刑的适用

各级人民法院要转变刑罚观念，摆脱片面的重刑思想，重新审视大量使用监禁刑的弊端，树立以预防为主的科学的刑罚观，充分认识到非监禁刑的适用是与社会危害性不大的犯罪分子的罪责相适应的，同样具备特殊预防和一般预防的功能，能够实现刑罚预防犯罪、保护社会的目的。同时，应当充分认识到非监禁刑适用是促进社会和谐、落实科学发展观的重要举措，坚决走出“敢于依法从严，不敢依法从宽”的误区，摒弃图省事、嫌麻烦的错误观念，克服不应有的思想顾虑，对符合适用条件的被告人，坚决适用非监禁刑。在工作中，要积极争取党委、人大对非监禁刑适用工作的重视和支持，帮助法院与公安、检察、司法等相关部门构建非监禁刑配套工作机制，解决非监禁刑适用中存在的被告人身份不明、判前羁押措施使用过多、判前社会调查和判后监管帮教难以落实等问题。同时，要进一步加强法制宣传，使广大群众转变保守的重刑观念，使非监禁刑的扩大适用得到社会公众的认同，使法院免受“打击不力”的指责，以改善适用非监禁刑的社会环境。

（二）统一制定规范性文件，明确非监禁刑的适用标准

刑法关于非监禁刑适用的规定过于原则和抽象，而我院2009年出台的《关于正确适用缓刑的指导意见》对于缓刑适用虽然有所明确，但仍然比较笼统，需要进一步细化，以增强客观性和可操作性，至于其他种类的非监禁刑适用具体标准在我省尚属空白。因此，认真总结非监禁刑适用的经验，统一制定指导非监禁刑适用的规范性文件，进一步明确非监禁刑的适用标准，是当前我省司法活动中亟待解决的问题。这不仅可以使审判活动有据可依，增强

非监禁刑适用的可操作性,规范法官的自由裁量权,有助于实现对同一时期、同一地区的相同或相似案件的适用标准统一、量刑平衡,而且有利于增强非监禁刑适用的客观性和透明度,克服非法干扰,使当事人和社会公众对犯罪行为能够进行更为准确的评价,并对非监禁刑适用与否作出更为确定的心理预期,从而树立和强化裁判的公信力,减少法院压力,提高非监禁刑的适用率。我们认为,可以围绕对犯罪分子是否确实不致再危害社会即再犯可能性的判断为核心内容,依照现有法律规定进行创新,坚持惩罚犯罪与化解矛盾并重、法律效果与社会效果并重的原则,从犯罪主体、犯罪情节和悔罪表现等多层面的考量因素入手,通过具体化的规定来确立非监禁刑的适用导向,从适用范围、适用情形、适用程序等方面构建科学的非监禁刑适用标准的统一体系,通过将适用情形细分为优先适用、可以适用、谨慎适用、禁止适用等具体情形,进一步使非监禁刑适用的客观标准具体化,增强总体上的可操作性。与此同时,通过司法培训、工作评查和汇编指导性案例等形式,加强上级法院对下级法院的业务指导,并鼓励各中级人民法院结合本地实际,专门针对我省司法实践中适用非监禁刑较多的具体罪名,如交通肇事罪、故意伤害罪、盗窃罪、抢劫罪、贪污贿赂犯罪等,总结审判经验,提出适用标准,制定指导本辖区参照执行的适用意见,待条件成熟时再由我院统一全省的个罪适用标准。

(三)放宽对未成年人适用非监禁刑的标准,进一步加大适用力度

对未成年人适用非监禁刑,有利于避免其受到交叉感染,积极改过自新、回归社会,既符合"教育、感化、挽救"未成年人的方针,又符合有关未成年人保护的立法精神,而且容易获得社会公众的认可。我省对未成年人的非监禁刑适用率在2009年刚刚突破10%,虽然有所进步,但相比其他兄弟省份高达40%甚至60%的适用率,还有很大的提高空间。我省各级人民法院在审理未成年

人犯罪案件时，应当进一步树立刑罚轻缓化、非监禁化的司法理念，从保护未成年人的角度出发，在非监禁刑适用标准的掌握上相对于成年人要适当放宽，通过统一明确的宽缓的适用标准，切实加大对未成年人适用非监禁刑的力度，真正实现对未成年人“教育挽救为主、惩罚为辅”的立法要求。例如，在对未成年人判处三年以下有期徒刑、拘役的同时，在没有禁止性规定的情况下，一般都应考虑适用缓刑。由于在校青少年的可改造性以及社会对其的宽容程度与未成年人大体相当，而且具有学校监管的优势，因此，对在校青少年适用非监禁刑可以比照未成年人的标准进行。

（四）建立适用非监禁刑的保证制度，对外地人依法平等适用非监禁刑

我省的外来人口多，外地人犯罪现象突出，由于缺乏监管条件，司法实践中适用非监禁刑的比例很低，已成为我省提高非监禁刑适用率的一大障碍，迫切需要解决。依照法律规定，监管条件是属于犯罪人本身以外的因素，既不反映其人身危险性，也不决定犯罪行为的社会危害性，并不属于刑罚裁量的考虑因素。如果把它作为适用非监禁刑的依据是不公正的，违反了刑法的罪责自负原则。因此，各级人民法院应当牢记任何人在适用法律上一律平等的原则，在非监禁刑适用上应当平等对待外地人。兄弟法院的一些做法值得学习。我们认为，外地人在我省有经常居住地，或者有公司企业愿意接收和协助监管的，以及犯罪地建有监管基地可以接收被告人的，应当认为具备监管条件，可以依法积极适用非监禁刑。如果没有这些条件的，可以探索建立适用非监禁刑的保证制度，借鉴取保候审制度的相关规定加以改进，由被告人同时提供保证人和交纳保证金进行担保的方式来保证非监禁刑的适用效果。被告人、保证人签署《保证书》，法院在判决生效后连同判决书、执行通知书等法律文书一并送达犯罪地的公安机关，由犯罪地公安机关联系保证人落实具体担保义务。如果被保证人有违规行为或

者保证人不履行保证义务,则没收保证金上缴国库,对保证人进行罚款或作出其他处罚。同时,可以建议公安机关借鉴国外和其他兄弟省份的先进做法,探索运用电子监控设备,如在脚腕或者手腕装上其无法自行取下的电子监控装置或自愿随身携带配有电子监控装置的移动电话,对外地人进行监管。通过这些措施创造对外地人平等适用非监禁刑的有利条件,解除无谓的后顾之忧,改变目前对外地人很少适用非监禁刑的不公平现象。

(五)简化非监禁刑的内部审批程序,减轻法官的办案负担

依照我国刑事诉讼法的规定,合议庭和简易程序的独任审判员都是享有裁判权的审判组织。但是在重刑思想的长期影响下,目前我省法院适用非监禁刑的审批程序普遍比较复杂,一般须由独任审判员或合议庭逐级报庭长、主管院长,经审判委员会讨论决定。由于刑事案件的审理期限短,加上我省的刑事案件特别多,法官的办案压力十分大,这种复杂、耗时的审批程序在一定程度上增加了法官的办案负担,严重影响了法官适用非监禁刑的积极性,为图简便,对一些依法可以适用非监禁刑的被告人适用了监禁刑。因此,我省法院应当借鉴江苏、河北、北京等兄弟法院的成功经验,根据案件情况分类规范审批程序,简化审批环节。我们认为,除了对较大幅度减轻处罚后才符合非监禁刑适用条件的案件以及社会公众较为敏感的国家工作人员职务犯罪减轻处罚的案件,必须提交院长审批或审判委员会讨论决定外,一般情况下都应当依法赋予合议庭或独任审判员判处非监禁刑的决定权。只有当合议庭或独任审判员对是否判处非监禁刑有争议或难以作出决定时,才逐级提交庭长、院长审批或审判委员会讨论决定。通过规范审批权,达到简化审批程序,减少审批时间,减轻法官办案负担,从而达到扩大非监禁刑适用的目的。

与此同时,考虑到适用非监禁刑比判处监禁刑的工作量要大,增加了委托判前社会调查、组织调解和解、判后回访帮教等额外工

作，需要耗费更多的时间、精力，为提高工作人员适用非监禁刑的积极性，可以将非监禁刑适用工作情况纳入考核，对成绩突出的工作人员予以表彰奖励。

（六）建立量刑规范化程序和公开适用机制，提高裁判的公信力

目前，我省非监禁刑适用过程中，关于被告人人身危险性、再犯可能性的相关证据大多没有在法庭审理中质证和认证，也未将非监禁刑适用问题纳入法庭辩论，控辩双方和社会公众不了解非监禁刑适用的决定过程和内容，难免对非监禁刑适用的公正性产生质疑。因此，非监禁刑的适用程序公开，有助于增加裁判的透明度，接受控辩双方和社会公众的监督，提高裁判的公信力，营造良好的社会氛围，减少法院面临的社会压力。我们认为，建立非监禁刑的量刑规范化程序和公开适用机制，将对扩大非监禁刑适用起到巨大的推动作用。可以通过进一步健全相关诉讼程序，建立非监禁刑适用的证据收集和退查机制，完善判前社会调查机制，引入非监禁刑适用的量刑建议机制和庭审质证辩论机制，充分发挥公安机关在侦查阶段、检察机关在审查起诉阶段、控辩双方在法庭审理阶段、司法行政机关在判前社会调查方面的职能作用，确保各方在履行职责的同时，对非监禁刑适用能够充分发表各自的意见和立场，使非监禁刑适用的决策从看不见到看得见，拉近与控辩双方、社会公众心理预期的距离，使裁判结果的公正感、平等感进一步加强，使非监禁刑适用的社会公信力得到强化，从而推动非监禁刑适用的扩大。

与此同时，要发挥司法能动作用，建立刑事和解的公开适用机制并完善刑事被害人救助制度。一方面，通过规范刑事和解的程序，使刑事和解公开化、透明化、制度化，充分调动被告人、被害人所在单位、社区基层组织、辩护人、诉讼代理人等各方力量在促进和解、化解矛盾方面的积极作用，适度引导双方以赔礼道歉、赔偿

经济损失、履行特定义务等多种形式达成谅解；另一方面，对无法及时获得赔偿、生活陷入困境的刑事被害人及其近亲属，通过规范、合理的适用机制给予适当的必要救助，积极化解矛盾，减少反对声音，为扩大非监禁刑的适用打下良好的社会基础。

（七）加强与有关单位的沟通、配合，努力完善其他配套机制

1. 提高诉前非羁押强制措施的采用比例

江苏、北京、河北等地不少公安、检察机关在侦查、起诉阶段就对一些轻微犯罪、认罪悔罪表现较好的犯罪嫌疑人不予羁押，而是采取了取保候审、监视居住的强制措施，并建议法院判处非监禁刑，这是上述地区非监禁刑适用率较高的一个重要原因。我省各级人民法院要借鉴此成功经验，加强与当地公安、检察机关的沟通，统一对非监禁刑适用的思想认识，积极采取有效措施，提高诉前对可能适用非监禁刑的犯罪嫌疑人采取非羁押强制措施的比例，特别是对未成年人更应尽量采取非羁押措施，避免交叉感染。我们认为，一方面，对犯罪情节轻微、悔罪表现好、人身危险性较小、没有逃避审判风险的犯罪嫌疑人或被告人，在侦查、起诉阶段一般可以取保候审或监视居住，为法院判处非监禁刑创造条件；另一方面，法院在量刑时不应把判前羁押时间较长作为不适用非监禁刑的理由。

2. 在认真核查被告人自报身份的基础上，规范适用程序

目前，我省被告人自报身份问题比较严重。对这些人，由于难以确定是否是累犯、适用非监禁刑的判后监管措施难以落实等原因，我省法院对自报身份的被告人一般不适用非监禁刑。我们认为，由于目前核查身份情况的工作方式比较落后，导致自报身份存在两种情况：一是确属假报身份；二是报了真实身份但没有得到该地公安机关回函证明，结果成了自报身份。对第一种情况不适用非监禁刑是正确的，但对第二种情况则有失公正。因此，对自报身份地公安机关没有回函的情况，需要进一步核查，如果该地确实没

有此人，应当由该地公安机关出具证明。如果该地公安机关不出具证明，根据法律规定，这种情况属于没有证据证明其自报身份确属假身份，既不能证明其认罪态度差也不能证明其确属累犯，因此，不应排除适用非监禁刑。为此，应当规范自报身份的认定原则，公开自报身份的认定程序，通过庭审予以公开质证和辩论，使自报身份被告人的非监禁刑适用程序得以规范。

3.积极参与社区矫正工作，确保非监禁刑的执行效果

在我国的非监禁刑中，管制、缓刑、单处剥夺政治权利均可以交由社区矫正执行。因此，社区矫正工作开展的成功与否，决定着非监禁刑的执行效果，也影响着非监禁刑的适用能否进一步扩大。我省社区矫正工作从2005年开始经过几年试点，已开始在全省铺开，各地基本建立了工作领导体制和有关工作机制，但仍然处于初级阶段，还面临着社区矫正对象仅限于本地户籍罪犯、公检法司等部门如何密切配合、专门机关与社区矫正组织如何有序衔接等问题。人民法院作为社区矫正工作的重要职能部门，要立足本职工作，在依法正确适用非监禁刑的基础上，努力推动与社区矫正组织工作无缝衔接机制的建立健全，配合社区矫正组织做好对社区矫正对象的回访帮教和教育转化工作，对具有违法违规行为的社区矫正对象依法裁定撤销缓刑，确保非监禁刑的执行效果。在此基础上，建议和推动社区矫正组织逐步扩大对社区矫正对象的接收范围，从户籍在本地的被告人扩大到经常居住地在本地、读书或就业在本地或者家庭成员在本地的被告人等，使外地籍矫正对象逐渐纳入本地社区监管，为扩大非监禁刑适用创造有利条件。

（八）立足长远，推动立法完善，扩大未成年人犯罪的缓刑适用范围

我国现行刑法规定可以适用缓刑的刑期上限为三年有期徒刑，适用范围较小，不能适应刑罚的轻缓化发展趋势，特别是对社会危害性较小的未成年人犯罪。未成年罪犯可塑性强，多数系初

犯、偶犯,主观恶性较小,易于改造。司法实践证明,若仅因一次情节较轻的犯罪而对未成年人科处监禁刑,不仅剥夺了他们学习、就业的机会,而且容易感染其他罪犯的恶习甚至被传授犯罪方法、技巧,刑满释放后容易重新走上犯罪道路,增加社会的不稳定因素。而对未成年罪犯判处非监禁刑,实践证明能收到最好的改造效果,真正有利于未成年罪犯回归社会。立足扩大非监禁刑适用的长期目标,从保护未成年人的角度来说,应当进一步放宽未成年罪犯适用缓刑的标准。建议将刑期上限从三年调整至五年,使更多的未成年罪犯能够获得适用非监禁刑的机会,这与我国对未成年罪犯"教育挽救为主、惩罚为辅"的立法原则相一致,符合我国的立法精神。

非监禁刑作为我国刑罚体系结构中的重要组成部分,与监禁刑相辅相成,共同起着惩罚、预防犯罪和教育改造犯罪分子的重要作用。随着刑罚制度不断向人道化、轻缓化方向发展,非监禁刑的价值功能将越发体现出来。进一步扩大非监禁刑适用,不断完善非监禁制度,对于全面贯彻宽严相济刑事政策,妥善协调各方利益,化解社会矛盾,减少社会对立面,维护社会和谐稳定,具有深远意义。

(作者单位:广东省高级人民法院)

【裁判文书评析】

李传军、梁贵、陶永利抢劫、故意杀人案

广东省珠海市中级人民法院

刑事附带民事判决书

(2008)珠中法刑重字第2号

公诉机关广东省珠海市人民检察院。

附带民事诉讼原告人杜胜,男,1931年2月19日出生,汉族,广东省珠海市人,住所地珠海市斗门区白蕉镇南澳村,系被害人杜风珍的父亲。

附带民事诉讼原告人吴炳妹,女,1936年11月27日出生,汉族,广东省珠海市人,住所地珠海市斗门区白蕉镇南澳村,系被害人杜风珍的母亲。

附带民事诉讼原告人杜凤连,别名杜凤莲,女,1962年6月16日出生,汉族,广东省珠海市人,住所地珠海市斗门区井岸镇港霞村二巷34号,系被害人杜风珍的姐姐。

附带民事诉讼原告人杜长连,男,1965年4月15日出生,汉族,广东省珠海市人,住所地珠海市斗门区白蕉镇南澳村,系被害

人杜风珍的哥哥。

附带民事诉讼原告人杜长荣，男，1968年6月2日出生，汉族，广东省珠海市人，住所地珠海市斗门区白蕉镇南澳村，系被害人杜风珍的哥哥。

附带民事诉讼原告人杜长添，男，1971年5月21日出生，汉族，广东省珠海市人，住所地珠海市斗门区白蕉镇南澳村，系被害人杜风珍的哥哥。

被告人暨附带民事诉讼被告人李传军，绰号“小虎”，男，1977年10月5日出生，汉族，四川省内江市人，初中文化，保安员，住所地四川省内江市东兴区椑木镇互助村3社20号。因本案于2004年11月29日被羁押并被刑事拘留，2004年12月29日被逮捕；现羁押于珠海市第二看守所。

委托辩护人贾永莲，广东友邦方达律师事务所律师。

被告人暨附带民事诉讼被告人梁贵，男，1977年4月17日出生，汉族，四川省隆昌县人，初中文化，保安员，住所地四川省隆昌县圣灯镇牯牛村3组19号。因本案于2004年12月1日被羁押并被刑事拘留，2004年12月29日被逮捕；现押于珠海市第二看守所。

指定辩护人陈火明，广东运胜律师事务所律师。

被告人暨附带民事诉讼被告人陶永利，绰号“阿利”，男，1977年3月2日出生，汉族，四川省盐亭县人，初中文化，务工，住所地四川省盐亭县云溪镇龙江红光村十一社。因本案于2004年11月29日被羁押并被刑事拘留，2004年12月29日被逮捕；现押于珠海市第二看守所。

委托辩护人昌小波，广东益诺众承律师事务所律师。

附带民事诉讼被告珠海市瀚高物业管理有限公司，住所地珠海市香洲区香悦路7号瀚高花园二栋一层。

法定代表人何锡垣，珠海市瀚高物业管理有限公司执行董事。

诉讼代理人丘松,广东诚迅达律师事务所律师。

被告人李传军、梁贵、陶永利犯抢劫罪、故意杀人罪一案,由广东省珠海市人民检察院于2005年7月21日以珠检公诉(2005)92号起诉书,向本院提起公诉。在诉讼过程中,附带民事诉讼原告人杜胜、吴炳妹、杜凤连、杜长连、杜长荣、杜长添向本院提起附带民事诉讼,本院合并审理后,于2006年5月19日作出(2005)珠中法刑初字第123号刑事附带民事判决,判决如下:一、被告人李传军犯抢劫罪,判处有期徒刑十年,并处罚金人民币二万元;犯故意杀人罪,判处死刑,剥夺政治权利终身;决定执行死刑,剥夺政治权利终身,并处罚金人民币二万元。二、被告人陶永利犯抢劫罪,判处有期徒刑十年,并处罚金人民币二万元;犯故意杀人罪,判处死刑,缓期二年执行,剥夺政治权利终身;决定执行死刑,缓期二年执行,剥夺政治权利终身,并处罚金人民币二万元。三、被告人梁贵犯抢劫罪,判处有期徒刑十年,并处罚金人民币二万元;犯故意杀人罪,判处无期徒刑,剥夺政治权利终身;决定执行无期徒刑,剥夺政治权利终身,并处罚金人民币二万元。四、被告人李传军、梁贵、陶永利共同向民事诉讼原告人赔偿经济损失共计人民币421 471.02元。五、随案移送物品红色中桥牌手机、金黄色诺基亚8210手机各一部、电话卡三张予以没收;被害人杜风珍的交通银行存折一本、白色项链一条、橙色诺基亚7210手机一部予以发还被害人家属。宣判后,被告人李传军、梁贵、陶永利不服,提出上诉。广东省高级人民法院审理后作出(2006)粤高法刑一终字第483号刑事附带民事裁定书,以原判决认定被告人李传军、梁贵、陶永利犯故意杀人罪、抢劫罪的事实不清、证据不足为由,撤销原刑事附带民事判决,发回本院重新审判。珠海市人民检察院又以珠检公诉(2005)92号起诉书,向本院提起公诉。在诉讼过程中,附带民事诉讼原告人杜胜、吴炳妹、杜凤连、杜长连、杜长荣、杜长添又向本院提起附带民事诉讼。本院依法重新组成合议庭,公开开庭进行了合并审理。珠海市人民检察院指派检察员胡蓉蓉出庭支持公诉,附带民事诉讼原告人杜凤连、杜长连、杜长添,附带民事诉讼被告珠海市瀚高物业管理有限公司的诉讼代理人邱松,被告人暨附带民事诉讼被告人李传军及其委托辩护人贾永莲,被告人暨附带民事诉讼被告人梁贵及其指定辩护人陈火明,被告人暨附带民事诉讼被告人陶永利及其委托辩护人昌小波等到庭参加诉讼,现已审理终结。

公诉机关指控,2004年9月至10月,被告人李传军因在本市香洲区瀚高花园做保安,了解到住在瀚高花园的被害人杜风珍比较有钱,遂先后纠集被告人陶永利、梁贵欲抢劫杜风珍的钱财。

2004年11月21日晚,三名被告人聚集在瀚高花园12栋529房内商量作案的具体事宜,李传军提出在抢完后一定要杀掉被害人杜风珍,因为杜认识自己,一旦报警就会抓到自己。三人还商定购买作案工具、杀人、碎尸、毁尸等具体细节。11月22日,被告人李传军、陶永利来到本市香洲区前山镇造贝村租了康宁街11号103房作为杀人后毁尸的地点,然后二人又先后购买了菜刀、水果刀、背包、封口胶、鞋带、手套、毛巾、垃圾袋等作案工具。

2004年11月24日晚9时许,被告人李传军在楼下保安亭值班时看见被害人杜风珍驾摩托车回来,即上前假称瀚高花园12栋529房的业主要卖房,以带杜风珍看房为由将其骗至529房内,与早已守候在此的被告人梁贵、陶永利一起将杜风珍捆绑、封嘴,然后由被告人李传军到楼下望风,被告人梁贵、陶永利搜出被害人杜风珍随身携带的交通银行卡,并逼其说出密码,由陶永利到商业银行柜员机分两次共提取了卡里的4000元人民币。随后,被告人梁贵、陶永利采用掐颈、割喉的方法致被害人杜风珍死亡,并在529房的洗手间浴缸里用菜刀肢解尸体。在此过程中,被告人陶永利从被害人颈上取下一条项链据为己有。此后,梁、陶二人将尸块用塑料袋、旅行袋装好搬到前山造贝村出租屋。被告人陶永利在11月

25 日凌晨从杜风珍的交通银行卡里分三笔再取了共 5 000 元人民币。

11 月 25 日,被告人李传军、陶永利一起去买了硫酸、硝酸各 30 瓶及塑料桶等物,并在本市香洲区紫荆路交通银行通过柜台再取了被害人杜风珍交通银行卡里的 28 000 元,拿回造贝村出租房内。被告人梁贵到卫生间里用硫酸、硝酸毁尸,但由于当时冒出很大的烟,三人不敢再用此方法处理尸体,于是在当晚将尸块装在两个旅行布箱里从香洲名亭公园附近海堤上扔到海里。随后三名被告人来到香洲钰海名门前的草地上分赃,除去购买作案工具的款项,被告人李传军分得人民币 1 万元,被告人陶永利分得 1 万元和被害人的一部诺基亚 7210 型手机,余款归被告人梁贵所得。11 月26 日,被告人陶永利再次提取了被害人杜风珍交通银行卡里的余款 100 元据为己有。

针对以上指控,公诉机关当庭宣读、出示了被告人供述和辩解、证人证言、现场勘查笔录、辨认笔录和现场照片、鉴定结论、物证、书证等证据以支持其控诉。

公诉机关认为,被告人李传军、梁贵、陶永利经过事先预谋、分工后,采用暴力手段抢劫他人财物,数额巨大,并为灭口而故意杀人,继而碎尸、毁尸,情节极其恶劣,手段极其残忍,社会危害性极大,三被告人的行为均触犯了《中华人民共和国刑法》第二百六十三条第四项、第二百三十二条的规定,构成抢劫罪、故意杀人罪。根据《中华人民共和国刑法》第六十九条的规定,对其应实行数罪并罚。根据《中华人民共和国刑事诉讼法》第一百四十一条的规定,提起公诉,请依法惩处。

附带民事诉讼原告人杜胜、吴炳妹、杜凤连、杜长连、杜长荣、杜长添诉称,附带民事诉讼原告人因杜风珍被被告人李传军、梁贵、陶永利抢劫并杀害而遭受经济损失,被告人李传军、梁贵、陶永利应当对附带民事诉讼原告人承担赔偿责任。除此之外,被告人李传军是被告珠海市瀚高物业管理有限公司所聘请的保安员，被告珠海市瀚高物业管理有限公司也应对被告人李传军利用职务便利所实施的犯罪行为承担赔偿责任。附带民事诉讼原告人诉请判令被告人李传军、梁贵、陶永利、被告珠海市瀚高物业管理有限公司承担以下赔偿责任：1. 受害人杜风珍损失的人民币37 100元、项链一条及诺基亚7210型手机一部；2. 丧葬费人民币10 013.50元；3. 被扶养人生活费11 018.65元；4. 死亡赔偿金人民币366 920元；5. 精神损失费人民币100 000元。附带民事诉讼原告人提交了其六人的户籍证明、被害人杜风珍的户籍证明以支持其诉求。

被告人李传军对公诉机关指控其犯罪的事实当庭予以否认，其辩称：1. 其是被冤枉的，刑警对其实施了暴力；2. 其没有作案时间和作案前提条件；3. 其对在现场提取烟头3枚有异议；4. 其没有买过硫酸、硝酸；5. 其没有写过串供信。其辩护人提出：1. 无证据证实被告人李传军犯抢劫罪、杀人罪，本案证据不能证实被害人尸体的存在，不能证实犯罪工具的存在，尚未得到案发现场勘查及现场拾取物的鉴定，法医学鉴定结论并不能证明瀚高花园12栋529房内检出同一人的血、油脂样可疑物就是杜胜与吴炳妹之女杜风珍的；而且除了被告人曾经的供述外，无相应证据证明被告人参与预谋抢劫、杀人，参与实施具体抢劫行为，参与准备作案工具、毁灭罪证以及抛尸和分赃。2. 三被告人之间存在利害关系，互相推卸责任，且被告人称其供述是在刑讯逼供的情况下取得的，所以被告人的供述极不可靠，法律规定只有被告人的供述，没有其他证据的，不能认定被告人有罪和处以刑罚。3. 公诉机关的指控疑点重重，本案定罪证据未形成一个完整的证据链，所谓的直接证据均无间接证据相互佐证。故本案中被告人李传军属于“证据不足，不能认定被告人有罪”的情形，因此，应该对李传军宣告无罪。

被告人梁贵对公诉机关指控其犯罪的事实当庭予以否认，其辩称：1. 其在案发时不在珠海，其在2004年11月24日晚上去找中山的老乡郑洪强了;2.其在侦查阶段的有罪供述是警察对其刑讯逼供而作出的。其辩护人提出:1.本案的证据不充分,三被告人的供述是被刑讯逼供而作出的,不能作为定案根据;2.被害人杜风珍到目前为止还没有证据证明其已经死亡,即使血迹是杜风珍的,也不能认定杜风珍已经死亡,因此,应该对被告人梁贵宣告无罪。

被告人陶永利对公诉机关指控其犯罪的事实当庭予以否认,其辩称:1.其在侦查阶段的有罪供述是在警察刑讯逼供下得出的;2.取钱是事实,因为其捡到一个包,里面有卡,而且在电话本上找到了密码;3.其不认识梁贵,对于在现场的烟头,不排除是有人栽赃陷害。其辩护人提出:1.从证据的组成来看,公诉人没有提供新的证据,这些证据已经被省高级人民法院认定为事实不清,证据不足。庭审中,公诉人仍用原来的证据,不能认为证据充分。2.除了被告人在公安机关原始的供述之外,没有其他证据证明被告人有抢劫、杀人的行为。3.从庭审中公诉人提供的证据来看,没有任何证据证明杜风珍已经死亡,因此,应该对被告人陶永利宣告无罪。

附带民事诉讼被告珠海市瀚高物业管理有限公司认为:1.该公司不应当成为附带民事诉讼的被告;2.原告的诉讼请求不明确;3.原告的诉讼请求不合理;4.该公司不应承担赔偿责任。

经审理查明,2004年9月至10月,被告人李传军、梁贵商量欲实施抢劫,被告人李传军因在珠海市瀚高物业管理有限公司任保安员,了解到住在瀚高花园的被害人杜风珍比较有钱,遂提议抢劫杜风珍,其二人商定后,被告人李传军又纠集被告人陶永利一起实施抢劫。

2004年11月21日晚,三名被告人聚集在瀚高花园12栋529房内商量作案的具体事宜,三人商定抢劫完后一定要杀死杜风珍,还具体商定了购买作案工具、杀人、碎尸、毁尸等细节。11月22日,被告人李传军、陶永利来到珠海市香洲区前山镇造贝村租赁了光荣街11号103房作为杀人后毁尸的地点,然后二人又先后购买了菜刀、水果刀、背包、封口胶、鞋带、手套、毛巾、垃圾袋等作案工具伺机作案。

2004年11月24日21时许，被告人李传军在瀚高花园保安亭值班时看见被害人杜风珍驾摩托车归来，即假称瀚高花园12栋529房的业主要卖房，以带杜风珍看房为由将其骗至529房内，与早已守候在此的被告人梁贵、陶永利一起将杜风珍捆绑并控制住，随后被告人李传军到楼下望风。被告人陶永利搜出杜风珍的钥匙后，到杜风珍住处瀚高花园13栋503房取得存折数本；被告人梁贵则搜出被害人杜风珍随身携带的交通银行卡，并逼杜风珍说出密码后，由陶永利到银行柜员机查询存款。陶永利于2004年11月24日22时许在珠海商业银行ATM机上分两次取款4 000元，在回到瀚高花园12栋529房后，梁贵、陶永利又逼问杜风珍银行存折的密码，杜风珍称其自己的存折密码和交通银行卡的密码一致且存折上没钱，其不知道男朋友存折的密码。此后，李传军让陶永利去查询存折存款，查询期间，陶永利将杜风珍的摩托车推走，还往杜风珍的手机上打电话，并于2004年11月25日零时许用交通银行卡在柠溪瑞菱空调ATM机上分三次取款5 000元。陶永利查询到存折上没有存款，回到529房，在继续逼问杜风珍存折密码无果后，梁贵、陶永利采用掐颈的方法将被害人杜风珍杀害，并在529房的洗手间浴缸里用菜刀将尸体肢解。此后，被告人梁贵、陶永利将尸块用塑料袋、旅行袋装好搬到前山造贝村出租屋。

11月25日早上，被告人李传军、陶永利一起购买了硫酸、硝酸各30瓶及塑料桶等，并由陶永利在紫荆路交通银行通过柜台再取了被害人杜风珍交通银行卡里的28 000元，拿回前山造贝村出租屋内交给了梁贵。被告人梁贵在前山造贝村出租屋卫生间里用硫酸、硝酸毁尸，由于冒出很大的烟，溶尸未果。三被告人便不敢再用此方法处理尸体，于是在当晚将尸块装在两个旅行布箱里从香洲名亭公园附近海堤上扔到海里。随后三被告人来到香洲钰海名门前的草地上分赃，除去购买作案工具的人民币2 700元，被告人李传军分得人民币10 000元，被告人陶永利分得人民币10 000元和被害人的一部手机、一条项链，被告人梁贵分得人民币14 300元。11月26日，被告人陶永利再次提取了被害人杜风珍交通银行卡里的余款人民币100元据为己有。

被告人李传军于2004年11月29日在珠海市香洲汽车总站被抓获，被告人陶永利也于同日在顺德乐从被抓获。被告人梁贵于2004年12月1日在四川泸州纳溪镇收费站被抓获。

上述事实，有下列经宣读、出示、质证等庭审调查程序的证据予以证实：

一、被告人供述和辩解

（一）被告人李传军的供述和辩解

被告人李传军在侦查阶段有过6次有罪供述和1份亲笔供词，对整个犯罪过程作了详细交代；在公诉阶段有过两次供述，否认参与被控犯罪事实；在审判阶段也否认被控犯罪事实。

被告人李传军在侦查阶段的第一次供述是在2004年11月29日15时40分至11月30日2时30分。其供述，其使用的手机卡有两个，号码分别为13527224905、13672717545。在一两个月前，平和物业公司有一个叫陈有义的湖南人经常带人来瀚高花园看房子，所以和其熟了，经常在一起聊天，陈有义说以前和住在瀚高花园13栋503房的杜小姐共事过，杜小姐是一个物业公司的老板，比较有钱。而在两三个月前，梁贵应聘新东升那里做保安员，他们保安宿舍就在瀚高花园12栋712房，这样他们就经常在一起聊天，梁贵对其说想搞个有钱人，最好是女的，问其知不知道有没有这样的人，梁贵对其说了好多次，因为其都不想做，就没有和梁贵多说。直到2004年11月，瀚高花园的一个住户和其吵了一架，心情不好，结果当天梁贵又找其说想搞钱，其就和梁贵说了杜小姐的事。梁贵听了就说搞她，还说当天晚上就去搞她，叫其一起去，其说这样太危险了,其在这里做保安员,被发现了怎么办,就没有答应,梁贵就说他计划一下。过了几天,梁贵又总是来找其,让其一起干,其都没有答应,梁贵就说其做保安挣不了什么钱,如果做了可以分很多钱之类的,其都没有答应。梁贵出主意说杜小姐在12栋518房有一套房子出租,就在她到12栋518房收房租的时候搞,其说不行,那里人太多了,518房又住有人,太危险了。梁贵就说租一间房子来搞,当时因为其老乡张明的12栋529房要卖,给了其钥匙让其帮忙留意,梁贵马上让其把钥匙给他,梁贵上去看了房子很高兴,说有个浴缸,要搞就把她搞死。其就说搞死了事情就大了,梁贵就说不搞死事情也很大,搞死她扔到海里也不容易被发现。其就说两个人搞也很危险,梁贵就说那就再找一个朋友来干,后来梁贵又说他那个朋友不可靠,问其有没有什么信得过的朋友,其就说有个叫陶永利的朋友比较好,梁贵就让其打电话给陶永利,其跟陶永利说了有一个女的很有钱,还有一个老乡梁贵一起抢她,如果做了可以抢很多钱,陶永利说如果真那么多钱的话,要干就把她干死,其就说梁贵也是说要干就把她干死,但如果干死,事情就太大了,陶永利就说如果不干死肯定要被抓,就答应一起干了,并说要干的话就好好计划一下怎样把尸体处理好。因为梁贵和其说把她搞死扔到海里去,其就跟陶永利说梁贵说这样办,陶永利说在报纸上看到过用硝酸、硫酸就什么都找不到,梁贵就说这样好,就在那个浴缸里泡,然后把剩下的骨头扔到海里就可以了。其说不行,万一房东带人看房子发现了不得了,梁贵就说另外租个房子,在山场或近一点的地方租,其说不行,这边人太熟容易被发现。梁贵说其以前在造贝租过房子,让其在那里租个房子,等陶永利过来再好好商量一下,让其尽量把杜小姐叫到12栋529房就行了,其他的就不用管了。陶永利说过两天过来,梁贵说越快越好,挂电话后梁贵就说等其上中班的时候晚上搞,不容易被发现,让其叫陶永利在其上中班之前的一两天过来。

陶永利在11月21号打电话给其说他从顺德过来，叫其和梁贵去接他，然后其就跟梁贵说其老婆在，就不去接陶永利了，梁贵就说他可以去拱北接他，再跟陶永利好好商量。后来梁贵走不开，陶永利打电话给其，其就让陶永利坐车过来，其在新村巴士站那里接到陶永利，给他指了一下瀚高花园的位置，然后带他到柠溪劳务市场一个旅馆住下。晚上10点多，陶永利过来跟其说他先上12栋529房，很快梁贵也到了，也上了12栋529房。12点多他们去吃宵夜，梁贵与陶永利就和其说一定要把杜小姐叫上去，别的事情他们来做。另外，就是在造贝村那边租房子，陶永利还说要另外买三张手机卡，做事的时候不容易被发现。陶永利说在造贝租房子，然后买个桶用硫酸、硝酸来腐化尸体，梁贵说要买两个包来装尸体，买菜刀来砍尸体，买毛巾来堵嘴，这样，他们就把事情计划好了。第二天，也就是11月22日，其和陶永利在造贝租了房子，在造贝一个公话超市买了一张电话卡，号码为13672717545，然后在翠微汇发百货由陶永利出钱买了两把菜刀，在旁边的一元店买了三条黄色毛巾、一把小的挂锁、两双袜子，在一家小摊子上买了一双线手套，后来在南坑买了25个黑色垃圾袋、两条红色的鞋带、两个黑色的旅行袋，买完后其就回去上班了。当天晚上梁贵和陶永利到12栋529房，结果其没有看到杜小姐，23号晚上也没有看到杜小姐，到了24号晚上，他们又去12栋529房，是傍晚六七点去的，到了9点多，其打电话给陶永利说还是没有见到杜小姐，其说这是天意，我们还是不要做了，他们就说他们两个把工作都辞了，没有退路了，梁贵便说再等到10点。过了七八分钟，杜小姐开摩托车回来了，她的车牌是粤C00091，粉红色的，她停好车后来保安亭拿报纸，这时其还犹豫做不做，其电话响了，其知道是梁贵他们打来的，于是就跟杜小姐说有个房子要卖，问她看不看，她就问在哪里，其说在12栋529房，她问其业主在不在，其说业主在上面，她就让其打电话给业主，其就打电话给陶永利，说杜小姐要上来看房子,你在不在上面,陶永利说在,这时杜小姐就自己朝12栋走去。快到楼梯时其怕梁贵和陶永利作案后不给钱,就又追上去,带杜小姐上去了。到了529房,木房门已经开了,防盗门是锁着的,陶永利站在木门不远的地方,杜小姐敲了下门,陶永利就打开了防盗门,杜小姐就直直往里走,走了三四米,躲在衣柜旁边的梁贵就扑向杜小姐,陶永利也扑上去,把杜小姐按在地上,其就进屋把铁门和木门关上,杜小姐还在反抗,也在叫,他们就捂着她的嘴,跟杜小姐说你不要叫,我们只要钱,你把钱拿出来给我,我们就走,然后她就不反抗了,也不叫了,她说把钱给你们。这样陶永利把房间的灯关了,梁贵用鞋带绑杜小姐的手腕,用毛巾将杜小姐的嘴堵上,梁贵说让其看着杜小姐,他和陶永利去翻杜小姐的包。这时杜小姐就用手去拉堵嘴的毛巾,其就说别把她嘴堵死了,然后帮她把毛巾松了一点,梁贵和陶永利翻了一阵,因为房间光线比较暗,他们一会儿又拿了一样东西到窗边光线亮一点的地方看了一下,当时只听到陶永利说只有一张交通银行的卡,另外当时杜小姐上楼的时候背了一个包,手上夹了一件衣服,当时翻的时候杜小姐用手拉毛巾,梁贵又从旅行袋拿出一把水果刀对着杜小姐叫她不要叫、不要动,然后梁贵就将杜小姐的手反绑到身后,也把她的脚绑上,又把毛巾拉出来,用封口胶把杜小姐的嘴封上并缠了两圈,水果刀和封口胶带应该是22号其回去上班后梁贵和陶永利去买的。把嘴封好后其就说其要下去了,他们两个都不准其下去,其下去后就跑回宿舍,躺在床上想今晚会不会出事,然后又回到保安亭那里。10分钟后,陶永利打电话给其说去了她家里,没有钱,拿了一把空存折回来。后来梁贵把电话抢过来说杜小姐不知道存折密码,其听到陶永利在问交通银行卡的密码,然后陶永利就跟其说要去交通银行取钱,他们还叫其去,其说不去,梁贵就说有什么事情给他们打电话,过了20多分钟,陶永利打电话给其说他在取钱,取了4 000多元,其问他里面有多少钱,他说只有两三万元,然后他就说再回去问问存折的密码，过了10多分钟，陶永利打电话给其问其附近有没有建设银行的自助银行，其带陶永利到柠溪建设银行查，结果查不了存折，然后其就告诉陶永利说去银都那里看一下，陶永利就自己去了，其回到瀚高花园，后来梁贵打电话说杜小姐说了那些没有钱的存折的密码，那些有钱的存折的密码不是她的。到了10点多钟，杜小姐的老公到保安亭问有没有看见杜小姐，其说没有看到，然后其就打电话给梁贵说杜小姐的老公回来了，在找杜小姐，赶紧跑，他说他知道了，看见杜小姐的房间亮灯了。到了11点许，梁贵打电话给其说杜小姐已经被他们搞了，现在已经砍了背到造贝家里了，并叫其赶紧过去，其说其不去了，他就说不管怎么样都让其过去，其说其在上班，怕走了被人发现，陶永利说上面比较黑，怕有血迹没有擦干净，让其拿条毛巾上去擦，其说其不敢上去，梁贵说怕现场掉了东西，到时被发现三个都要枪毙，但其后来还是害怕了，没有上去。后来梁贵、陶永利不断打电话给其让其到造贝，到了两点多，其还是过去了。到了之后，问他们人砍了在什么地方，梁贵说在洗手间，叫其进去看，其说其不看，坐了一会就出去吃饭，梁贵叫其一起坐车去翠微、家乐福的银行查存折，结果都查不出来。就回造贝房子那里，当晚三人在那里睡觉。

第二天早上7点多，梁贵叫其和陶永利去取钱，买硝酸和硫酸回来，在紫荆园那里的交通银行由陶永利到柜台取钱，其在外面等，陶永利取钱回来，其问陶永利取了多少，陶永利说取了28 000元，然后他们去柠溪建设银行，陶永利进去打存折，发现存折上没有钱，之后又去拱北查了另外一个存折，还是没有钱，然后二人去到翠前新村马路对面一家卖化工原料的店，买了硝酸、硫酸各3件，每件10瓶，每瓶1斤的那种，7元钱一瓶。买完后回到造贝，陶永利把钱交给梁贵，梁贵叫其与陶永利去买桶，二人在造贝买了口径大约80公分的比较大的有盖的圆形的白色垃圾塑料桶。回去后，梁贵让其把硫酸、硝酸拆了，其说其要走了，这时陶永利接了家里的电话,听其说要走,他也说要走了,说把钱分了就走,陶永利的情绪不稳定,已经哭了出来,梁贵就说要走大家都走,不用管了,其跟陶永利说不管怎样帮梁贵把那些处理完再走,然后梁贵进去洗手间把尸体倒在桶里,结果装不下,梁贵让其再买一个回来,其买回来后就走了。过了大约半小时,他们打电话给其说把硫酸、硝酸倒进去后很大烟,让其回去看一下,他们已经跑了。然后其回去之后没有发现有烟,后来其在附近的游乐场找到他们,商量一下后,其就说让他们回去收拾一下,其就先走了。到晚上8点多钟,他们打电话给其,让其过去,还是把尸体收拾好拉去凤凰北外面的海边扔,其说那里晚上太多人,还是抬去名亭公园里面的海里,他们就答应了,说他们先去买行李箱,弄好后叫其在桃园新村巴士站等他们。过了一个小时,他们打电话给其,说已经出来了,他们在桃园新村巴士站接了其,一起到名亭公园,过了桥下拦的士,三人将一大一小两个箱子从尾箱抬出来,然后沿右边的海堤走了大约两三百米,就将两个箱子扔到海里去了。坐车到了钰海名门那里,梁贵说让他们下车,他去新东升,陶永利就让他也下来把钱分了,梁贵就下来了。梁贵说其做的事太少,给了其10 000元,陶永利分了11 000元,剩下的都归梁贵。最后其回去上班,陶永利回造贝,梁贵回他公司看一下。11时许,梁贵在造贝打电话给其说让其小心点,他先走了,剩下的东西由陶永利处理。其打电话给陶永利,他说梁贵走了,他也要走了,并叫其到造贝把东西收拾了赶紧走。第二天上午11时许,其到造贝那里,看见还剩下一些硫酸、硝酸,还有之前用的那两把菜刀、溶尸用的桶,其他的都清理了。其把硝酸、硫酸、桶和菜刀都扔到外面的垃圾池里,然后就回瀚高花园了。到了29日中午,其先和梁贵联系,他说他在顺德,叫其去顺德,其也和陶永利联系,和陶永利说其去顺德,他们都叫其到顺德再打电话给他们,结果其在香洲通大百货的长途车上就被抓住了。

其分得的10 000元于1月26日上午在银桦新村的农业银行

存在其2003年9月开的农行金穗通宝卡里了，这张卡后来也被查扣了。

被告人李传军在侦查阶段的第二次供述是在2004年11月30日。其供述，杜小姐的摩托车原来停放在大门保安亭外的，后来陶永利下来去银行取钱时顺手把摩托车推走了。杜小姐的摩托车是粉红色女式摩托车，号码是粤C00091。

被告人李传军在侦查阶段的第三次供述是在2004年12月2日。其供述，是梁贵提议要抢别人的，再由其提出抢杜小姐。其三人共商量了三次，一次是一起吃宵夜的时候，另一次是11月22日晚上10点许在12栋529房里三人谈了约半小时，第三次是在香山公园，但其在山上待了一会就走了。陶永利和梁贵是从瀚高花园的侧门进去的，其之前给了陶永利529房的钥匙，上面有开侧门的IC卡，梁贵也在瀚高花园干过保安，梁贵和其说过他曾偷了3张IC卡。当晚陶永利抢到杜小姐的银行卡去取钱的时候，其看到陶永利，就让陶永利将停在小区保安亭旁的杜小姐开的女式红色二轮摩托车推去藏好，过了一会陶永利回来了，说带其去看一下停放的地方，其就跟他去了香华小学马路对面的一个汽车美容点门口附近，见摩托车停在那里，其怕被人认出，就想将那车后牌弄下来，因为没有工具，只好两个人动手将那尾牌卷起来，后来就回瀚高了。

被告人李传军在侦查阶段的第四次供述是在2004年12月1日。本次供述和前面供述大致相同。其还供述，其和陶永利到翠前新村马路边的一间化工原料店买硫酸和硝酸各3箱，每箱10瓶，其去叫出租车，陶永利入内买东西。硫酸和硝酸都是7元一瓶。

被告人李传军在侦查阶段的第五次供述是在2004年12月16日。本次供述和前面供述也大致相同。其还供述，准备这些作案工具以及在前山造贝租房，这些都是梁贵和陶永利商量好的，用来干什么他们没跟其说。其不知道为什么要杀杜小姐。陶永利和梁贵把杜小姐杀了,将尸体碎了背到造贝村的出租房后,梁贵才打电话告诉其。其三人共抢了杜小姐37 000元,其分了10 000元,另外还给了其600元,是用来买电话卡的钱。据其所知,陶永利还拿了杜小姐一部手机(是诺基亚的,手机是橙色的)和杜小姐的一条项链,其他不清楚。在529房其没有动手。

被告人李传军在侦查阶段的第六次供述是在2004年12月29日。其对宣布逮捕没有异议。

被告人李传军在侦查阶段的亲笔供词是在2004年12月13日。其书写的亲笔供述与上述供述基本一致。

经李传军辨认被害人照片,确认杜风珍就是其三人杀害的人。经李传军辨认同案犯照片,确认梁贵、陶永利就是与其共同杀害杜风珍的人。

被告人李传军在公诉阶段的第一次供述是在2005年3月15日。其否认参与被控犯罪事实。其供述,梁贵是其朋友,以前二人一起做过保安,陶永利是其在顺德的朋友,其没有在珠海见过陶永利,其没有与梁贵、陶永利密谋进行抢劫、杀人,也没有准备作案工具,案发当天晚上也没有见到女事主。后来梁贵、陶永利他们两个杀人、抢钱的事其也不知道,也没有参与搬运尸体扔到海里等行为,也没有分得赃款。其之前交代的犯罪事实是公安人员逼其签的,案发当天其在上班,从下午3时50分到晚上1时,在大门口值班有时到瀚高市场转转。其辞职是因为瀚高花园干了两年工资都不高,想去顺德做,那里工资高。

被告人李传军在公诉阶段的第二次供述是在2005年5月15日。其否认参与被控犯罪事实,其供述,其认识陶永利,但从来没有在珠海见过他,最后一次在珠海见梁贵是2004年11月22日,梁贵说要在造贝租房子,是其二人一起租的。其不认识被害人,银行里的10 000元是其自己存的,其一个月工资750元,其存700

元,剩下50元吃饭。其在2004年11月23日、24日、25日绝对没有上街买东西,24日晚上在保安亭值班,没有离开过,没有见过那女子回来,当晚值班到凌晨1点。529房的钥匙其在11月28日的时候交给一物业公司员工,让他交给其老乡张明,其辞职是因为要陪老婆回家看病,其在25日没有离开瀚高花园,24日晚上也没有上过529房间,其在11月22日和29日去过造贝,其他时候就没有去过。

(二)被告人梁贵的供述和辩解

被告人梁贵在侦查阶段有过3次有罪供述和1份亲笔供词,对整个犯罪过程作了详细交代;在公诉阶段有过3次供述,均承认参与被控犯罪事实。

被告人梁贵在侦查阶段的第一次供述是在2004年12月1日。其供述,其在2001年12月1日晚上9点多钟在和其老婆乘坐大巴回家的路上在泸州纳溪收费站被抓获。因为其伙同李传军、陶永利将一个姓杜的女子骗到瀚高花园12栋529房实施抢劫并将她杀害而被抓。

2003年其在瀚高花园做保安员的时候,李传军和其是同事,那时候其经济条件比较差,和李传军聊天时就说起有没有什么办法搞点钱,当时也只是说说而已。2004年9月,其到新东升当保安员,10月中旬,李传军与其说有一个比较好的目标,问其干不干,意思就是去抢这个目标,其问李传军调查好没有,李传军说调查好了,是一个单身女士,比较有钱,住在瀚高花园13栋503房,比较好对付,其当时没说做也没说不做。过了几天李传军问其做不做,其就答应了。当时李传军说12栋529房的房东把钥匙给他让他帮忙租房或者卖房,那个女的是炒房子的,他有很大机会把那个女的带到这房子里面,到时就很好搞了。之后其和李传军在12栋529房商量了两次,李传军说再找个人一起干,要找个生面孔的去银行取钱,其问李传军找谁,李传军说找陶永利,这个人在顺德,并说好陶永利由李传军去联系。当时其和李传军商量的时候是说由李传军用带杜小姐去看房子的理由把她带到12栋529房,由他走在杜小姐后面,杜小姐进房间后他就捂着杜小姐的嘴,让其抓住杜小姐的双手然后绑住她的手,陶永利就负责开门关门和关灯。李传军还说要搞就要把她搞死,因为他是熟面孔,如果把她放了,到时第一个就是抓他,还说搞死后他在报纸上看到可以用硫酸、硝酸倒在桶里把尸体溶掉。在11月上旬的时候,李传军告诉其,陶永利已经联系好了,并说陶永利11月16日到,结果那天没有到,李传军说陶永利不来了,其就说不做了。又过了两三天李传军给其电话说陶永利要过来了,其就说要做就快做,要不就不做。到了星期六,也就是11月20日,李传军打电话给其说陶永利明天过来,因为李传军老婆星期天要去他那里,所以让陶永利到其那里去。11月21日,李传军打电话给其说让其晚上直接去12栋529房找陶永利,这样其晚上10时许到瀚高花园从后门进去,直接上了12栋529房,陶永利在房间,其和陶永利在那里谈怎么搞,他们都觉得还是按李传军的方法搞比较好,后来李传军上来了,三人又商量了一会儿,说抢完后还是要把杜小姐搞死才行。三人还商量好,次日由陶永利和李传军先去造贝村租一间房子到时候处理尸体,另外去买两把菜刀、一把尖刀、两个旅行袋,用来分割尸体、装尸块;还要买3条毛巾,一人一条;还有绳子、封口胶,一人各买一张新的电话卡。商量好之后,李传军先下去,然后其和陶永利一会儿也离开了。22日晚上三人又在12栋529房碰了头,23日中午三人在香山公园进门不远的地方又碰了头,他们说东西都准备好了,房也租好了,然后说好今天晚上就做,结果其和陶永利在瀚高花园外面时,李传军就打电话来说房东来了,结果没有做成。24日三人在造贝村租的那间房碰了头,说等到晚上做。到了下午三四点钟,其和陶永利就去到12栋529房,陶永利用旅行袋装着准备好的工具,放在房间里面,然后他们就在房间里面等,李传军就在下面上班。晚上 9 点多钟,李传军打电话给陶永利,陶永利接完电话后说李传军带着杜小姐上来了,过了一两分钟,陶永利开门,杜小姐一进门,李传军就一只手抱着她,另一只手用毛巾捂着杜小姐的嘴巴,其也冲上去抓住她的手,陶永利也关了门,关了灯,然后抱着杜小姐的脚,三人把她按在地上,陶永利用买好的鞋带把她的脚绑住,其用鞋带把她的手绑住,李传军还用毛巾捂着杜小姐的嘴,跟她说我们只是要点钱,不是要你的命,你好好配合就没有事,杜小姐就点头,李传军就把毛巾松开,杜小姐就没有出声,其就用封口胶从她嘴上绕脑后缠了几圈,将她的嘴封住。搞好之后,李传军抱着杜小姐,其和陶永利就抬脚把杜小姐拉到厨房门里面,杜小姐的手是倒在前面的,就用手拉封口胶,李传军就又用手把她的嘴捂着,叫其和陶永利把她的手绑到后面,这样,其和陶永利就把她的手解开后绑到她背后,其又用封口胶把她的嘴缠了几圈,然后李传军就看着杜小姐,其和陶永利就去翻杜小姐的包。杜小姐上来时穿一件粉红色无袖的毛衣,一条浅蓝色牛仔裤,穿一双黑色的高跟凉鞋,手上提一个手提包,另一只手上搭了一件长袖黑衣服。其和陶永利两个人翻了包,其从她包里翻出一些化妆品、一些收据、一个乳白色钱包,钱包里有 340 元、一张新一佳的会员卡、一张交通银行的卡,还有一个红色的诺基亚手机,陶永利拿了一串钥匙出来,其他陶永利还翻出了什么东西其不清楚,翻完后李传军就下去上班了,这段时间大概有十来分钟。李传军下去上班后,其就在房里看着杜小姐,陶永利就拿着杜小姐的 13 栋 503 房的钥匙去她的房间翻。过了几分钟,陶永利就回到了 529 房,拿了四五本存折回来,陶永利说没有现金,具体有没有现金其不知道。陶永利拿回来的存折上面都没有钱,杜小姐说存折上是没有钱的,只有卡上有钱。其就问杜小姐交通银行卡上的密码,杜小姐告诉了他们密码,存折上的密码也是一样的。存折上是没有钱的,其就让陶永利去查密码对不对,陶永利就去了,一会儿他就打电话跟其说密码是对的,有3万多元钱,又过了一会儿,他回来了,说取了4 000元。然后其就打电话给李传军,说卡上有3万多元钱,存折上没有钱,李传军说存折上应该有钱,上百万的金额存折上是不会打印出来的,让他们再拷问她,陶永利就拿着那把尖刀对着杜小姐,让她说密码,杜小姐说密码是一样的,存折上真的没有钱,其就打电话给李传军说了,李传军不相信,就叫陶永利去拱北的银行去查。过了没有多久,李传军打电话给其说杜小姐的老公回来了问他有没有看到杜小姐,他说没有看到。他们就看了一下,当时杜小姐家的灯没有亮,但过了一会儿又看,就看到灯亮了。过了一会儿,陶永利回来了,说没有查到。没有多久,李传军又打电话给陶永利,陶永利接了电话对其说李传军说杜小姐老公回来了,要其赶紧把她做掉,然后其在那里犹豫,跟陶永利说就为这么两三万元就杀掉一个人不值得,陶永利说不做不行了啊。待了一会儿,李传军又打电话给其让其赶紧把她杀了,其跟他说这样为了两三万元杀了人不划算,李传军说不杀不行了,已经暴露了,然后挂了电话。其就去问杜小姐,跟她说还有没有钱,让他们多拿点好逃命,不然就要杀了她。杜小姐说钱都在卡里了,让他们都拿去,没有其他钱了。这样,其就把她按在地上,掐她的脖子,掐了三四分钟,其就推说其太累了,这时杜小姐还在动,其叫陶永利来掐,陶永利又掐了三四分钟,杜小姐就不再动了。其就把她的长裤短裤都脱了下来。杜小姐不动后,其和陶永利就把她搬到浴缸里,其就拿着尖刀割她的喉咙,想把她的头割下来,但割了一会儿没有割下来,陶永利用菜刀割膝盖的位置,他割不动,其就去割,他就抬着脚,这样把两条腿割下来,然后又拉着她的手,其把两只手从肩膀割开来,然后用黑色塑料胶袋把割下来的两只手和腿装成一袋,剩下的尸体装一袋,都是用黑色的塑料胶袋装的,再分别装在两个旅行袋里。然后两人用水冲浴缸,用毛巾抹,搞好之后,将杜小姐的裤子、长袖衣服、包、鞋子,还有刀、毛巾和剩下的封口胶等所有东西用黑色塑料垃圾袋装好,然后其和陶永利一人背一个旅行袋,其提着装着其他物品的垃圾袋,由其锁好门下楼,从瀚高花园后门出去,坐上一辆出租车到上冲巴士站,改坐另外一辆出租车到造贝村那间房子里,打电话给李传军。李传军过来后,他们三人就去外面吃宵夜,吃宵夜时李传军和其还去了翠微、家乐福的银行查了一下存折,都没有查到,然后李传军和其回吃宵夜的地方,三人一起回造贝村。回去后,陶永利就把钱给其,其数了一下有 7 500 元,陶永利说第一次取了 4 000 元,12 点过后取了 5 000 元,买东西那些用了 1 500 元,又说明天还要买东西,他们两人就又一人拿了 600 元,他们就说好第二天他们两个去买硫酸和硝酸、桶等。当晚三人都在那里睡的,第二天上午他们出去,中午回来,买了硫酸、硝酸各 3 箱和一个大塑料桶回来,陶永利又拿了 28 000 元出来,说是把交通银行卡里的钱都取了。钱就交给其了,其也没有数,然后就开始处理尸体了。李传军就说要回去上班,怕动了尸体回去上班不正常引起怀疑,陶永利又说不敢再动尸体了,其就自己去搞,在卫生间里面搞,结果一个桶装不下尸体,其就叫李传军再去买一个回来,李传军买了一个桶回来后就走了,其把尸体装在两个桶里,叫陶永利递硫酸和硝酸进来,其往里面倒。才倒了几瓶硝酸,再倒一瓶硫酸进去时,就有很大的烟,其和陶永利就吓得锁了门,沿河边跑,然后打电话给李传军,叫他回来看看,结果李传军回来看了说没事,就回去上班了。其和陶永利等到晚上才回去,下午的时候其打电话给李传军说这样处理不行,还是丢到海里去,他说丢到名亭公园里面的海边比较安全,然后晚上其和陶永利就在造贝夜市买了一大一小两个布箱,把尸体装好,其和陶永利每人一个箱子坐出租车在银桦新村接李传军,一起坐车到名亭公园过完桥下车。李传军抬一个小箱,其和陶永利抬一个大箱,沿右边走出约一公里的地方,从堤上把两个箱子扔到海里,结果箱子浮起来,他们就害怕,赶紧走出去,打了出租车到钰海名门外面,下车后在草地上其把钱分他们每人 1 万元,然后其回了一趟公司，收拾了东西，又去了造贝村，陶永利已经在那里，其就跟陶永利和李传军说让他们把造贝的出租房收拾一下，然后其就坐出租车跑到中山沙溪去了。他们一共抢了杜小姐37 000元，陶永利之前拿了1 500元，李传军拿了1 200元，在钰海名门外面草地，他们每人分了10 000元，剩下的都是其的。

被告人梁贵在侦查阶段的第二次供述是在2004年12月16日。其供述与上次供述基本一致。

被告人梁贵在侦查阶段的第三次供述是在2004年12月29日。其对宣布逮捕没有异议。

被告人梁贵在侦查阶段的亲笔供词是在2004年12月10日。其书写的亲笔供词与上述供述基本一致。

经被告人梁贵辨认被害人照片，其确认杜风珍已被其三人杀害。经被告人梁贵辨认同案犯照片，确认李传军、陶永利就是与其一起抢劫并杀害杜风珍的人。

被告人梁贵在公诉阶段的第一次供述是在2005年3月15日。其对参与抢劫、杀人的犯罪行为没有异议，但辩称用尖刀对杜风珍逼她说出密码不是其做的，是陶永利做的，而且其分得赃款只有13 000多元。掐被害人脖子是其先掐的，陶永利接着掐被害人才断气的，这时其才用刀割她的脖子。是李传军提议抢劫并杀人的，其没有准备作案工具，也不知道作案工具丢到了何处。其三人在整个抢劫杀人行为中的分工是，李传军负责把事主引到房间，三人一起把事主制服捆绑起来，其负责看管，陶永利负责取钱，再由其和陶永利将事主搞死后分尸，再搬运到前山造贝村出租屋溶解，最后三人一起把尸体丢在海里。其感觉被李传军算计了，这件事是他一手策划的，但他没有实际动手。

被告人梁贵在公诉阶段的第二次供述是在2005年5月18日。其此次供述的基本犯罪事实和之前在侦查阶段的供述大致相同。

被告人梁贵在公诉阶段的第三次供述是在2005年7月18日。其供述的事实与之前的供述基本一致,其还供述,李传军提出在把被害人杀了以后,要往她手机里打电话,造成被害人还活在世上的假象,扰乱侦查视线,具体是让陶永利去取钱的时候做这个事,被害人手机也就在陶永利的手上。其大概在2005年三四月收到的串供信,具体日期其记不清楚了,是李传军写给其的,其收到的信有三次,每次都是有人通过打饭的那个窗口扔进来,其分析应该是花仔扔的,是其在39仓时收到的,因管教查到串供信,刚被调到4仓。李传军给其的串供信上说这个案子肯定证据不足,让其翻供,其当时想,事情已经做错了,该承担什么责任就承担什么责任,所以根本没有听李传军的。其留着串供信的目的是希望到时拿到法庭上才出示,可以保其一条性命,所以收到信后既没有撕毁也没有回信,也没有按他讲的去翻供,其没有立即检举是为了留到法庭上用。

(三)被告人陶永利的供述和辩解

被告人陶永利在侦查阶段有过5次有罪供述和1份亲笔供词,对整个犯罪过程作了详细交代;在公诉阶段有过2次供述,否认参与被控犯罪事实;在审判阶段也否认被控犯罪事实。

被告人陶永利在侦查阶段的第一次供述是在2004年11月29日23时30至11月30日7时50分,其供述,其伙同李传军、梁友国于2004年11月24日晚9时许在香洲瀚高花园12栋529房杀死一名女子,并抢去了她37,100元及一些财物。李传军,绰号“小虎”,27岁,四川内江人,他的手机号码是13527224905,其是在四川内江认识他的,他在香洲瀚高花园做一名保安。梁友国,男,25岁,四川内江人,其是2004年11月24日认识他的,他曾跟其说他在香洲新东升电器城做保安员,他的联系电话是13750009315。

2004年9月中,李传军用手机13527224905打其手机13620334253,

说在瀚高花园有一女子很有钱,叫其到珠海一起搞她的钱,并说其到时负责用那女子的提款卡去提钱,他是负责骗那女子进屋抢她的钱,他还说那女子可能有上百万元,但其当时没有答应他。在2004年9月到11月初,李传军又多次打电话给其,内容都是说去搞那个女的钱,其一直都没有答应他的要求,其间其也打过电话给他说不想到珠海,在电话中李传军说他已经有了一个合伙人,但没有说名字。2004年11月3日,李传军打电话给其说有一个老乡给了他瀚高花园12栋529房的钥匙,委托他把房子卖掉,李传军说他现在有很好的条件了,并说到时候把那女子骗到那个房子里面,就把她杀了,抢去财物后再把尸体扔掉,其当时还在犹豫,就没有答应他,直到11月18日李传军打电话给其时其才答应他,并于11月21日早上8点坐车到珠海。李传军跟其说卖房子的那人叫张学明,是他老乡。到珠海后其给李传军电话,李传军过来把其带到瀚高花园附近的旅馆并在那里住下。2004年11月21日晚上12点许,李传军约其到瀚高花园12栋529房见面,其到那里后认识了梁友国,那天晚上李传军说那个女子很有钱,并安排分工,李传军说他知道那个女的要买房子,他负责以看房子的理由叫那个女的到瀚高花园12栋529房,但李传军把门关上后就三个人一起动手把那名女子控制住,李传军负责用手捂住那名女子的嘴,其负责用鞋带绑住她的手,梁友国负责用鞋带绑住她的脚,三人再把那女子拖到房间的洗手间,其负责用那女子的钥匙到她家取存折,李传军负责到楼下望风,梁友国问出密码后其就到银行取钱,再由其把那女子掐死,梁友国负责碎尸,因李传军说他以前是杀猪的,碎尸后再用硫酸把尸体化掉,李传军说那样可以把尸体化掉,不留任何证据。李传军说他以前在造贝村住过,他第二天负责去那里租房子专门用来化掉尸体,其和梁友国到时负责搬尸体,对于李传军的安排,其和梁友国都同意了。他们又商量要买的作案工具,李传军确定作案时间是11月23日晚上,他们三人在那房子谈了一个多小时,然后在附近的大排档也谈了一个多小时。11 月 23 日晚上有人过来看房子,他们的计划便取消了。按计划其是 11 月 18 日到珠海的,可是其厂里有事推迟了,所以本来说好的 11 月 22 日晚上那个计划也不行了。11 月 23 日下午 2 时许他们在香洲香山公园谈了一个多小时,说的和 21 日晚上说的差不多。22 日早上 8 点,李传军过来找其,他们到造贝村租了一个带洗手间的单间房子,在造贝电影院旁边。23 日早上 8 点许,李传军和其到香洲新一佳商场买了两把菜刀、一把水果刀、两个背包、一个封口胶、两根鞋带、一双白手套、3 双袜子、3 条毛巾、25 个大垃圾袋、一个蓝色小手帕及一袋洗衣粉,李传军带其到香洲社保局旁办了一张叫“张磊”的假身份证,李传军说到时可以用那张假身份证去银行取那女子存折的钱,后来因为用不上,他们也没有去拿那身份证。23 日晚上,因为有人看房子作案不成,其和梁友国于当晚把放在房子里的东西带到造贝村出租房放好,其和梁友国住在出租房,24 日下午 4 时许他们把东西带到瀚高花园那房子里。9 时许,李传军打电话暗示说带那女子上来看房子,其连忙把门打开一半并把防盗门的开关打开,其拿着一根鞋带装成房东站在门口,当那名女子进房后其装着打电话并叫她随便看,当李传军把铁门和木门关好后,李传军走到那女子身后用事先准备好的手帕捂住她的嘴,其和梁友国同时冲过去把那女子控制住,其抓住她双手,并按着她,梁友国用水果刀顶着她喉咙叫她不要出声,其用鞋带将那女子的双手捆住,梁友国用鞋带将她双脚捆住,其用封口胶封住她的口,其三人将她拖到厨房,李传军叫其与梁友国看好那女子让她不要出声就下去上班并负责望风了。其从那女子的手提包拿了一串钥匙和手机,其把她的手机关了放在身上,接着其就去了那女子的住处,其戴上事先准备好的白手套,把房门打开后在她的客厅和房间找了四五本存折,出去后把房门关好,又返回 12 栋 529 房。梁友国已经从女子的手提包找出了一张交通银行的提款卡并逼她说出了密码,当其把存折拿出来时,梁友国又拿出水果刀威胁她,并说我们只是求财,如果不说就杀了她。那女子说仅那交通银行卡里有钱,那些存折里都没有钱,其拿那提款卡去附近的商业银行查到卡里有37 116元,其分两次提了2 000元,共4 000元,然后其回到12栋529房继续和梁友国逼问那女子存折的密码。当晚11时许其拿了七八本存折想找银行查一下存款余额,在25日零时许在一家交通银行分三次取了5 000元,头两次取2 000元,第三次取了1 000元。当其返回12栋529房时,其和梁友国逼问存折密码未果,梁友国用双手掐昏那女子,其当时站在一边,当梁友国把该女子的衣服脱剩一个胸罩,其和梁友国动手把她搬到冲凉房的浴缸里,梁友国用水果刀将那女子的喉咙割破后,其用双手提起她的双脚使她的身体向下倾斜这样血可以流快点,这是梁友国教其的。当那女子的血流完后,梁友国用菜刀割她的头,其在房间找垃圾袋,梁友国说割不下,接着他用菜刀将她的双腿齐根割下来,然后用菜刀将她的双臂齐肩割下来,其在旁边负责把尸块装进垃圾袋里,浴缸的水龙头一直开着的,两人把手脚装进一个垃圾袋,身体连着头部装在另一个垃圾袋,然后用垃圾袋把那两个袋分别包了几层,装进背包里,作案工具和垃圾全放进一个垃圾带袋里,其用洗衣粉和毛巾清理浴缸和冲凉房,梁友国用毛巾清理大厅、房间和厨房,凡是接触过的地方都拿毛巾清理了。

11月24日晚上10时许,其第二次准备取钱的时候,李传军打电话给其让其把楼下的那女子的摩托车处理掉,并告诉其该车的车牌是粤C00091,其拿了车钥匙下楼找到那辆摩托车,但其用车钥匙无法将车的电门锁打开,其就推车到附近的加油站并扔到那里,当其刚离开加油站回到瀚高花园的时候,李传军见到其就跟其说他不放心,又和其一起去了那个加油站,因他俩没有工具无法将车牌拆下来,二人就动手将车后牌卷了起来,李传军回去继续上班,其就带着存折去找银行,在找银行的过程中其开了那女子的手机,用事先购买的电话卡打那女子的电话并接听,这些是李传军教其的,说这样可以给警方制造假象,接着在电话亭用一张IC卡往那女子的手机打了20多分钟的电话。

当他们把房间清理后,把房门锁好就离开了,他们每人背一个背包,梁友国手上拿着装有作案工具和垃圾的垃圾袋,那时是11月25日凌晨2时许。他们下楼后,用李传军事先给的门口IC卡从瀚高花园的侧门出去了,坐出租车到造贝村出租房里,李传军也过来了。上午9时许,其和李传军到香洲车站附近的交通银行,用那张交通银行提款卡在柜员机取了28 000元,他们在造贝村买了30瓶500毫升的硫酸和30瓶500毫升的硝酸,回到造贝,其和梁友国负责把硫酸和硝酸的瓶子打开,李传军买了两只大胶桶、一把电风扇、一瓶空气清新剂、两双皮手套和3盒蚊香回来,李传军叫梁友国把装有尸块的垃圾袋分别放在两个桶里,然后李传军开了电风扇,并点了蚊香,其喷了空气清新剂,李传军说那样可以去异味。李传军当天下午3时许回瀚高花园上班了,其和梁友国戴上手套后,其负责传递瓶子,梁友国负责把硝酸倒进装尸块的袋里,当梁友国倒了七八瓶时,再倒一瓶硝酸的时候,袋里冒出大量黄烟,他们立即跑到屋外,梁友国打电话给李传军,李传军回来看后说没有事,屋外的人看不到,叫他们回房子,然后他回去上班了,他们在那里把硫酸、硝酸的瓶子全部用盖子盖好,到造贝村买了两套皮手套和两个有密码的胶布旅行箱回来,他们把倒有硫酸、硝酸的尸块提了出来重新装进一个新的垃圾袋里,把那两个袋分别放进背包,再装进旅行箱。当天晚上9时许,李传军打电话给梁友国让他们两人带装有尸块的旅行袋到瀚高花园找他,他们每人提着一箱,坐出租车到了瀚高花园和李传军一起到了名亭公园,李传军和梁友国每人提着一个旅行箱,当时他们还穿着保安的衣服。三人去到海边后,李传军和梁友国把箱子扔到海里,然后三人到钰海名门的大草坪上,李传军分了10 000元,其分了10 000元和一部手机、一条带有白银圈状的项链,梁友国分了10 000多元,那条项链是其在瀚高花园的时候从死者的脖子搞下来的。分好钱后,其一个人先回造贝村清理出租房,其把死者的衣服扔到附近的垃圾桶里,后来梁友国带了旅行袋过来,把死者的手提包扔到附近就离开了,之后其也离开了。屋里就剩下硫酸、硝酸瓶,胶桶和刀具是李传军清理的。其离开出租房后到瀚高花园找李传军,把出租房的钥匙交给他,其就去中山市了。11月26日,其在当地一家银行用那张提款卡把剩下的100元提走了,然后去顺德大良,跟着就回家了,在11月29日晚9时许被抓获。其分到的手机和项链都被警察收缴,其用了700元左右,剩下的钱其存了9 000元到农业银行并转账8 000元到其老婆黄凤的存折。其老婆追问钱的来历时,其骗她说是其帮朋友卖二手房赚的。

被告人陶永利在侦查阶段的第二次供述是在2004年12月1日。其供述的情况和第一次供述基本相同,其还供述,准备的作案工具都是其和李传军一起去买的。11月25日上午,其和李传军到翠前新村附近买了硫酸、硝酸500毫升的各30瓶。其分得的一条项链、两个银坠子、一部诺基亚7210型手机、一张银行卡都给公安机关扣押下来。剩下的几本存折其在造贝出租房里用打火机放在地上烧了,烧后的纸灰拿到下水道那里冲走了。

被告人陶永利在侦查阶段的第三次供述是在2004年12月14日。其供述,其拿了杜小姐的一部诺基亚手机,手机是橙色的,手机的正反面都贴了公仔纸,杀死她后还从她脖子上拿了一条金属项链和她的锁匙。在529房其没动手掐杜小姐,是梁友国动手掐死她的,梁友国掐了她几分钟后杜小姐便没反应了。其第一次取钱是24日晚上,其在瀚高花园马路对面的商业银行柜员机上分两次取了4 000元;第二次是25日凌晨,其在柠溪路大昌电器店旁边的一个交通银行柜员机上分三次取了5 000元;第三次是25日上午其在紫荆豪庭附近的交通银行里通过柜台取了28 000元;

第四次是26日,其在中山市的一台柜员机上取了100元,其总共从杜小姐的银行账户里拿走了37 100元,其分到10 000元,另外用来买东西也分了1 200元给其。硫酸和硝酸是其和李传军在前山上冲一家化工店买的。其从顺德过来之前一直是李传军叫其过来抢劫杜小姐的,当时他并没有说要杀死那女的。其来珠海以后才知道抢完了要杀那女的灭口,李传军和梁友国二人应该商量过。李传军说抢完之后要杀了她,因为杜小姐认识他,抢完之后杜小姐肯定会报警,到时第一个抓的就是他,所以抢完后要杀了杜小姐。梁友国也说过如果到时抢了很多钱,不杀掉杜小姐的话就没有命花钱。22日在瀚高花园12栋529房商量时,李传军曾跟其说过要抢的女孩姓杜,到25日上午其去交通银行柜台取钱,在银行取钱凭证上签名时,其对着杜小姐的银行存折签名时,其才知杜小姐叫杜风珍。

被告人陶永利在侦查阶段的第四次供述是在2004年12月13日。其供述的犯罪事实和前面供述的基本一致,其还供述,案发当晚,其从杜小姐住处拿到存折回到529房时,梁友国说他已问出了银行卡的密码是308929,让其用笔写下来,然后下楼取钱。其将杜小姐的摩托车处理好后一个人去了吉大用买来的IC卡打了一个电话到杜小姐的手机上,这也是在22号在529房商量好的,当时李传军说这样做是为了引开公安机关的视线,并告诉其杜小姐的手机号码是13825666777。其在脱杜小姐衣服时见她的脖子上有一条白色的金属项链,链子上有一个圆形和一个田螺形状的链坠,其就把项链取下来放其口袋里了。

被告人陶永利在侦查阶段的第五次供述是在2004年12月29日。其对宣布逮捕没有异议。

被告人陶永利在侦查阶段的亲笔供词是在2004年12月10日。其书写的亲笔供词与上述供述基本一致。

经陶永利辨认被害人照片,确认杜风珍是其三人杀害的人。

经陶永利辨认同案犯照片，确认李传军、梁贵就是与其共同杀害杜风珍的人。

被告人陶永利在公诉阶段的第一次供述是在2005年3月15日。其否认参与被控犯罪事实。其供述，其没有参与故意杀人、抢劫，其只是帮李传军取了两次钱，其与李传军以前是朋友，李传军叫其来珠海找工作，到珠海后，李传军介绍其与梁贵认识，一起吃过一次饭，但没有提到抢劫的事。其没有参与杀人、碎尸、运尸、抛尸的事情，只是在2004年11月24日晚上9点多，其在瀚高花园附近网吧上网时，李传军打电话给其让其帮他去自动提款机上取点钱，其就帮他取了4 000元，凌晨时候他又叫其取了5 000元，第二天早上其又和李传军一起取了28 000元，当天其就去了中山市，后来的事情其都不知道。其之前的供述是公安机关逼其说的。

被告人陶永利在公诉阶段的第二次供述是在2005年5月18日。其否认参与被控犯罪事实。其供述，之前的有罪供述均是公安逼供的。2004年11月24日晚上，其6点多在瀚高花园旁边的网吧上网，上到9点多，出来在门口捡了个包，里面有一部手机、一条项链、一个电话本和一张银行卡，其从电话本里知道了卡的密码，在对面马路商业银行柜员机取了9 000元，第二天到香洲车站右手边银行取了28 000元，当天就去了中山市，在那里又取了100元，第二天就回顺德了，手机自己用，项链放在家里，其只拿了10 000元回家，其他在车上给偷了。其存9 000元在卡里，然后转给其老婆黄凤，和老婆说是在珠海卖房子挣的。其在珠海见过李传军两次，第一次是在其来珠海的那天，第二次是李传军带其租房子的那天，租房子是其23日上午和李传军去租的。

二、证人证言

1. 证人赵伟方（被害人杜风珍的朋友）的证言证实，2006年11月26日，其因女朋友杜风珍失踪来报案。杜风珍住在香洲瀚高花园5栋503房，是在2004年11月24日晚上11时左右失踪的。当时她穿了一件短袖红色毛衣，浅蓝色裤子，开了一辆粤C00091女式紫红色雅马哈50cc摩托车。她带了一个淡红色人造革女式提袋，带一部诺基亚手机（型号不清，是橙色的），有一张广发银行的信用卡，身上带一条白色金属项链，链坠是一个田螺形状的饰物，身上的现金其不清楚，但据其对她的了解，她身上的现金不会多，平时身上也就几百元。2004年11月24日中午4时多，其打电话给杜风珍，她说在家中。到晚上11时30分左右，其去她的住处，但她不在家。其打她电话，但她的手机关机了，此后一直关机。其打电话给她的朋友，她的好朋友李玉华告诉其杜风珍在24日下午去吉大找了她，当晚9时多从李玉华家出来说回家，之后便没联系了。其便继续找她，直到11月26日中午12时多，其朋友赵中永在香洲新骏景加油站附近的金车港洗车场看见杜风珍的摩托车停在洗车场前面，而且该摩托车的前后车牌都被人为地卷了起来，前面的车牌被人搬了下来，后面的车牌被人对半折了起来。其知道这一情况后觉得事情不对了，便来报案。

2. 证人赵静林（被害人杜风珍的朋友）的证言证实，其又名赵中永，认识杜风珍有十多年了，其在2004年11月25日下午5时左右由赵伟方告诉其杜风珍失踪了，叫其帮忙找一下。11月26日中午12时15分左右，其开车到新骏景加油站附近的金车港洗车行给汽车打蜡，在车行门口看见一辆紫红色的50cc女式摩托车，车尾箱是黑色的，其觉得很像杜风珍平时开的摩托车，便上去看车牌，发现后面的车牌被人卷了起来，前面的车牌被人折了起来，但前面折起的车牌依稀可见是00091，其便打电话给赵卫方问杜风珍的摩托车牌是多少，结果证实是杜风珍的摩托车。

3. 证人李玉华（被害人杜风珍的朋友）的证言证实，杜风珍于2004年11月24日晚上在其家看电视，21时许回家，开一辆粤C00091的女式摩托车，之后就没有联系了。

4. 证人陈桂兰（人民西路915号汇科化工有限公司职员）的

证言证实,汇科化工公司是售卖化工原料的,2004年11月25日,公司共卖出30瓶硫酸和30瓶硝酸,每瓶的容量是500毫升,是一次性卖给一个人的。是在那天上午10时多由同事张慧鸥叫出来给那个男的开发票,卖6元一瓶,那男子要其开单是7元一瓶。其已经不认得那名男子了。

5.证人张慧鸥(人民西路915号汇科化工有限公司职员)的证言证实,2004年11月25日上午10时多,有一个男子到店里买了硫酸和硝酸各30瓶,其说6元一瓶,他又说要开发票,其便叫陈桂兰出来开票,他要求开多一些,陈桂兰便开了7元一瓶共420元的发票给他。他拿到硫酸和硝酸后便在门口坐的士走了,其还能认得出买硫酸、硝酸的男子。

此外,张慧鸥辨认笔录证实,被告人李传军就是2004年11月25日上午到店里买硫酸、硝酸的人。

6.证人黄凤(被告人陶永利的妻子)的证言证实,2004年11月21日上午,陶永利告诉其说到珠海和小虎做房屋中介生意,26日中午回家,说赚了10 000元,存了9 000元在卡里,身上有1 000元,还说在珠海捡了一个女人的包,里面有一条项链,说送给我。项链是一条银色圆点项链,链上有一银色螺状吊坠和银色圆环。他是在11月26日下午14时在中国农业银行佛山顺德支行腾胜分理处转了8 000元到其卡里。

7.证人罗良敏(被告人梁贵的妻子)的证言证实,其在11月26日在中山市找到梁贵,其从2004年11月25日开始至其被公安机关询问之时联系不上梁贵原来的手机。

8.证人高祖宏(瀚高花园12栋528房住户)的证言证实,其在2004年11月29日的询问笔录中陈述,在四五天前其看见一个穿保安衬衣的男子和一男一女站在529房门口,第二天看见一个男子开锁进了529房内,之后没有发现什么了,也没听见什么声响。

9. 证人廉志乾(珠海市瀚高物业管理有限公司保安员)的证言证实,其在2004年11月29日的询问笔录中陈述,上星期三、星期四其和李传军一起值中午4点到晚上1点的班。星期三晚上6点多其吃饭后到大门顶李传军的班,其一直到晚上10点多李传军还没有到岗亭,其进小区找,在草地的树底看到李传军和一名男子在一起;星期四值班时李传军又不在,其告诉了队长,队长打电话给李传军,11点许李传军才从小区出来到岗亭值班。星期四是在小区12栋,具体哪一户不知道,晚上11点才出来。

经查,2004年11月29日为周一,上星期三为11月24日,上星期四为11月25日。

10. 证人张学明(瀚高花园12栋529房房主)的证言证实,其将瀚高花园12栋529房的钥匙在2004年11月中旬的时候给了李传军,让他帮忙卖掉。11月28日下午下班后,李传军将房子的钥匙直接送到香洲岭南物业公司里,将钥匙交给其同事涂勇,让涂勇转交给其。其在2004年11月25日20时左右去12栋529房冲凉时发现用来塞浴缸出水口的一块布不见了,其他没什么异常。

11. 证人周殿朗(珠海市瀚高物业管理有限公司保安队长)的证言证实,李传军在2003年1月来管理处做保安,2004年11月25日下午以老婆要回家治眼睛为由提出辞工要求,11月29日离开。11月22~27日李传军和廉志乾一起上中班,即下午4点至凌晨1点。

12. 证人徐传英(新岭南物业公司职员)的证言证实,其别名涂勇,2004年11月28日下午5时左右,李传军让其把瀚高花园12栋529房的钥匙转交给张学明。

13. 证人杜胜、吴炳妹(被害人杜风珍的父亲、母亲)的证言分别证实杜风珍的基本情况并表示愿意提供血液进行化验。

14. 证人罗万里(香洲区兴业路和平广场金车港车行修理工)的证言证实,其在2004年11月25日早上上班时发现粤C00091

摩托车停在洗车场里。

15. 证人赵汉荣(香洲区兴业路和平广场金车港车行员工)的证言证实,2004年11月25日上午7时45分左右,其上班时发现有一辆50cc的女式摩托车停在洗车场门口,前后两副车牌都被卷起来了。其24日傍晚6时许下班时还没有看见该车。

16. 证人张容英、黄少芬(香洲区前山镇造贝村委清洁工)的证言分别证实,2004年11月25日或者26日下午3时许,其二人在清理造贝村街上的垃圾,在垃圾池发现有二十几瓶玻璃瓶装的液体,液体有黄色和清色两种,二人用铁铲将大部分的玻璃瓶铲到垃圾池向西的树林里,少部分用车运去指定的垃圾铁箱倒。瓶子旁有一阵臭酸味,有二十多瓶。

17. 证人刘红卫(造贝村光荣街11号104房住户)的证言证实,租住旁边103房的是一男子,大约在11月28日上午7时40分左右,见到该名男子捧了一个黄色纸箱出外。11月29日上午7时多还见到该名男子在103房内拖地,这是最后一次见他。

刘红卫辨认笔录证实,李传军就是从103房取走纸箱的男子。

18. 证人潘桂兰(造贝村光荣街11号的房屋出租者)的证言证实,光荣街11号103房在11月22日下午1点租给一个叫李传军的四川人。当时李传军带一名男子过来租房的,后来见到该男子已经被警察抓获。

潘桂兰辨认笔录证实,李传军就是向其租住光荣街11号的人。

此外,证人潘桂兰在补充侦查阶段的证言证实,其在前山造贝村有两间房子:一间是造贝村康宁街15号,这间房子自己住;另外一间是光荣街11号,这间房子用来出租的。光荣街11号103房在2004年11月22日租给了李传军,因为李传军之前租过其房子,所以认识李传军,之前讲的租给李传军的房子是康宁街11号103房可能是其讲错了街名。

19. 证人张新军的证言证实，其在2005年7月8日的前几天倒垃圾时，李传军对其说他叫李传军，要其帮他传递信件，其都没有理他。在7月8日下午5时左右，其在前场24监室倒垃圾时，24监室在押人员李传军趁出监倒垃圾时把一封信塞进其口袋里，其一直将信放在口袋里4天，7月12日其回后场时被搜出了这封信。

20. 证人民警钟晓波、袁可村的证言分别证实，公安机关于2004年11月29日在珠海市香洲汽车总站将准备外逃的李传军抓获，在顺德乐从将陶永利抓获。2004年12月1日在四川泸州纳溪镇收费站将梁贵抓获的经过。

三、现场勘查笔录

1. 珠海市公安局香洲分局刑警一大队出具的《现场勘查笔录》（珠公香刑勘字〔2004〕12034号），证实本次勘查时间是2004年11月29日21时至11月30日0时15分，杀人碎尸现场位于香悦路7号12栋，为南北向多层楼房结构，中心现场位于该楼5楼529房。房间内地面未摆放任何物品，房间东南侧为厨房，厨房拉门下地板砖上有3根毛发，厨房东侧灶台有一根毛发。房间东北侧为卫生间，卫生间东北侧有一洗手盆，洗手盆上有一热水器，洗手盆东边窗台上有5根毛发。卫生间西南侧有一浴缸，浴缸外侧边沿上有10cm红色斑迹，外侧瓷片上有0.5cm×0.5cm红色斑迹，浴缸东侧拉门下方有20cm×20cm点状红色斑迹。浴缸排水孔里有一张手机卡，浴缸底部有1cm×1cm红色斑迹，卫生间地板瓷砖缝隙有10cm红色斑迹，卫生间西北角有一坐厕，坐厕西侧墙上有一0.5cm×1.5cm红色斑迹，坐厕盖上有一0.5cm×0.5cm红色斑迹，坐厕水箱下有一1cm×1cm红色斑迹，水箱东北侧卫生间墙面上有一0.5cm×0.5cm块状物品。现场无其他异常情况。

现场提的痕迹物证：（1）毛发5根，卫生间窗台；（2）毛发3根，厨房门下地面；（3）毛发1根，厨房灶台；（4）手机卡1个，浴盆排水孔内;(5)红色斑迹8处,卫生间;(6)块状物品1处,卫生间墙壁。

2.珠海市公安局香洲分局刑警一大队出具的《现场勘查笔录》(珠公香刑勘字〔2004〕12035号),证实本次勘查时间是2004年11月30日17时20分至19时30分,藏尸现场位于珠海市香洲区前山镇造贝村光荣街11号一楼3号出租屋。一楼3号出租屋是位于一楼的最南端的一间出租屋。进门后是一间东西长2.4m、南北宽2m的房间,房间的西侧连接有一间卫生间。房间的西北角东西向有一张铁架双层单人床,床头朝西,下铺上有被品,较为整齐,在床铺的北侧上有一黑色背包;铁架床的上铺堆放一些杂物,较为凌乱,在上铺的西南处的床板上提取一张电话卡。在床的东侧和窗之间的地面竖放一旅行包,在旅行包的北侧的墙角处的地面上有一枚烟头。在门后、房间的东南角处的地面上有一枚烟头。房间靠南墙处停放一辆26式女式自行车。在床头的南侧、卫生间房门的北侧靠西墙处有一红色塑料桶,内有洗衣粉等物品。在床的南侧边沿处的地面上摆放有一双黑色皮鞋和一双塑料拖鞋。进入卫生间,卫生间的南端、靠西墙是厨房操作台,台面上放有电风扇、热水瓶和洗涤用品。台面的北侧地面上有一蓝色塑料桶。卫生间的北侧有一便池,在便池的南侧边沿缝隙处提取少许血迹。在卫生间的西北角处有一拖把,拖把上有水迹。

现场提取痕迹物证:(1)烟头2枚,在房内地面提取;(2)血迹1处,在卫生间便池的边封处提取。

3.珠海市公安局香洲分局刑警一大队出具的《现场勘查笔录》(珠公香刑勘字〔2004〕12039号),证实本次勘查时间是2004年12月1日18时20分至19时30分,物证遗弃现场位于珠海市香洲区前山镇造贝村光荣街烈士陵园旁垃圾池。前山镇造贝村为珠海市内的一个自然村,地处偏僻,与中山市交界。光荣街在造贝村的北侧,为东西走向,烈士陵园在光荣街的西端。在烈士陵园东侧的路边有一个堆放垃圾的垃圾池,垃圾池的东侧和北侧是一片小树林,垃圾池南侧隔光荣街是一排房屋(珠海市出租房造贝村025号)。该垃圾池的北侧小树林的地面上有零散的分布一些带有“硫酸”和“硝酸”标志的玻璃瓶,其中“硫酸”标志的有6瓶,“硝酸”标志有15瓶,内均有液体,另外地面上有一个玻璃瓶。

现场提取痕迹物证:(1)带“硫酸”标志的液体6瓶;(2)带“硝酸”标志的液体15瓶。

四、辨认笔录和现场照片

1.被告人李传军辨认笔录及现场照片,其对瀚高花园12栋529房作案现场,购买作案工具的现场,取钱、分赃、存钱、购买电话充值卡的地点及抛尸地点进行了辨认和确认,并附有照片。

2.被告人梁贵辨认笔录及现场照片,其对瀚高花园12栋529房作案现场、商量作案的地点、溶尸现场、购买装尸体行李箱的地方、抛尸现场、分赃现场进行了辨认和确认,并附有照片。

3.被告人陶永利辨认笔录及现场照片,其对瀚高花园12栋529房杀人碎尸现场、13栋503房搜出杜风珍存折现场、毁尸现场、抛尸现场、预谋地点、推摩托车及弃车地点、取钱地点、分赃地点、购买作案工具地点、抛弃死者衣物地点进行了辨认和确认,并附有照片。

4.梁贵辨认出照片中的诺基亚手机就是就是杜小姐使用的手机;陶永利辨认出照片中的诺基亚手机和项链就是抢劫的杜小姐的手机和项链;赵伟方辨认出照片中的诺基亚手机和项链就是杜风珍的。

5.陶永利确认照片中在瀚高花园马路对面的商业银行柜员机取钱的人就是其自己。

6.珠海市公安局香洲分局刑警一大队出具的现场照片(珠公香刑现照字〔2004〕12309号),证实前山造贝村光荣街烈士陵园旁垃圾池内带硫酸、硝酸标志的玻璃瓶现场情况。

五、鉴定结论

1. 珠海市公安局刑事技术部门出具的《鉴定书》(珠公刑技法物鉴字〔2004〕292号)证实:

(1)香洲瀚高花园12栋529房卫生间推拉门内下方、浴缸外壁、马桶水箱底、马桶盖和地面砖缝处的可疑斑迹均检出同一人的血,均不排除是杜胜与吴炳妹之女杜风珍所留。

(2)香洲瀚高花园12栋529房卫生间墙壁上的油脂样可疑物,不排除是杜胜与吴炳妹之女杜风珍所留。

(3)造贝村光荣街11号室内床头下"双喜"牌烟头是陶永利所留。

(4)香洲瀚高花园12栋529房卫生间浴缸外壁上的可疑物、造贝村光荣街11号房内门边"红河"牌烟头和室内床尾"红河"牌烟头,PCR均未检出有效基因型。

(5)造贝村光荣街11号室内蹲厕前缝和右后缝内的可疑斑迹均未检出血。

2. 珠海市公安局刑事技术部门出具的《鉴定书》(珠公刑技文鉴字〔2005〕97号)、《检验意见书》(珠公刑技文鉴字〔2006〕22号)证实,公安机关于2005年7月12日在珠海市第二看守所查获的李传军传递给梁贵、陶永利的串供信经检验、鉴定,串供信由两人书写,其中一人是被告人李传军,另一人不是陶永利或梁贵。

3. 珠海市公安局刑事技术部门出具的《鉴定书》(珠公刑技文鉴字〔2008〕29号)证实,送检的太平洋卡取现单上持卡人签名栏书写的"杜风珍"字样笔迹与陶永利的样本笔迹同一。

六、物证和书证

1. 珠海市公安局香洲分局刑警大队出具的《情况说明》证实:

(1)被告人李传军、梁贵、陶永利杀害杜风珍后抛尸于珠海市香洲名亭公园的大海中。经公安机关组织各方多次打捞,未能找到尸体。

(2)被告人李传军、梁贵、陶永利杀害杜风珍一案,涉案的菜刀、鞋带、封口胶、手套等作案工具经多方寻找,未能找到。

(3)公安机关对三被告人讯问时没有刑讯逼供;被告人亲笔供词系自愿书写;审讯室监控录像因系统维护原因无监控录像内容,无法提供。

(4)在香洲瀚高花园后门一带只有一家网吧,名为永久网吧,地址为香洲兴业路96号1号楼17—18号。

(5)2005年7月12日,珠海市第二看守所工作人员在工作中发现李传军向陶永利、梁贵传递串供信,并将李传军传递给上述二人的串供信查获。

(6)李传军、梁贵、陶永利抢劫杀害杜风珍一案中,处理尸体现场的门牌为珠海市前山造贝村光荣街11号一楼3号房,该房的房主潘桂兰,住造贝村康宁街15号。

(7)珠公香刑勘字〔2004〕12035号现场勘查笔录中记录的现场提取烟头"2枚",经查阅现场勘察原始记录登记表发现该勘察笔录有误,现场提取烟头应该为"3枚"。

2. 珠海市公安局翠香派出所出具的《情况说明》证实,香洲香悦路7号即为香洲瀚高花园。

3. 珠海市公安局公共信息网络安全监察队出具的《查询结果》证实,因查询时间超过6个月,网吧已无2004年11月24日顾客上网记录,珠海市网民ID卡服务管理中心内未发现名为"陶永利"的实名登记卡记录。

4. 珠海市第二看守所出具的《关于查获李传军"串供信"的情况说明》证实,2005年7月12日,该所在对留所服刑人员张新军进行人身检查时,从其身上搜出一封信,经检查是一封串供信,串供信是写给"阿利"的,该所马上又组织警力搜查了梁贵的衣物,也搜出串供信一封。

5. 珠海市公安局刑事技术部门出具的《李传军、梁贵、陶永利等故意杀人案物证检验情况说明》证实,DNA检验结论只能给出相关统计学数字,由于本案没有杜风珍本人的尸块,只能得出香洲瀚高花园12栋529房卫生间内可疑斑迹及油脂样可疑物均不排除是杜胜与吴炳妹之女杜风珍所留的结论,无法给出肯定结论;该大队DNA实验室目前不具备检验毛发的条件。

6. 珠海市公安局刑警支队第二大队出具的《扣押物品清单》证实,2004年11月29日该队扣押李传军身份证一张、农行储蓄卡一张(户名:卓汉钗)、人民币10 000元、手机(中桥牌、红色)一部。

7. 珠海市公安局香洲分局刑警二队出具的《扣押物品清单》证实,2004年12月1日该队扣押梁贵手机(诺基亚8210,金黄色机壳)一部、身份证一张、人民币10 700元;2004年11月29日扣押黄凤项链(银色圆点项链、链上有一银色螺状吊坠和银色圆环)一条、中国农业银行存折一本(余额10 120元)、陶永利中国农业银行存折一本(余额1 015元);2004年11月30日扣押陶永利手机(诺基亚7210,橙黄色、机身号350893100349434)一部;2004年11月30日扣押黄凤人民币9 000元;2004年11月29日扣押黄凤黄金项链一条、黄金耳环一副、手机一部。

8. 珠海市公安局香洲分局刑警二队出具的《发还物品清单》证实,该队2004年11月30日发还黄凤黄金项链一条、黄金耳环一副、手机一部;2005年1月25日发还杜长添(杜风珍之兄)人民币29 700元。

9. 珠海市公安局香洲分局刑警二大队出具的《电话IC卡清单》、《杜风珍手机通话清单》证实,2004年11月24日23时08分,电话7563378194(吉大九洲大道中电科技中心侧电话亭)主叫13825666777(杜风珍手机),通话时间25分01秒;电话13825666777(杜风珍手机)2004年11月24日18时33分被叫1分44秒,22时54分被叫13823045943共6分36秒,23时02分被叫7563378194共25分02秒。

10. 珠海市汇科化工有限公司出具的《商品销售统一发票》证实，珠海经济特区汇科化工有限公司于2004年11月25日售出硫酸30瓶、硝酸30瓶，单价7元/瓶，共计420元，收款人：陈。

11. 李传军的辞工书，证实李传军于2004年11月29日以家有急事需要辞工回家为由向公司提出辞职。

12. 银行凭证：

(1)交通银行珠海分行出具的杜风珍交通银行卡交易清单、存折复印件以及借记卡信息查询结果，证实账号0780074147183，卡号60142820787643206，姓名为杜风珍，交通银行卡60142820787643206于2004年11月24日21时54分、21时55分在珠海商业银行ATM机上分别被取款2 000元，于2004年11月25日在柠溪瑞菱空调ATM机上分别被取款2 000元、2 000元、1 000元，于2004年11月25日在紫荆路柜台被取款28 000元，于2004年11月26日在农行ATM机上被取款100元。

(2)中国农业银行珠海银桦支行出具的李传军的存款凭条和农行卡回单，证实户名为卓汉钗的农行账户2004月11月26日存入10 000元；2004年11月30日，从户名为卓汉钗的农行卡上取现10 000元。

(3)中国农业银行佛山顺德支行腾胜分理处出具的黄凤、陶永利存折复印件以及中国农业银行珠海胡湾支行出具的《发票》证实，黄凤的农行存折2004年11月26日转存入8 000元，11月30日取8 000元；陶永利的农行存折2004年11月26日现存9 000元，转支8 000元，11月30日取1 000元。

13. 被告人李传军传递给被告人梁贵、陶永利的“串供信”原件证实，李传军串供梁贵、陶永利，指使其二人否认其犯罪行为的事实。

14. 身份证明材料：

(1)杜风珍身份证复印件以及网上常住人口查询结果证实被害人杜风珍的身份情况。

(2)四川省内江市公安局樟木派出所出具的《常住人口登记表》证实被告人李传军的身份情况。

(3)四川省隆昌县公安局圣灯镇派出所出具的《常住人口登记表》证实被告人梁贵的身份情况。

(4)四川省盐亭县公安局风灵派出所出具的《常住人口登记表》证实被告人陶永利的身份情况。

针对控辩双方争议的焦点问题,结合本案的事实及证据,本院综合评判如下:

一、关于刑讯逼供的问题

被告人李传军、梁贵、陶永利及其辩护人提出在侦查阶段公安机关对其三人有刑讯逼供、诱供情形的辩护意见,经查:

1.被告人李传军与陶永利翻供的内容矛盾。被告人李传军翻供称虽然认识被告人陶永利,但在珠海没有见过被告人陶永利。而被告人陶永利在公诉阶段第一次的翻供内容是其在珠海见过被告人李传军,其帮被告人李传军到自动取款机取过钱;第二次翻供的内容则是称其上网后捡到一个包,里面有杜风珍的银行卡,其就去取了钱,其在珠海见过李传军两次:第一次是就在其来珠海的那天,第二次是李传军带其租房子的那天,租房子是其23日上午和李传军去租的;在庭审中,其又翻供称没有在珠海见过李传军。而被告人梁贵在公诉阶段以及原一审庭审中的供述却稳定,对抢劫杀人行为供认不讳。

2.本案被告人李传军的第一次供述是在2004年11月29日15时40分至11月30日2时30分,被告人陶永利的第一次供述是在2004年11月29日23时30分至11月30日7时50分,被告人梁贵的第一次供述则是在2004年12月1日,而抢劫杀人现场勘验检查的时间是2004年11月29日21时至11月30日0时15

分,溶尸现场勘验检查的时间是2004年11月30日17时20分至19时30分,物证遗弃现场勘验检查的时间是2004年12月1日18时20分至19时30分,证人张学明证言的询问时间是在2004年11月29日21时05分至22时,证人陈桂兰、张慧鸥证言的询问时间分别在12月2日、12月5日。由此可见,是被告人供述在前,公安机关根据被告人供述找到现场,然后进行勘验检查,其他有罪证据也是在被告人供述之后公安机关才收集的。由于公安机关在讯问时根本没掌握现场在哪、现场的情况以及犯罪事实的具体实施过程,排除了逼供、诱供的可能性。

3.珠海市第二看守所从服刑人员张新军以及被告人梁贵处搜到的写给"阿利"、"阿贵"的信件,经笔迹鉴定,大部分是被告人李传军所写。从李传军所写部分的内容分析,其让"阿利"、"阿贵"翻供,并让其二人谎称公安机关刑讯逼供。而此时,被告人陶永利已经翻供,被告人梁贵则向公诉机关交代,串供信是李传军写给其的,让其翻供,其留着串供信的目的是希望到时拿到法庭上才出示,可以保其一条性命,所以收到信后既没有撕毁也没有回信,也没有按他讲的去翻供。因此,从串供信可以得知不存在刑讯逼供。

4.从三被告人原始有罪供述的内容来看,其三人对抢劫杀人的基本犯罪事实都予以承认。然而,对犯意的提起、谁实施杀人行为、具体细节分工等都尽量避重就轻,以减轻自己的罪责,这一点正好印证了共同犯罪行为人归案后都尽力掩盖自己罪责的犯罪心理。而且,三人的原始供述对同一件事实的描述有所差异,正好符合不同人对同一事实主观认识会不同的原理。

综上,三被告人及其辩护人提出侦查机关对其三人有刑讯逼供的辩护意见,理由不成立,不予采纳。

二、关于定罪证据的问题

被告人李传军及其辩护人均提出本案除被告人原始有罪供述外没有其他证据证明犯罪事实存在,本案证据不能证实被害人尸体的存在,不能证实犯罪工具的存在,法医学鉴定结论并不能证明瀚高花园12栋529房内检出同一人的血、油脂样可疑物就是杜胜与吴炳妹之女杜风珍的,本案定罪证据未形成一个完整的证据链,所谓的直接证据均无间接证据相互佐证;被告人梁贵及其辩护人提出被害人杜风珍到目前为止还没有证据证明其已经死亡,即使血迹是杜风珍的,也不能认定杜风珍已经死亡;被告人陶永利及其辩护人提出从证据的组成来看,公诉人没有提供新的证据,这些证据已经被省高级人民法院认定事实不清、证据不足,庭审中,公诉人仍用原来的证据,不能认为证据充分。因此,本案的证据不足,三被告人应宣告无罪。经查:

1. 在排除了刑讯逼供的可能性后,被告人的原始供述和辩解可以作为对被告人定罪量刑的证据,不能仅仅因为被告人翻供就作为推翻原始有罪供述的理由。在没有证据证明存在刑讯逼供的情形,而且证据收集程序合法时,原始的被告人陈述和辩解作为案件的直接证据真实、有效。

2. 本案在重审阶段,公诉机关补充了新的证据,第一份是侦查机关关于勘查笔录的更正,证实在珠海市香洲区前山镇造贝村光荣街11号一楼3号出租屋内地面上提取的烟头是3枚;第二份是珠海市公安局刑事技术部门出具的《鉴定书》(珠公刑技文鉴字[2008]29号),证实送检的太平洋卡取现单上持卡人签名栏书写的"杜风珍"字样笔迹与陶永利的样本笔迹同一。因此,从证据的组成来看,公诉机关提供了新的证据,而并非仅仅只用原审证据重新起诉。

3. 认定被告人李传军、梁贵、陶永利共同抢劫杀害被害人杜风珍的犯罪事实,有三被告人在侦查阶段比较稳定的供述以及各自的亲笔供词,三被告人对被害人、同案犯的辨认以及对作案现场的指认,证人证言,书证,物证,鉴定结论等证据证实,各被告人供述的基本事实及主要细节能相互印证,各被告人的供述能与各证人的证言相互印证。证人潘桂兰直接辨认出李传军就是租其房子的人，证人张慧鸥也直接辨认出李传军就是向其买硫酸和硝酸的人，陶永利辨认出从其夫妻二人处扣押的诺基亚手机和项链就是抢劫的杜小姐的手机和项链并且确认照片中在瀚高花园马路对面的商业银行柜员机取钱的人就是其自己，各被告人案发后存入银行或随身携带的财物数量与分得的赃款数量基本一致。而且，鉴定结论证实，香洲瀚高花园12栋529房卫生间检出同一人的血、油脂样可疑物均不排除是杜胜与吴炳妹之女杜风珍所留，造贝村光荣街11号室内床头下“双喜”牌烟头是陶永利所留，太平洋卡取现单上持卡人签名栏书写的“杜风珍”字样笔迹与陶永利的样本笔迹同一。再结合看守所搜查出来的写给“阿利”、“阿贵”的串供信，证人张新军证实信件是李传军让其传递的，而且经笔迹鉴定，串供信上大部分内容属于李传军书写。以上各种证据，整体上已经形成完整的证据链，足以证实被告人李传军、梁贵、陶永利实施了被控的抢劫、杀人犯罪行为。

4. 珠海市公安局刑事技术部门出具的《李传军、梁贵、陶永利等故意杀人案物证检验情况说明》证实，DNA检验结论只能给出相关统计学数字，由于本案没有杜风珍本人的尸块，只能得出香洲瀚高花园12栋529房卫生间内可疑斑迹及油脂样可疑物均不排除是杜胜与吴炳妹之女杜风珍所留的结论，无法给出肯定结论。因此，结合三被告人在侦查机关的供述，被害人杜风珍被抢劫杀害后再被溶尸最后被抛尸大海，尸体经公安机关组织各方多次打捞未能找到，在结合被害人杜风珍自案发之日起就一直未出现过，有理由相信，被害人杜风珍已经被被告人杀害，尸体未能找到不影响被告人抢劫杀人的罪名成立。

综上，各被告人及其辩护人提出本案证据不足的辩护理由，不能成立，不予采纳。

三、关于各被告人具体辩护意见的问题

1. 被告人李传军提出其没有作案时间的辩护意见，经查，根据被告人李传军的同事廉志乾的证言证实,在2004年11月24日晚其吃饭后到大门顶替李传军的班,却发现一直到晚上10点多李传军还没有到岗亭。而正是这个时间段(21时多),三被告人将被害人杜风珍骗至瀚高花园12栋529房抢劫,恰好证明了被告人李传军有充足的作案时间。因此,对被告人李传军的该项辩护意见不予采纳。

2. 被告人李传军提出其没有犯罪前提条件的辩护意见,经查,根据证人张学明(珠海瀚高花园12栋529房房主)的证言证实,其将瀚高花园12栋529房的钥匙在2004年11月中旬的时候给了李传军,让他帮忙卖掉,11月28日下午下班后李传军才将钥匙还给其。正是在被告人李传军有瀚高花园12栋529房间钥匙的这段时间,三被告人在此房间将被害人杜风珍抢劫并杀害,因此,对被告人李传军的该项辩护意见不予采纳。

3. 被告人李传军、陶永利提出对现场烟头数量有异议的辩护意见,经查,珠公香刑勘字〔2004〕12035号现场勘查笔录内容反映溶尸现场只有2枚烟头,而珠公刑技法物鉴字〔2004〕292号法医学物证检验鉴定书中却表明送检的造贝村光荣街11号室内的烟头是3枚,经翻阅珠公香州现照字〔2004〕12035号现场照片,发现现场确实存在3枚烟头,珠公香刑勘字〔2004〕12035号现场勘查笔录存在笔误,而且侦查机关已对该勘查笔录进行了更正。笔录的制作及烟头的提取时间是2004年12月1日,拍照时间是11月30日,而被告人陶永利对该现场指认的时间为12月13日,晚于笔录制作、提取烟头及拍照时间,排除陶永利现场辨认时留下烟头以及栽赃陷害的可能性。因此,对被告人李传军、陶永利的该项辩护意见不予采纳。

4. 被告人李传军提出其没有买过硫酸、硝酸的辩护意见,经查,根据证人陈桂兰、张慧鸥的证言证实汇科化工公司于2004年11月25日上午10时多,有一个男子到店里买了硫酸和硝酸各30瓶,而且有发票予以证明。此外,张慧鸥还辨认出被告人李传军就是2004年11月25日上午到店里买硫酸、硝酸的人。因此,对被告人李传军的该项辩护意见不予采纳。

5. 被告人李传军提出其没有写过串供信的辩护意见,经查,珠海市第二看守所出具的《关于查获李传军"串供信"的情况说明》证实,2005年7月12日,该所在对留所服刑人员张新军进行人身检查时,从其身上搜出一封信,经检查是一封串供信,串供信是写给"阿利"的,该所马上又组织警力搜查了梁贵的衣物,也搜出串供信一封。张新军供认是被告人李传军要其帮忙把信传递给某人,被告人梁贵供认串供信是李传军传递给其的。对串供信的笔迹进行鉴定,串供信大部分内容系由李传军书写。因此,对被告人李传军的该项辩护意见不予采纳。

6. 被告人陶永利提出其是捡的包然后取款的辩护意见,经查,其在公诉机关第一次翻供时称是李传军让其帮忙取款,第二次翻供时称是自己捡了一个包然后取款,又称在珠海见过李传军,而在审判阶段翻供时则是称在珠海没有见过李传军,是其上网后捡的包然后取款,根据珠海市公安局公共信息网络安全监察队出具的《查询结果》证实,因查询时间超过6个月,网吧已无2004年11月24日顾客上网记录,珠海市网民ID卡服务管理中心内未发现名为"陶永利"的实名登记卡记录,而且被告人陶永利辩称在坐车回顺德时被小偷偷了28 000元的理由牵强附会,没有证据支持。因此,对被告人陶永利的该项辩护意见不予采纳。

7. 被告人梁贵提出其在案发时不在珠海,其在2004年11月24日晚上去了中山市找老乡郑洪强的辩护意见,经查,被告人梁贵一直供述稳定,而且原一审时也对自己的犯罪行为供认不讳,结合同案被告人在侦查机关的供述以及本案的其他一系列证据,可以认定被告人梁贵于2004年11月24日晚在珠海瀚高花园12栋529房实施了抢劫杀人行为,郑洪强所出具的证明只能作为个人的陈述,系孤证,不能作为本案证据,不予采纳。因此,对被告人梁贵的该项辩护意见不予采纳。

四、关于各被告人罪责的问题

本案中,被告人李传军、梁贵、陶永利以非法占有为目的,合谋抢劫被害人杜风珍,并商量好抢劫后要杀人灭口,然后再溶尸。在抢劫犯意的提起上,被告人梁贵供称其与李传军先商量抢劫,李传军物色好对象和作案场所后再由李传军纠集陶永利,被告人李传军供称是梁贵首先提议抢劫,后自己提供作案对象杜风珍;被告人陶永利则供称,在自己加入之前李传军和梁贵已经商定好抢劫。现有证据可以证明是被告人李传军、梁贵首先商量要抢劫后,李传军利用小区保安员的身份物色好抢劫对象以及抢劫场所,然后李传军联系陶永利,让陶永利一起实施抢劫。

在杀人犯意的提起上,被告人李传军供称是梁贵首先提议的,其在打电话让陶永利参与抢劫时陶永利亦提议杀害杜风珍;被告人梁贵则一直指证是李传军提议杀害杜风珍;被告人陶永利开始时供称李传军在电话中说要杀害杜风珍,后供称李传军在电话中并未提及要杀害杜风珍,只是三人在一起时李传军、梁贵均提议杀害杜风珍。三被告人在杀人犯意的提起上供述不一致,但是,可以确定的是,在被告人陶永利加入犯罪之前,被告人李传军和梁贵已经商定好要在抢劫后杀人灭口,并且三被告人在瀚高花园12栋529房商量抢劫时,对抢劫后杀人灭口已达成一致意见。

在处理尸体的方法上,被告人梁贵、陶永利都供述是被告人李传军提议用硫酸和硝酸将尸体溶掉,而被告人李传军则供述是被告人梁贵提议用硫酸和硝酸溶尸,因此,通过各被告人供述的相同之处,认定是被告人李传军提议用硫酸和硝酸溶尸。

在具体实施犯罪过程中,由被告人李传军、陶永利准备犯罪工具,被告人李传军将被害人杜风珍骗至12栋529房,三被告人一起将杜风珍捆绑并控制住,随后被告人李传军到楼下望风,被告人梁贵搜出被害人杜风珍随身携带的交通银行卡,并逼杜风珍说出密码后，由陶永利到银行柜员机查询并取款。在逼问杜风珍存折密码无果后，被告人梁贵、陶永利将被害人杜风珍杀害，并将尸体肢解。此后，被告人梁贵、陶永利将尸体搬回出租屋。第二天溶尸不成后，三人一起抛尸大海。

杀人碎尸过程由于只有被告人梁贵、陶永利在场，被告人梁贵供述其先掐被害人脖子，然后让陶永利掐，是陶永利将被害人掐死的，然后其分尸，陶永利帮忙分尸。被告人陶永利供述是梁贵将被害人掐死并分尸的，其只是帮忙按住被害人的腿，二人对具体实施杀害行为相互推脱罪责。但是，在此过程中，其二人是共同将被害人杀害并碎尸，被告人梁贵在此过程中作用大于被告人陶永利。

综上，在整个犯罪过程中，被告人梁贵、陶永利均供述是被告人李传军在其三人商量时负责分工，并指示陶永利在犯罪过程中实施反侦查手段（往被害人手机上打电话）以及其他具体安排。在看守所也是被告人李传军向被告人梁贵、陶永利写串供信，因此，被告人李传军在共同犯罪中处于组织者、指挥者和直接参与者的地位；被告人梁贵从最初和被告人李传军商定抢劫，到具体实施抢劫、杀人、碎尸、溶尸的行为，在共同犯罪中是犯罪行为的具体实施者；被告人陶永利从最初被拉拢参加犯罪，到具体实施准备作案工具、抢劫、杀人、碎尸、溶尸的行为，在共同犯罪中是犯罪行为的具体实施者，但作用较被告人李传军、梁贵要次。三被告人在羁押期间有串供行为，法庭审理过程中均翻供，企图逃脱罪责，主观恶性极深，应予严惩。

本院认为，被告人李传军、梁贵、陶永利以非法占有为目的，采用暴力手段抢劫他人财物，数额巨大，并为灭口而故意杀人，其行为构成抢劫罪、故意杀人罪，对其应当实行数罪并罚。公诉机关指控的犯罪成立，予以支持。三被告人经预谋后实施抢劫，为掩盖其犯罪行为将被害人杀害，并碎尸、毁尸、抛尸，手段极其残忍，情节特别恶劣，后果极其严重，社会危害性极大，应当依法惩处。

被告人李传军、梁贵、陶永利的犯罪行为给附带民事诉讼原告人杜胜、吴炳妹、杜凤连、杜长连、杜长荣、杜长添造成了经济损失，依法应予赔偿。根据附带民事诉讼原告人杜胜、吴炳妹、杜凤连、杜长连、杜长荣、杜长添的诉讼请求和计算标准，附带民事诉讼原告人杜胜、吴炳妹、杜凤连、杜长连、杜长荣、杜长添应当获得以下赔偿：1. 丧葬费，参照《广东省2005年度人身损害赔偿计算标准》中珠海市职工月平均工资人民币1 668.92元的标准，以6个月总额计算为人民币10 013.50元；2. 死亡赔偿金，参照《广东省2005年度人身损害赔偿计算标准》中城镇居民人均可支配收入每年人民币18 346元的标准，补偿20年为人民币366 920元；3. 被扶养人生活费，参照《广东省2005年度人身损害赔偿计算标准》中农村居民人均年生活消费性支出为每年人民币3 240.78元的标准，(1)对被害人的父亲杜胜补偿6年，共计人民币19 444.68元，因被害人承担五分之一的赡养费，故该项判赔人民币3 888.94元；(2)对被害人的母亲吴炳妹补偿11年，共计人民币35 648.58元，因被害人承担五分之一的赡养费，故该项判赔人民币7 129.72元。两项共计人民币11 018.66元，以上各项合计人民币387 952.16元。根据被告人李传军、梁贵、陶永利实施故意杀人行为的过错程度及所起作用的大小，被告人李传军、梁贵、陶永利应当以其个人财产按照3.5∶3.5∶3的比例承担连带赔偿责任。对附带民事诉讼原告人杜胜、吴炳妹、杜凤连、杜长连、杜长荣、杜长添诉讼请求中的合法部分予以支持。

关于附带民事诉讼原告人杜胜、吴炳妹、杜凤连、杜长连、杜长荣、杜长添请求赔偿被害人杜凤珍的损失人民币37 100元、项链一条及诺基亚7210型手机一部、精神损失费人民币100 000元的诉讼请求，经查，依照《最高人民法院关于刑事附带民事诉讼范围问题的规定》第一条第一款的规定，上述诉讼请求不属于刑事附带民事诉讼的受理范围，故对该诉讼请求不予支持。

关于附带民事诉讼原告人杜胜、吴炳妹、杜凤连、杜长连、杜长荣、杜长添诉珠海市瀚高物业管理有限公司的诉讼请求,经查,依照《最高人民法院关于刑事附带民事诉讼范围问题的规定》第一条第一款的规定,该诉讼请求不属于刑事附带民事诉讼的受理范围,故对该诉讼请求不予支持,附带民事诉讼原告人可另循法律途径解决。

综上,依照《中华人民共和国刑法》第二百六十三条第四项、第二百三十二条、第六十九条、第二十五条第一款、第四十八条第一款、第五十七条第一款,《中华人民共和国民法通则》第八十六条、第八十七条、第一百一十九条、第一百三十条,《最高人民法院关于审理人身损害赔偿案件适用法律若干问题的解释》第十七条、第二十七条、第二十八条、第二十九条,参照《广东省2005年度人身损害赔偿计算标准》的规定,判决如下:

一、被告人李传军犯抢劫罪,判处有期徒刑十年,并处罚金人民币二万元;犯故意杀人罪,判处死刑,缓期二年执行,剥夺政治权利终身;决定执行死刑,缓期二年执行,剥夺政治权利终身,并处罚金人民币二万元。

(死刑缓期执行的期间,从判决确定之日起计算。罚金从判决发生法律效力第二日起三个月内缴纳。)

二、被告人梁贵犯抢劫罪,判处有期徒刑十年,并处罚金人民币二万元;犯故意杀人罪,判处死刑,缓期二年执行,剥夺政治权利终身;决定执行死刑,缓期二年执行,剥夺政治权利终身,并处罚金人民币二万元。

(死刑缓期执行的期间,从判决确定之日起计算。罚金从判决发生法律效力第二日起三个月内缴纳。)

三、被告人陶永利犯抢劫罪,判处有期徒刑十年,并处罚金人民币二万元;犯故意杀人罪,判处无期徒刑,剥夺政治权利终身;决定执行无期徒刑,剥夺政治权利终身,并处罚金人民币二万元。

(罚金从判决发生法律效力第二日起三个月内缴纳。)

四、被告人李传军以其个人财产赔偿附带民事诉讼原告人杜胜、吴炳妹、杜凤连、杜长连、杜长荣、杜长添经济损失人民币135 783.26元；被告人梁贵以其个人财产赔偿附带民事诉讼原告人杜胜、吴炳妹、杜凤连、杜长连、杜长荣、杜长添经济损失人民币135 783.26元；被告人陶永利以其个人财产赔偿附带民事诉讼原告人杜胜、吴炳妹、杜凤连、杜长连、杜长荣、杜长添经济损失人民币116 385.65元；被告人李传军、梁贵、陶永利并互负连带赔偿责任。

（赔偿金额应当在判决发生法律效力后三个月内支付。）

五、供犯罪所用的红色中桥牌手机、金黄色诺基亚8210手机各一部、电话卡三张予以没收。被害人杜风珍的交通银行存折一本、白色项链一条、橙色诺基亚7210手机一部发还被害人杜风珍的亲属。

六、驳回附带民事诉讼原告人杜胜、吴炳妹、杜凤连、杜长连、杜长荣、杜长添的其他诉讼请求。

如不服本判决，可在接到判决书的第二日起十日内，通过本院或者直接向广东省高级人民法院提出上诉。书面上诉的，应当提交上诉状正本一份，副本二份。

审　判　长　谢志刚
代理审判员　杨振庆
代理审判员　姚文强

二〇〇八年十二月二十九日

书　记　员　吴志敏

点评：

裁判文书不仅要符合刑事判决文书的写作要求，还应体现各案的特点。本案是一起被发回重审的刑事附带民事案件，各被告人均作无罪辩解。本判决书既充分阐述了各被告人行为构成犯罪的理由，又清晰明确了各被告人在附带民事诉讼中的责任，且在归纳、分析证据方面和法理评析方面也有可取之处，故此推荐。

1. 针对发回重审的特殊情况，有针对性地将事实不清而发回重审的每个问题在判决书中逐一解决。

2. 按照刑事诉讼法第四十二条规定的证据类型来罗列定案证据，使定案证据扎实、丰富，证据之间环环相扣并形成锁链，增强了对事实认定的说服力。

3. 对指控的事实和证据予以概述，对审理认定的事实和证据则详细展开，详略得当，避免重复。对被告人供述和辩解详细引述，有利于展示案件直接证据的全貌。对其他证据则适当地归纳、概括，以补强言词证据，使判决书架构主次分明，脉络清晰。

4. 对辩方提出的无罪观点具体、明确地逐一驳辩，论理透彻。体现了法院认真对待辩解理由，保障被告人的辩护权的行使，展示了程序公正，有助于增强裁判文书的公信力。

5. 正确应对辩方提出的“刑讯逼供”这一敏感问题，根据案件事实，据理说法，从四个方面详尽论述刑讯逼供不成立的理由。同时，还针对未能搜寻到被害人尸体的问题，也从四个方面详尽论述，由此给社会公众一个启示——并非搜寻不到被害人尸体就不能对被告人定案，被告人也不能就此逃脱法律的惩罚。

不足之处：

1. 在证据的排列顺序上，罗列证据时将被告人的供述和辩解放在最前，让人觉到有过于看重口供之嫌，应当将其调整至证据部分的最后。

2. 对被告人应当赔偿附带民事诉讼原告人的项目和金额，属于事实认定部分,应当在查明的刑事部分事实之后续写,而不应当放在“本院认为”裁定书的理由部分进行阐述。

3. 在“本院认为”段适用法条时,定罪和量刑的条款未能与结论逐一对应,只是堆砌条款,这不符合最高人民法院关于刑事诉讼文书制作规范的要求。

(点评人:最高人民法院刑一庭　冉　容

审核人:最高人民法院刑一庭　周　峰)

REFERRENCE TO CRIMINAL TRIAL

CONTENTS

CRIMINAL LEGISLATIVE AND JUDICIAL DOCUMENTS

Starding Committee of National People's Congress

Supreme People's Court

Supreme People's Court, Supreme People's Procuratorate

征稿启事

《刑事审判参考》是最高人民法院刑事审判第一、二、三、四、五庭共同主办、法律出版社出版、面向国内外公开发行的刑事司法业务指导和研究性刊物。2011 年出版六集。

为能够以最前沿的视野、最权威的高度和最贴近刑事司法实践的方式编辑本书,欢迎读者向本书以下栏目提供稿件:

(一)指导案例。在认定事实、采信证据和适用法律、司法解释定罪处刑问题上具有研究价值和指导意义的典型、疑难案件,并须附寄加盖人民法院院印的一、二审裁判文书。

(二)经验交流。地方司法机关制定的刑事司法规范性文件及其背景说明;地方人民法院院长、副院长在刑事审判工作会议上的讲话,等等。

(三)实务探讨。对某一类实务问题提出的解决方案。

(四)裁判文书。具有较强说理性、体现法官适用普遍的法律规范解决具体的疑难、复杂案件的智慧的优秀裁判文书。

(五)编辑部答疑。读者在刑事司法实践中遇到法律适用方面的疑难、复杂问题。

(六) 审判实务释疑。针对刑事审判实务中的争议问题进行分析、探讨。

(七)疑案争鸣。针对刊登的疑难案例争议问题进行分析,发表观点。

来稿请注明作者的联系方式(包括地址、邮编和电话)。除

“编辑部答疑”、“疑案争鸣”外，来稿一经采用，按著作权法的规定支付稿酬。凡在本刊发表的文章，自发表之日起一年内，作者如在其他刊物发表，须经本刊同意。因一稿多投，给本刊造成损失的，本刊将依法追究责任。来稿一律不退，如需退稿，请声明并附足邮资。

来稿（案例须附裁判文书，裁判文书请书面邮寄正本）可向以下任何一位执行编辑投递，但为避免各庭之间采稿重复，来稿不可同时多投。

北京市东城区北花市大街9号最高人民法院刑一庭　冉　容

gfdg2011@ sina. com

北京市东城区北花市大街9号最高人民法院刑二庭　刘晓虎

longfan2001@ 163. com

北京市东城区北花市大街9号最高人民法院刑三庭　陈　攀

chenpan@ yeah. net

北京市东城区北花市大街9号最高人民法院刑四庭　陆建红

Lu_jianhong@ 126. com

北京市东城区北花市大街9号最高人民法院刑五庭　方文军

fwjzgf@ sina. com

邮编：100062

最高人民法院刑事审判第一、二、三、四、五庭

图书在版编目(CIP)数据

刑事审判参考.2011年第4集:总第81集/最高人民法院刑事审判一至五庭主办.—北京:法律出版社,2012

ISBN 978-7-5118-3001-2

Ⅰ.①刑… Ⅱ.①最… Ⅲ.①刑事诉讼—审判—中国—参考资料 Ⅳ.①D925.218.2

中国版本图书馆CIP数据核字(2011)第279977号

© 法律出版社·中国

责任编辑/聂 颖 **装帧设计**/李 瞻

出版/法律出版社 **编辑统筹**/法律应用出版分社
总发行/中国法律图书有限公司 **经销**/新华书店
印刷/北京北苑印刷有限责任公司 **责任印制**/陶 松

开本/A5 **印张**/8 **字数**/188千
版本/2012年2月第1版 **印次**/2012年2月第1次印刷

法律出版社/北京市丰台区莲花池西里7号(100073)
电子邮件/info@lawpress.com.cn **销售热线**/010-63939792/9779
网址/www.lawpress.com.cn **咨询电话**/010-63939796

中国法律图书有限公司/北京市丰台区莲花池西里7号(100073)
全国各地中法图分、子公司电话:
第一法律书店/010-63939781/9782 **西安分公司**/029-85388843 **重庆公司**/023-65382816/2908
上海公司/021-62071010/1636 **北京分公司**/010-62534456 **深圳公司**/0755-83072995

书号:ISBN 978-7-5118-3001-2 **定价:**28.00元

(如有缺页或倒装,中国法律图书有限公司负责退换)